新任经理人进阶之道系列

餐饮管理工作中的 108个怎么办

百色市财经职业技术学校
广东省赖崇粤菜师傅技能大师工作室　　组织编写

甘智荣　赖崇　刘承智　编著

全国百佳图书出版单位

化学工业出版社

·北京·

内容简介

《餐饮管理工作中的108个怎么办》是针对新手餐饮店长而编写的，全书包括六个部分，每部分四节，对应采用"月"代表"章"，"周"代表"节"。本书具体由第一个月——角色认知与团队管理；第二个月——楼面服务与质量管理；第三个月——厨房作业与食材管理；第四个月——菜品管理与成本控制；第五个月——餐饮卫生与安全管理；第六个月——餐饮营销与市场推广。

本书进行模块化设置，去理论化，简单易懂，具有较强的可读性，全面系统地对新任职餐厅的经理人上任半年来的工作进行了梳理，适合新上任的餐饮管理人员和从事餐饮管理的人士阅读，也可供管理咨询顾问和高校教师做实务类参考指南。

图书在版编目（CIP）数据

餐饮管理工作中的108个怎么办 / 百色市财经职业技术学校，广东省赖崇粤菜师傅技能大师工作室组织编写；甘智荣，赖崇，刘承智编著. —北京：化学工业出版社，2022.11（2023.9 重印）

（新任经理人进阶之道系列）

ISBN 978-7-122-42261-3

Ⅰ.①餐⋯　Ⅱ.①百⋯②广⋯③甘⋯④赖⋯⑤刘⋯

Ⅲ.①饮食业-商业企业管理　Ⅳ.①F719.3

中国版本图书馆CIP数据核字（2022）第178363号

责任编辑：陈　蕾

责任校对：王　静　　　　　　　　　　　　装帧设计：溢思视觉设计／程超
E-mail: lsstudio@126.com

出版发行：化学工业出版社（北京市东城区青年湖南街13号　邮政编码100011）

印　　装：北京盛通商印快线网络科技有限公司

787mm×1092mm　1/16　印张15¼　字数301千字　2023年9月北京第1版第2次印刷

购书咨询：010-64518888　　　　　　　　售后服务：010-64518899

网　　址：http://www.cip.com.cn

凡购买本书，如有缺损质量问题，本社销售中心负责调换。

定　　价：78.00元　　　　　　　　　　　　　　版权所有　违者必究

职场上的第一次晋升，对每一位新任职的经理人来说都意义非凡。

通常在上任之初，新任职经理人都有强烈的愿望，比如要成为一个让下属们追随的好领导，要带领团队做出骄人的业绩等。然而，在实际管理的过程中，却发现问题接踵而来。

就个人层面而言，升迁为一名经理人，意味着新的机会与挑战。但面临新上司、新同事、新下属、新环境，新任职经理人也需要适应。一个人任职初期的表现，可能会形成日后人们的刻板印象，如果起步失败了，将来必须加倍努力才可能扭转劣势，但通常情况下，公司可没耐心等你慢慢摸索。

管理学大师彼得·德鲁克说，"管理是一门综合的艺术"。管理者既要具备基本原理、自我认知、智慧和领导力，还要不断实践和应用。所以，团队管理从来就不是一件一蹴而就的事情，而是一个长期、持续的自我修炼的过程。

作为一名新任职的经理人，首先要明确自己所担负的岗位职责、任务、管理职能，以及应具备的素质和能力，同时，让自己的思维、视野得到较大拓展，提升自己的管理理论水平与专业水平，不断提升管理能力，修己、达人，与团队实现共赢，才是最好的职场进阶之路。

基于此，我们编写了本书，为新上任的经理人提供行动计划和可能遇到问题的解决方案。

其中，《餐饮管理工作中的108个怎么办》是针对新手餐饮店长而编写的，包括六个部分，每部分四节，对应采用"月"代表"章"，"周"代表"节"。本书具体内容包括：第一个月——角色认知与团队管理；第二个月——楼面服务与质量管理；第三个月——厨房作业与食材管理；第四个月——菜品管理与成本控制；第五个月——餐饮卫生与安全管理；第六个月——餐饮营销与市场推广。

本书进行模块化设置，简单易懂，具有较强的可读性，全面系统地对新任职酒店经理人上任半年的工作进行梳理，适合新上任的酒店管理人员和从事酒店管理的人士阅读，也可供管理咨询顾问和高校教师做实务类参考指南。

由于笔者水平有限，书中难免出现疏漏，敬请读者批评指正。

本书得到了深圳职业技术学院学术著作出版资助，在此深表感谢！

编著者

第一个月　角色认知与团队管理

在餐饮管理中，如何认清自己的角色，怎样打造高效的团队并架起沟通的桥梁，以便提高自身的管理能力？

第二个月　楼面服务与质量管理

在餐饮管理中，怎样进行楼面日常管理、菜品销售，怎样为客人提供优质服务并进行服务改进？

【范本】

第三个月　厨房作业与食材管理

第四个月　菜品管理与成本控制

第五个月　餐饮卫生与安全管理

在餐饮管理中，如何对员工和门店进行卫生管理，又如何对食品和门店进行安全管理呢？

第六个月　餐饮营销与市场推广

在餐饮管理中，如何助力店内营销，如何做好各种活动促销，怎样参与线上营销以及如何提升外卖销量？

第一个月

角色认知与团队管理

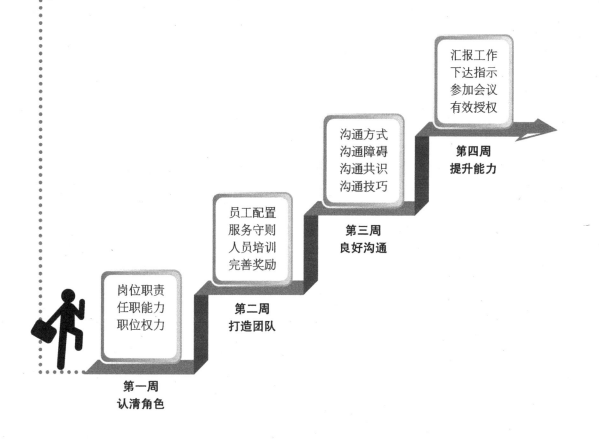

汇报工作
下达指示
参加会议
有效授权

第四周
提升能力

沟通方式
沟通障碍
沟通共识
沟通技巧

第三周
良好沟通

员工配置
服务守则
人员培训
完善奖励

第二周
打造团队

岗位职责
任职能力
职位权力

第一周
认清角色

第一周　应认清自己的角色

为什么是我被提升为店长而不是别人呢？因为你具备店长的任职条件，知道店长要做什么，而且知道如何去做，肯定能做好。升为店长后，你就要认真扮演好店长的角色，找到自己的位置，尽到自己的职责。

问题1：餐饮店长的岗位职责是什么？

餐饮店长岗位职责，主要包括以下几项：

1. 编制门店经营计划及规范性文件

（1）组织编制餐饮店各项管理制度，报上级审核。

（2）主持编制和完善餐饮店各种服务规范和工作程序。

（3）组织控制营业成本，制订餐饮店预算与各项经营计划。

2. 门店经营管理

（1）主持召开门店例会，组织、协调、指挥和控制各部门准确贯彻实施各项餐饮经营计划并控制费用预算。

（2）负责本门店安全和日常的质量管理工作，检查和督促各部门严格按照工作规程和质量标准进行工作，解决工作中出现的问题。

（3）做好各部门内部协调工作及与其他相关部门的沟通合作，尤其是协调好前台服务与厨房生产的关系。

（4）审批与签署本门店使用的一切物料申请。

3. 厨房的运营管理

（1）督促厨师长搞好食品卫生、成本核算、食品价格、供应标准等工作，积极支持对菜品的研究，不断推陈出新。

（2）审阅当日营业报表，掌握当日食材供应和厨房准备工作情况，与厨师长一起做好准备工作。

（3）负责门店的设施、设备及厨房用具的管理，拟定各项设备的添置、更新和改造计划，不断完善服务项目。

（4）督促厨师长做好厨房卫生、安全工作，贯彻执行食品卫生制度，开展经常性的安全保卫、防火教育，确保厨房生产安全。

4. 各部门经营管理

（1）组织相关部门做好有关菜品、饮品的销售工作。

（2）开餐时，巡视各部门运转情况。督导、检查各部门的服务质量，广泛征集客人意见和建议并组织部门员工落实改善。

（3）及时、认真倾听客人的抱怨与投诉，与客人建立良好的关系。

（4）按月进行各部门的经营活动分析，研究当月经营情况和预算控制情况，分析原因，提出改进措施。

（5）督促各部门经理做好现场的卫生、安全工作，确保为客人提供清洁、舒适、安全的用餐环境。

5. 人员管理

（1）提名厨师长、各部门负责人的任用，递交上级审核。

（2）协助制订门店员工各项培训计划，对员工进行业务培训，不断提高员工的服务技能和推销技巧。

（3）制定门店各级管理人员和服务、工作人员的考核标准，认真考核部门管理人员的日常工作业绩，以激发员工的士气，调动工作积极性。

图 1-1 是 ×× 餐饮公司在 ×× 网站上的招聘简章，对餐饮店长这个招聘职位的岗位职责和任职资格做了详细的要求。

餐饮店长

苏州-工业园区 ｜ 5~7年经验 ｜ 大专 ｜ 05-07发布

五险一金　绩效奖金　年终奖金　通信补贴　专业培训　出国机会　交通补贴

▍职位信息

岗位职责：

1. 负责制定门店年度、月度、周工作计划和目标，跟进计划执行情况并负责年度、月度、周营业总结分析(营业额、成本、口碑、外卖、活动等)；

2. 负责门店日常运营管理，督导、检查现场的餐前准备、餐中接待及餐后收尾工作，稽核门店环境卫生、人员工作状态、食材储存及产品出品情况并制订整改计划，处理投诉、提高顾客满意度；

3. 做好成本管控，降低成本开支，达成费用控制指标；

4. 负责员工招聘、考核、培训，发掘和培养优秀人才，为门店储备人才；

图 1-1

3

5. 检查监督食品质量、酒水质量、服务质量、员工纪律及现场标准化管理要求的落实，指导餐饮服务设备的使用、维护及更换，保证所有工作区域高卫生水准，加强部门安全管理工作，落实食品卫生及消防安全；

6. 负责新店筹备开业(包括选址、政府对接、工程、设备、物料、食材、人员招聘及培训等相关工作)；

7. 负责政府部门、合作商的对接及关系维护；

8. 完成上级主管交办的其他事项。

任职要求：

1. 大专及以上学历，餐饮管理、食品管理等相关专业；

2. 5年以上餐饮运营、门店运营管理经验；

3. 熟悉连锁餐饮运营管理，熟知餐饮相关的法律法规和制度，掌握餐饮现场标准化管理技能，具备餐饮管理、成本控制等相关知识；

4. 具备良好的组织协调能力、沟通能力、快速解决问题能力、执行能力和优秀的团队领导力；

5. 懂得厨房布局、规划、前期工程设计；

6. 熟练操作Office软件。

图 1-1　××餐饮公司招聘简章

问题2：餐饮店长应具备哪些能力？

作为一名餐饮店长，应具备图 1-2 所示的能力。

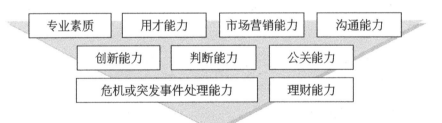

图 1-2　餐饮店长应具备的能力

1. 专业素质

餐饮店的运营主体是餐饮产品，合格的餐饮店长要熟悉甚至会操作餐饮产品的生产、制作、销售等一整套流程。

餐饮店长应能进行不同规模、不同风格餐饮机构的设置，并制订各自不同的经营计划；在科学、系统地进行菜单设计的基础上，导入餐饮全面经营、运转、管理中所涉及的客情、服务、酒水、餐务等各个组成要素，具有预算管理知识，能编制预算、执行预算，并对各要素进行组织和管理；了解餐饮促销和餐饮成本控制；善于指导和激励员工工作和评估员工表现，有效地制订部门员工培训计划。

作为餐饮店长，应了解食品安全与卫生质量的相关概念、标准与评价方法，影响食品安全性的病原微生物、化学毒物的防范与控制，废弃物的排放与处理，膳食结构中的不安全因素及其控制，食源性疾病及其预防，在餐饮食品生产经营过程中的不安全因素及其控制，食品卫生法规和餐饮业卫生管理办法，绿色食品、绿色餐饮及其国际标准等。

2. 用才能力

员工是企业最大的一笔财富。作为餐饮店的管理者，餐饮店长要充分重视员工价值，合理调配门店的人力资源，做到责权分明。要有科学的人才观，善于发现和培养人才，合理使用人才，还要留得住人才。

3. 市场营销能力

市场具有多元化、多变性的特征，而且目前中国的餐饮市场竞争非常激烈，餐饮店长要紧跟形势，准确把握餐饮市场的发展趋势，具备前瞻性眼光，在门店的业务拓展、地区市场开拓方面有准确把握。

4. 沟通能力

要与客人、员工等不同人群处理好关系，要有过硬的沟通能力，协调好周围的人际关系。随着餐饮市场的现代化发展，餐饮店长要注重沟通技巧，正确、及时地处理各种客人投诉。提高沟通本领，最好能掌握一到两门外语。

5. 创新能力

餐饮店经营业态和经营特色复杂多样，要具备在企业确定的经营模式中找准目标市场的能力。经营手段和经营技巧要能切合客人的消费意愿，具体表现在根据实际情况设计出效率高的经营组织，并对现行的组织结构进行正确的分析与评估，对经营状况进行创新型决策，提出新颖的设想，通过周密的论证保持收入、利润的增长。

6. 判断能力

具备高智商且思维敏捷，能够站在企业改革与发展的高度，对企业领导成员提出的众多议题有自己独到的想法、建设性的意见或建议，保持上下统一、总揽全局，做到超前认准方向、把握好方向、坚持方向，齐头并进，使企业协调、健康发展。

7. 公关能力

一位成熟、自信的餐饮店长应把集体取得的成绩看得比个人的荣誉和地位更重要。身为高层的决策人员，对内要以团结为己任，乐于倾听不同意见，重视情感沟通，在坚持原则的前提下，把"一班人"紧紧地凝聚在一起。对外要以提高企业知名度和社会影响力为己任，善于搞好"上挂、横联、下辐射"的公关网络建设，协调沟通好社会各界关系，才能拓展企业的生存发展空间，为"产品出得去"铺平道路。

8. 危机或突发事件处理能力

在餐饮管理中不可避免地会出现突发事件，合格的餐饮店长应能最大限度地降低负面效应，减少危机对门店正常经营的冲击。突发事件是指火灾、自然灾害、门店内建筑物和设备设施、公共卫生和伤亡事故、社会治安以及公关危机事件对宾客、员工和其他相关人员的人身和财产安全造成危害的意外事件，需要采取应急处置措施予以应对。

其核心内容包括：各类突发事件的可能性及其后果的预测、辨识、评价；突发事件应急管理的第一责任人及其相关人员的工作职责；应急救援行动的指挥与协调；善后措施；应急培训和演练制度等。

9. 理财能力

餐饮店长的重要职责之一就是要做好财务监督，做个"好管家"。因此，餐饮店长应具备一定的财务知识，应能看懂反映企业财务状况的各种财务报表和其他指标，严格控制支出，但要注意所有的成本控制不能节省到客人身上，在控制成本的前提下，注意保障产品质量。

问题3：餐饮店长有什么权力？

作为一名餐饮店长，只有运用好组织赋予自己的权力，才能有效地履行自己的职责。通常而言，店长拥有图 1-3 所示的五种权限。

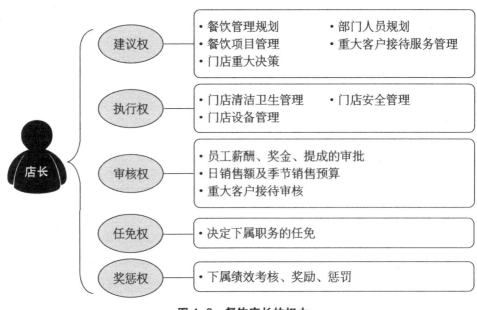

图 1-3　餐饮店长的权力

第二周 打造高效的团队

"团队"按字面上的意思就是团结起来的队伍。餐饮店是一个由众多服务员及少数管理者组成的集体，要把餐饮店很好地经营下去，不仅需要全体员工向客人提供优质的服务，还需要一个凝聚力很强的团队。

问题4：如何设定员工配置标准？

所谓员工配置标准是指一家餐饮店在其运营中所需要的员工人数。对员工来说，还包括其餐饮服务技术程度、接待与应付客人的能力、需要培训的时间、员工的待遇等，这些都是员工配置的基本内涵。配置的标准因营业规模与运营形态不同而存在差异。

1. 员工配置标准的通则

虽然餐饮服务员工的配置标准不能一概而论，但有一个通则可以遵循，那就是员工人数（包括技术性的、合格性的、无经验的）一定在实际需要的最低限度以内，这样才不致浪费人力而影响劳务成本效益。

为了降低劳务成本、有效地发挥人力，餐饮店长必须制定一套完整的监督与考核制度，使所有员工都能在规定的标准下从事工作。

> **特别提示**
>
> 所谓劳务成本不仅是指员工的规定工资，还包括加班费、保险费、伙食津贴、行政费（与员工有关的工资发放、人事记录）等费用。

2. 营业需求预测

（1）营业需求预测的周期。达到正确的员工配置标准的第二个步骤是预测营业量，其预测的周期大约是10天或两个星期。

（2）营业需求预测的目的。营业量可反映营业需求，而需求曲线的高低起伏不仅在一天当中有不同的变化，每天与其后一天相比也有差异。分析过去销售额的记录便可发现某一期间的营业需求，并可预测未来可能出现的状况，从而采取适当的应变措施。这便是预测营业需求的主要目的。

（3）营业需求预测的时间点。通常，午餐或晚餐以及周末是营业高峰时间，分析高峰时间的营业情况，可有助于建立营业需求的预测数据。当然，这些预测并非完全正确，因为其中还有若干不可预知的因素（例如天气的变化）无法列入考虑范围，但其可靠性仍较高。

（4）营业预测与劳务成本。劳务成本在运营费用中所占比例是餐饮店长关注的焦点。因为从财务观点而言，这会涉及预算，即应该有多少预算花在劳务成本以及员工配置上。这对于某些具有知名度的餐饮店来说并不困难，因为其营业有相当程度的预约基础（客人的预先订座），自然容易掌握客人的人数或预估营业量。他们的员工配置以及排程都有常规可循，但一般餐饮店便不这么简单了。正因如此，一般店长在营业预测方面应当更为谨慎，尽可能做到精确，以免发生员工配置的泛滥或不足。餐饮店长可以一个星期的营业量为准，详细分析每天的服务需求，再和过去四个星期相比较，画出需求曲线，研究其高低起伏的状况，特别要注意需求量不寻常的上升或下降，并找出其原因加以说明，作为将来预测工作的参考。

3. 员工工作规划

餐饮店员工工作规划主要包括图1-4所示的三个方面。

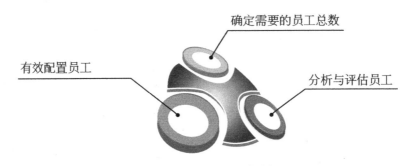

图1-4　员工工作规划

（1）确定需要的员工总数。员工配置问题并不是单纯的雇用员工的人数问题，还涉及员工的工作分配或员工工作日程的编制。解决这个问题，须以营业需求的预测为准。从理论上说，只要预测了特定期间的营业需求，便可据此知道需要的员工人数。可用如下公式表示：

$$需要的员工总数＝预定的客人总数／平均工作效率$$

利用这个计算公式有助于充分利用专职员工，并可发挥兼职员工（例如勤工俭学的大学生）的最佳效用。

（2）分析与评估员工。为了有效地配置员工，有必要详细分析员工的工作成绩，并评估个别员工的工作潜力。而此项分析与评估的资料，来源于前述工作效率的衡量与预测。

（3）有效配置员工。要想正确且有效地运用员工，餐饮店长要做到适当地分配任务，精确地规划员工的工作日程。员工工作分配都应当满足服务的需要，也应满足员工本身的期望。

4.员工工作标准的设定

任何服务标准都应以满足客人的需求为主旨。客人进餐是否感到愉快或满意的影响因素有很多，其中最重要的是服务人员的服务。所以，服务标准的拟定必须以客人满意为最基本要求，如果不能符合这个要求，则一切服务标准都无意义。

为了达到上述要求，首先，服务人员的服务应该是密集的，即客人从进店到离开都不会感到受冷落或受怠慢；其次，服务人员的礼仪、态度、语言举止以及个人卫生都要特别留意，随时检查。事实上，这一切也是员工培训中的重要课题。

员工的配置及督导须有确定的计划与原则，绝不可漫无标准，对于餐饮店长，有如图1-5所示的建议可供参考。

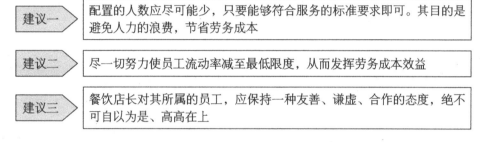

图 1-5 员工配置的建议

问题5：如何制定员工服务守则？

为了使客人满意、生意兴隆，餐饮店长应对员工的服务提出一些行为准则，使员工在工作时有一个标准可以遵循。制定员工服务守则要注意图1-6所示的六个要点。

图 1-6 制定守则要点

1. 考勤

应将考勤管理的有关规定和要求清楚、明白地列举出来，如下所示。

（1）服务员上下班应准时打卡。员工上下班打卡时应亲自到警卫室打卡，记住卡号，请值班警卫取卡，如忘记打卡，将受处分。

（2）如因工作需要必须加班时，必须配合加班，加班支领加班津贴。接班人未到迅速报请主管处理。

（3）迟到、早退每月累计达三次扣一半日薪，以后每增一次，再加扣1/4日薪；上班因公外出，应填公出单，经主管核准后方可外出，外出时应将公出单交警卫室登记转人事单位备查。餐饮店员工每月如无请假、迟到、早退，应发全勤奖金。

2. 服务人员仪态

对服务人员的仪容仪态要求也应在员工守则中写明。一般来说，有如下要求。

（1）服务人员上班时应一律穿着门店发给的制服。

（2）女服务人员应化淡妆，不可涂指甲油及佩戴手环。

3. 新员工试用要求

关于新员工试用要求也是守则中不可或缺的一项，其内容可参考以下示例。

新进员工一律试用三个月，经考核合格后予以正式任用。新进员工应将各项人事资料于到职一星期内交齐，否则扣发薪资，等到人事资料交齐后，才能补发。试用人员申请离职，应提前三天提出。

4. 请假

对于请假事项，应详细列明各种情况及处理方式，具体可参考以下示例。

（1）员工因事请假或因病请假应事前办理，如生病无法事先请假时必须向主管报告，事后再补假。

（2）员工每月公休及法定假照常放假，休假由部门主管排定。

（3）员工未请假一律视为旷工，连续旷工三天或全月累计旷工达四次者，予以免职。

（4）一年之内请假天数，事假以七天为限，病假以十天为限，到职未满一年者按比例给予。事假扣薪，病假不扣薪。年假视门店不同而有所差异，一般工作满一年未满三年给予七天，以后每工作满一年增加一天，最多不能超过三十天；其他婚、丧、生育、公假，一律按照门店规定执行。

5. 伙食、住宿管理

对员工的伙食、住宿管理也是员工守则中必列的一项重要内容，在制定员工守则时不可忽视，具体可参考以下示例。

（1）伙食管理。服务人员每天按服勤班次免费供应 1 ~ 3 餐伙食，夜班人员另有夜宵点心。

（2）住宿管理。远道者可申请住宿，住宿舍者每月应交一定的费用；值勤夜班可临时在宿舍休息，不收费用。

6. 薪资福利

薪资福利是员工最关注的事，在员工守则中必须列明，具体可参考以下建议。

（1）每月 5 日为发薪日，正式任用后，视员工工作的表现而给予升职或调薪，固定调薪每年一次，升职调薪则不限制时间。

（2）员工正式入职后可享受门店福利待遇，如生育、死亡、伤残、老年津贴与婚丧喜庆补助等；在职证明书可向人事单位申请，经核准后发给；另外有关人事规定的详细情形均在公布栏公布。

问题6：如何做好服务人员培训？

1. 培训目的

餐饮服务人员培训的目的主要包括以下两个方面。

（1）对餐饮店的好处。餐饮服务业的竞争日趋激烈，为了迎合越来越"挑剔"的客人，餐饮业者无不致力于提高服务质量，而"培训"这种短期密集的再教育活动具有立竿见影的效果，能够在短时间内提高服务水平。

培训可以直接针对问题点开处方，药到而病除。例如，为了鼓励客人多多利用预约订席并提高订席率，所有服务人员都被安排接受电话礼仪教育和服务技巧的培训。

（2）对员工的好处。培训可以激发员工工作潜能，使员工学到相应的岗位知识与技能，顺利完成工作。

2. 培训计划

餐饮店长应制订周密的培训计划。培训计划一要满足员工的需要，二要适用于特定的培训目标与特定的培训期间。

（1）制订培训计划需要考虑的要点。制订培训计划时应考虑图 1-7 所示的三个阶段性要点。

1 对新进员工的培训应具有鼓励性与启发性，不能采用填鸭式的教育

2 培训一般员工务必使其在工作上符合规定的标准

3 员工的工作表现或成绩应能反映培训的成果，必要时要对员工进行再培训

图1-7 制订培训计划要点

（2）新员工的培训。对于所有新进的员工，不一定需要一套全新的或全然不同的培训。因为任何新进员工在其受雇之初即已经过遴选，符合特定的标准，所以培训只要具有灵活性、富于鼓励性与启发性往往就能适用于新进员工。不同阶层的员工所受的培训也应大致如此，培训计划才不会太复杂。但制订培训计划，应优先考虑员工本身过去的经验、年龄。实施之后，应定期检讨与修正。

（3）培训方法的确定。一个理想而周全的培训计划应具有的特点是可以运用各种不同方法达到培训目的，如图1-8所示。

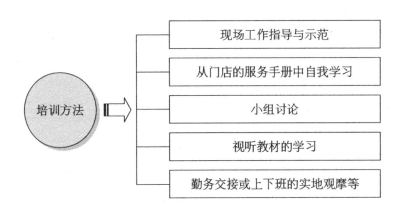

图1-8 培训方法的确定

3.培训内容

餐饮业最基本的培训内容可归纳为操作培训和管理培训两种。

（1）操作培训。一般员工在日常的经营作业中必然会接触到许多实务细节，操作技巧的纯熟与否对服务质量影响甚大。这里所谓的操作技巧包括了设备器具的使用与保养、卫生与安全、进货与储存食物以及服务礼仪等。例如礼仪的培训方面，首先必须规定服务人员仪容的准则，而后制定服务的规范，以供学员遵守执行。此外，沟通的技巧和抱怨的处理也属于操作培训的基本范围，餐饮从业人员不可不知。

（2）管理培训。餐饮业用人最怕"空降部队"，因其不了解组织的具体情况，故很难发挥所长。因此，对于具有潜力或资历的员工，应给予管理方面的培训，以储备管理人选，防患于未然。管理培训最重要的内容是餐饮店的政策和组织运作哲学等观念的建立，还包括人事管理、工资制度、劳工关系、政策法规、收入操作与稽核采购原理，并视需要配合以营销等管理知识。同时，这些主管见习生也需熟悉各种操作细节，并被定期分派至各部门实习，让他们对未来的晋升有充分的准备，具备克服困难的能力。

4. 培训方法

要想开设有效的培训课程，必须先了解学员的学习倾向，掌握学员的心理，这样才能使课程的内容更具吸引力，也更具成效。餐饮界最普遍采用的培训方法有以下三种，如图1-9所示。

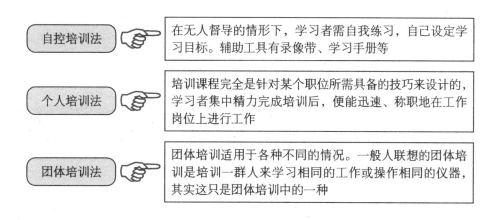

图1-9　培训方法

下面是某餐饮店新员工培训方案范本，仅供参考。

 【范本】 ▶▶▶ --

新员工培训方案

随着社会的进步、经济的发展，餐饮店经营竞争更加激烈，经营成本及费用持续攀升，人员招聘面临较大压力，员工队伍向心力尚未形成。根据餐饮店经营方针及指导思想，对餐饮部新员工培训做如下安排。

一、培训方针

1.专业：加强专业化学习，加强同行交流与对外学习，开阔视野与思路。

2. 实用：根据餐饮店实际情况开展培训，以解决工作中的问题和发展餐饮店为目的。

3. 高效：日常性工作条理化，加强时间管理，提高工作效率。

4. 创新：在企业文化建设、学习氛围营造、课程开发等方面不断创新。

5. 分享：营造互动学习型组织，相互学习，相互分享，相互提高。

二、培训规划

新员工培训共计5周，每天培训2～5小时。新员工上岗前，先进行一对一的规章制度及礼貌礼节的专项培训。

周期	时间	培训内容	目的	授课老师
第一周		军训	加强纪律	
第二周	13：30～16：00	仪容仪表、店规店纪	了解从业常识	
第三周	13：30～16：00	门店概况、信息咨询	了解门店历史信息	
第四、第五周	13：30～16：00	服务技能实操培训	掌握并运用	

三、培训内容

1. 餐饮服务礼仪、仪容仪表、手势与站姿、礼貌用语。

2. 各岗位服务人员的岗位职责。

3. 酒水知识、餐前准备工作、迎宾工作规范、餐中服务、开餐流程、如何处理客人投诉、点单服务流程。

4. 托盘服务规范、上菜程序、斟酒程序、传菜程序、巡台程序、结账程序、收台程序、餐中服务技巧。

5. 婚宴餐前准备工作、婚宴服务流程、婚宴细节服务。

6. 婚宴接待程序、模拟操作服务流程、练习开单。

7. 各岗位运营的工作衔接程序。

8. 仪容仪表实际操作、礼貌用语练习。

9. 点菜、上菜、分菜、托盘服务、斟酒的实际操作。

10. 服务技巧、巡台工作要点和实际操作。

11. 自我介绍。

12. 菜品的营养搭配、点菜技巧。

问题7：如何设计完善的奖励制度？

1. 奖励制度的效益

经营餐饮业的目的是服务客人，创造利润。实施员工奖励制度，可促使员工提升工作效率，保证服务质量，节省费用，增加收益。因此，推行奖励制度，将使门店与员工双方获利。

奖励制度是从增加的收益中提取一定的比例以奖金或红利的形式支付给员工。因此，对餐饮店而言是稳赚不赔的，对员工而言则是多一分努力就多一分奖励。奖励制度具有以下效益，如图 1-10 所示。

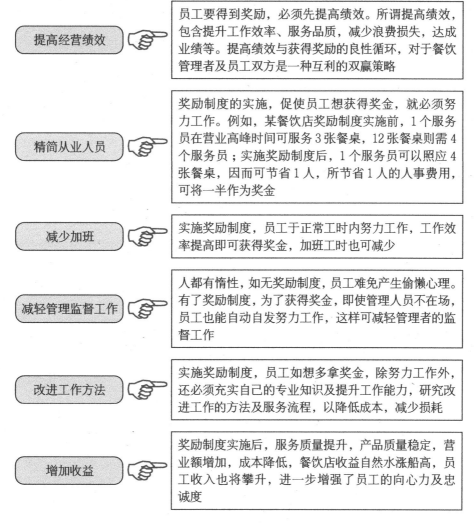

提高经营绩效	员工要得到奖励，必须先提高绩效。所谓提高绩效，包含提升工作效率、服务品质，减少浪费损失，达成业绩等。提高绩效与获得奖励的良性循环，对于餐饮管理者及员工双方是一种互利的双赢策略
精简从业人员	奖励制度的实施，促使员工想获得奖金，就必须努力工作。例如，某餐饮店奖励制度实施前，1 个服务员在营业高峰时间可服务 3 张餐桌，12 张餐桌则需 4 个服务员；实施奖励制度后，1 个服务员可以照应 4 张餐桌，因而可节省 1 人，所节省 1 人的人事费用，可将一半作为奖金
减少加班	实施奖励制度，员工于正常工时内努力工作，工作效率提高即可获得奖金，加班工时也可减少
减轻管理监督工作	人都有惰性，如无奖励制度，员工难免产生偷懒心理。有了奖励制度，为了获得奖金，即使管理人员不在场，员工也能自动自发努力工作，这样可减轻管理者的监督工作
改进工作方法	实施奖励制度，员工如想多拿奖金，除努力工作外，还必须充实自己的专业知识及提升工作能力，研究改进工作的方法及服务流程，以降低成本，减少损耗
增加收益	奖励制度实施后，服务质量提升，产品质量稳定，营业额增加，成本降低，餐饮店收益自然水涨船高，员工收入也将攀升，进一步增强了员工的向心力及忠诚度

图 1-10　奖励制度的效益

2. 奖励员工的方式

奖励员工的方式，可分为经济性的物质奖励及非经济性的精神奖励。奖金属于经济性的物质奖励，不过金钱虽然诱人，但也不能忽略非经济性精神奖励的配合。

（1）经济性奖励。经济性奖励是给予直接的奖金报偿，因为金钱能够满足欲望，奖金于是成为工作动机的诱因，另外还有间接的金钱报偿，如福利、保险等。一般餐饮业以经济性的奖励最为普遍，但并非最有效，因为非经济性的精神奖励同样可以激励员工士气。

（2）非经济性奖励。非经济性奖励是指金钱以外的精神奖励，一般来说，包含图1-11所示的内容。

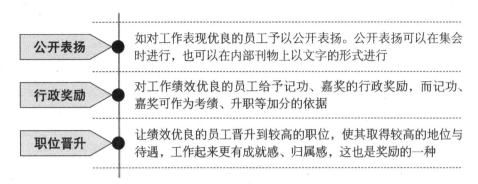

图 1-11 非经济性奖励的方法

要想奖励发挥其最大的效益，务必注意经济性和非经济性奖励的搭配比例，最好采用"七分奖金，三分荣誉"的方式。所谓荣誉，除了上述的公开表扬、行政奖励、职位晋升，还有以下几种。

（1）评选模范员工，并通知家人，赠送纪念品。

（2）年终颁发金牌、奖状。

3. 员工奖励制度执行原则

因业种、业态的不同，有不同奖励因素与奖励办法。如果要使实施的奖励制度顺利推行，达到预期目标，必须选择最有利于本行业的办法推行，而且推行之前必须注意如图1-12所示的原则。

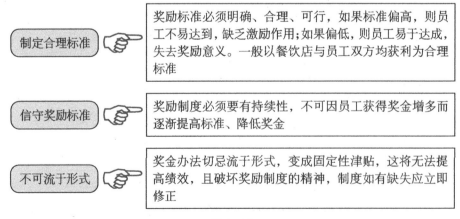

图 1-12

| 兼顾多重因素 | ☞ | 同一家餐饮店内，因工作性质不同，应有不同的奖励因素与奖励办法。例如，对厨房工作人员的奖励因素，必须兼顾菜肴质量、食材成本、安全卫生等，而外场服务人员则必须兼顾工作量、服务质量等。除实行个别奖金外，也可同时实行小组奖金或团体奖金 |
| 计算力求简单、公开 | ☞ | 奖金办法经常涉及营业额及成本，因此只有公开才能减少员工的猜疑。而且奖金计算公式必须简单明了，让员工随时可以知道自己的目标与奖金数额，员工才能感受到勤奋工作的重要性，才能使奖励制度真正发挥效用 |

图 1-12　员工奖励制度执行原则

4. 员工奖励评估标准

奖励应有一定的标准或依据，以外场服务人员来说，即为工作效率与服务质量。

（1）工作效率的标准。一个服务员在营业高峰时段可以服务或照应 4 张餐桌，每张餐桌上的客人平均为 4 人，以此作为服务员的工作效率标准，如果服务员在任何时段都能符合这个要求，即可视为表现良好而给予奖励。这是一种清楚而具体的评估标准，一般餐饮店的员工培训也大都以此为标准，作为奖励的参考依据。

> **特别提示**
>
> 　　员工的工作绩效如何评估、如何奖励，不是一件简单的事情。首先必须要做到公平与公正，其次不可让奖励制度对员工造成太大的精神压力。如果是定期性的奖励，就要由相关人员进行充分而坦诚的讨论，务求做到公平、公正、公开。

（2）服务质量。通常以员工的服务心态及服务技术作为评定标准。服务心态是指乐于为客人提供服务的主动积极的态度，因而可以博得客人的好感与称道。而服务技术则从培训与实际服务的经验中得来，熟练而优雅的服务技术可以让客人觉得舒适、满意。如果服务员让客人在用餐过程中感到愉快又满意，当然应该获得奖励。

员工的工作绩效评核，可参考"餐饮店员工工作绩效考评表"（如表 1-1 所示）的绩效考评项目，仔细评分，作为奖励或要求其改善的依据。

表 1-1　餐饮店员工工作绩效考评表

_____年___月___日

姓名		服务		部门	
项目	评核内容	配分	得分	备注	
1	敬业精神	10			
2	工作态度	10			
3	技术能力	10			
4	服务质量	10			
5	表里如一	10			
6	服装仪容	10			
7	基本礼节	10			
8	同事相处	10			
9	出勤状况	10			
10	协调沟通	10			
总分					
经理		部门主管			
说明	各项评核内容表现优等者10分，表现良好者8分，表现正常者6分				

5. 奖金的分配方式

一套完善的奖励制度必须要有公平又合理的奖金分配方式，以此激励员工士气。奖金的分配可有以下几种方式。

（1）绩效评核分配法。以营业的绩效或个人工作绩效作为分配奖金的依据，绩效高者奖金多，依此类推。

方法一：目标达成绩效分配法。

奖金的分配应依据目标达标率的高低而定，目标达标率愈高者奖金就愈多，示例如表1-2所示。

表 1-2　目标达成绩效分配法示例

目标达标率	奖金
100%	200 元
111% ~ 105%	300 元
106% ~ 110%	400 元
111% ~ 115%	600 元
116% ~ 120%	900 元
121% 以上	1100 元

方法二：团体绩效评核分配法。

奖金的分配也可依据各部门的绩效高低而定。示例如下：

绩效评定分为甲等、乙等、丙等，考评甲等的部门可得团体奖金 10000 元，考评乙等的部门可得奖金 8000 元，考评丙等的部门可得团体奖金 5000 元。

方法三：个人绩效评核分配法。

奖金的分配以员工个人的工作绩效高低而定。先对员工的工作绩效评定分数，再计算应得的奖金，具体计算公式如下：

$$每分数奖金额 = 奖金总数 \div 员工考评的总分$$

$$个人应得奖金 = 每分数奖金额 \times 个人考评得分$$

（2）职务基数分配法。奖金的分配因员工职务高低而有所不同。例如，经理的职务基数为 10，领班的职务基数为 8，服务人员的职务基数为 6，计时人员的职务基数为 3，则奖金的计算方法如下：

$$每一基数的金额 = 奖金总额 \div 员工基数总和$$

$$个人应得的奖金 = 每一基数的金额 \times 员工职务基数$$

（3）考绩成果分配法。员工个人奖金的分配依员工考绩结果确定。示例如下：

考绩甲等，给予 60 天本薪的奖金。

考绩乙等，给予 40 天本薪的奖金。

考绩丙等，给予 20 天本薪的奖金。

考绩丁等，不给予奖金。

（4）平均分配法。奖金总额除以分配奖金总人数，即为每位员工应得奖金数。员工人数少，且职责相当、贡献度相同时，可以采取此种分配法。但如职务有高低，或各人贡献程度不同时，采取此分配法则有失公平与公正。

特别提示

奖金分配采用何种方法，因不同奖励因素而异。一般而言，餐饮业者应以实际运营绩效或目标达成的结果作为分配奖金的依据，方能发挥激励员工士气的作用。

下面是 ×× 餐饮公司奖金办法范本，仅供参考。

【范本】▶▶▶ --

×× 餐饮公司奖金办法

第一条　目的

本公司所制定的奖金办法，除考核从业人员的尽职程度、服务质量及贡献程度外，对于内部创业制度也详加规定。

第二条　适用范围

凡任职满 45 天以上的正式员工均适用，但部分奖金给付办法也可适用于兼职及定期契约人员。

第三条　奖金结构

本办法所制定的奖金包括下列 7 项。

1. 模范员工奖；

2. 工作绩效奖金；

3. 考勤奖金；

4. 营业目标奖金；

5. 介绍奖金；

6. 年节奖金；

7. 年终奖金及红利。

第四条　模范员工奖

各分店主管依工作敬业态度及考核成绩，每月选出 2～3 名工作表现优异的从业人员，于每月员工大会中表扬并分发礼券 1000 元，并在各分店公布栏颁布，让客人分享其喜悦。

第五条　工作绩效奖金

各分店主管人员于每月底实施当月份员工勤务表现（包括工作效率、服务态度、敬业精神、出勤率、贡献度等多项评核）的考核，其核发标准如下。

分数	95 以上	95～90	89～80	79～70	69～60	60 以下
奖金	800 元	600 元	500 元	300 元	200 元	0

第六条　考绩奖金

公司依据全年员工勤务表现及贡献程度，并按下列规定的发放标准，给予考绩奖金。

1. 工作满 1 年以上，其年度考绩在 90 分以上者，发给 30 天本薪的奖金；考绩在 80 分以上者，发给 15 天本薪的奖金。

2.工作满半年以上，其考绩在80分以上者，则发给15天本薪的奖金。

3.工作未满半年者，原则上不予发放，但表现优良者，经由各店主管人员签呈人事部门评核后，酌量予以奖励。

第七条　营业目标奖金

为了激励各分店人员缔造运营佳绩，并争取自我加薪的机会，各店营业目标奖金按下列规定评核。

1.每月营业实绩 − 营业目标 = 超额业绩

2.超额业绩 ×40%（毛利）×20% = 奖金总额

3.各分店员工奖金分配法采取职务基数分配法，具体如下：

（1）每一基数的金额 = 奖金总额 ÷ 员工基数总额

（2）员工可得的奖金 = 每一基数的金额 × 员工职务基数

第八条　介绍奖金

公司员工介绍他人到公司工作满3个月，并经人事部面试考核任用，且无违反公司规定者，则发给介绍人200元的奖金，但工作未满3个月即离职者，不予发放。核发的奖金应于被介绍人员任职满3个月后，与薪资合并发放。

第九条　年节奖金

公司为加强员工的向心力，并慰劳员工平日的辛劳，于每年的端午节及中秋节分别给予年节奖金，以资鼓励。其给付规定如下：

1.任职满1年以上的正式员工给付全额奖金，定期契约人员工作满1年以上者则给付半额奖金。

2.满6个月以上的正式人员，"实际工作月份 ÷12× 奖金额"即为该期间的年节奖金。

3.工作未满6个月的员工，则不予发放。

4.年节奖金的金额，则由公司依当年度的营业绩效另行订定公布。

第十条　年终奖金及红利

公司视当年度运营业绩状况，提取税后盈余5% ~ 10%，作为年终奖金及红利，发放给员工。其规定如下。

1.年终奖金的计算采用年资制，工作满1年以上，给付30天本薪的年终奖金；工作年资每多1年，即加发10天本薪的年终奖金，以给付100天本薪为上限。

2.工作满半年以上者，"实际工作月份 ÷12×30天本薪"即为该员工的年终奖金。

3.工作未满半年以上的员工，则不予发放年终奖金及红利。

4.红利的发放采取员工职务基数分配法，其计算方式如下：

（1）每一基数的金额 = 红利总金额 ÷ 员工职务总基数

（2）员工可得红利 = 每一基数的金额 × 员工职务基数

5.工作满半年以上者，"实际工作月份 ÷12× 同职务员工的红利"即为该员工的红利。

6. 员工职务基数对照表另行订定公布。

7. 年终奖金及红利的分配比率及金额由公司决算后公布。

8. 定期契约人员、计时人员、兼职人员的年终奖金及红利的发放办法,另行制定公布。

第十一条　内部创业制度

凡任职满3年以上、职位在领班以上的主管人员,始具备内部创业资格,并可在公司所开发的新营业地点内自由投资,投资比例按照下表所示方式办理。

职位	持股比例
领班	5%以下
副理	10%以下
经理、主厨	15%以下
副总经理	20%以下
总经理	30%以下

内部创业制度的施行细则,另行订定公布。

第十二条　施行

本办法自20××年××月××日起开始实施。

第三周　架起沟通的桥梁

店长作为门店的最高管理者,对本店进行统筹管理。他需要与各部门经理、主管保持良好沟通,以便门店的日常工作能顺利开展。

问题8：有哪些沟通方式?

门店内的沟通有图1-13所示的几种方式。

图 1-13　沟通方式

1. 文字形式

文字沟通即以报告、备忘录、信函等文字形式来进行沟通。采用文字进行沟通的原则如图 1-14 所示。

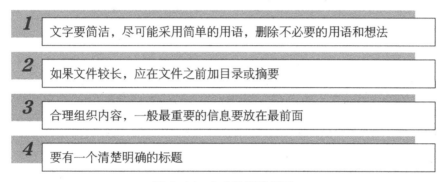

1 文字要简洁，尽可能采用简单的用语，删除不必要的用语和想法

2 如果文件较长，应在文件之前加目录或摘要

3 合理组织内容，一般最重要的信息要放在最前面

4 要有一个清楚明确的标题

图 1-14　文字沟通的原则

2. 口语形式

口语形式即利用口语面对面地进行沟通。口语沟通需要沟通者具有知识丰富、自信、发音清晰、语调和善、诚挚、逻辑性强、有同情心、心态开放、诚实、仪表好、幽默、机智、友善等有益沟通的特质。

3. 非口语形式

非口语形式是指伴随沟通的一种非语言行为，具体包括眼神、面部表情、手势、姿势和身体语言等。

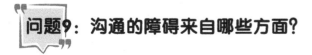

问题9：沟通的障碍来自哪些方面？

有人为不善辞令而烦恼，因为常常会沟通不畅。但健谈的人也未必就是沟通高手，如果只会喋喋不休，易引起别人的反感，沟通也会有障碍。而不善表达者，如果抓住了重点，掌握一些技巧，沟通也会进行得很好。

常见的沟通障碍一般来自三个方面：传送方的问题、接收方的问题及传送渠道的问题，如表 1-3 所示。

表1-3　常见沟通障碍

障碍来源	主要障碍
传送方	（1）用词错误，词不达意 （2）咬文嚼字，过于啰唆 （3）不善言辞，口齿不清 （4）只要别人听自己的 （5）态度不正确 （6）对接收方反应不灵敏
传送渠道	（1）经过他人传递产生误会 （2）环境选择不当 （3）沟通时机不当 （4）有人破坏
接收方	（1）听不清楚 （2）只听自己喜欢的部分 （3）偏见 （4）光环效应 （5）情绪不佳 （6）没有注意言外之意

身为店长应注意克服沟通障碍，注意下列禁忌：

（1）只要别人听你的。

（2）只听自己想听的。

（3）不好的口头禅。

（4）语句威胁。

（5）不好的沟通环境。

（6）不稳定的情绪。

所以，在沟通时要注意图1-15所示的"三要三不要"。

| （1）赞美与鼓励的话要说
（2）感谢与幽默的话要说
（3）与人格有关的话要说 | 三要
三不要 | （1）没有准备的话不要说
（2）没有依据与凭证的话不要说
（3）情绪欠佳的时候不要说 |

图1-15　沟通的"三要三不要"

问题10：如何达成沟通的共识？

店长与人沟通时应建立下列共识：

（1）欢迎别人提出不同的意见。

（2）感谢别人的建议。

只要员工愿意说出对门店方面的建议，都是好事。一来店长可以倾听员工内心真正的声音，二来即使员工对门店有诸多不满，但只要他愿意说出来，就给了公司和管理者一个改进的机会。

在这个过程中，要先听后说，中间不作情绪的直接反应（非理性情绪），并且态度诚恳，说话实际。

当沟通无共识时，应予协调；协调未解决时，应行谈判；谈判无结果时，暂时搁置，然后寻求其他方法解决。

当上司与下属各执一方案，无法证明何者较佳时，站在下属的立场，若采用上司的方案，下属应全力支持；站在上司的立场，若可预防风险，并以此培养下属的某项能力时，可以采用下属的方案。

问题11：如何运用沟通的技巧？

沟通是一个讲与听的过程，所以，不但要会讲，还要会听，同时，要注意语调、态度。

1. 倾听

倾听是沟通最重要的技巧，当下属的话匣子打开以后，沟通已经成功一半了。倾听讲究"停、看、听"，如图 1-16 所示。

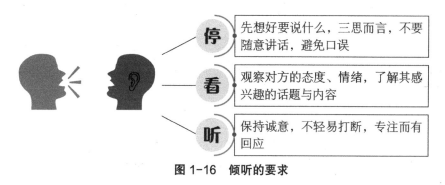

图 1-16　倾听的要求

2. 谈吐

店长在与员工沟通时，一定要注意自己的谈吐。

（1）注意交谈的语调。

（2）考虑时间、场所。

（3）言简意赅。

（4）多使用肯定语句，少使用非肯定语句，不用攻击、伤害、批评、讽刺的语句。

3. 态度

（1）伸手不打笑脸人，应用轻松、微笑的态度与人沟通。

（2）心平气和、义正词婉，理性的沟通有利于双方达成共识。

（3）肯定自己、肯定别人。

（4）注意眼神、姿势、肢体语言等。

问题12：管理沟通的要领何在？

1. 向上沟通

与上司沟通，要有充足的依据。能够打动上司的方法有两个，一是数字，二是事实。不要和上司去讲大道理，而是要将事实摆出来，将数字列出来，上司自然就会进行分析。

店长要做好与上司之间的沟通工作，需要做好以下几点。

（1）不要给上司出问答题，尽量给他出选择题。

比如：

店长："领导，对于这件事的处理，您看明天下午开个会怎么样？"

上司："明天下午我没空。"

店长："后天上午您有时间吗？10:30以后呢？"

上司："好吧，10:30以后。"

店长："谢谢，我明天下班前再提醒您一下，后天上午10:30我们开个会。"

（2）一定要准备答案。没有准备好答案，只有两个后果：第一是领导会觉得你什么问题都让他来解决；第二是领导也可能没有什么好的解决办法，与其让他想半天无计可施，还不如给他答案以供参考。

2. 向下沟通

在沃尔玛的缔造者山姆·沃尔顿的管理思想中，倾听和沟通占有重要的地位，他经常问下属："说说看，你对这件事怎么考虑？"他还经常到超市里去走走，一方面便于发现问题，另一方面有利于听取员工的意见和建议。

IBM的开拓者小托马斯·沃森也是沟通理论的忠实执行者，为了充分了解下情，他喜欢进行"深潜"。可见，掌握与卜属沟通的技巧和艺术，对领导者有着举足轻重的意义。那么，怎么做才能使向下沟通有成果呢？有三个建议供店长参考。

（1）多了解状况。跟下属沟通时，如果你是"空降部队"，建议多学习、多了解、多询问、多做功课。多了解状况是一件非常重要的事情。真的不解就回去做功课，把功课做好了，再把你的下属叫过来面对面地谈，这样你才言之有物，人家才会心甘情愿听你的话。很多领导都说底下的人不听话，其实，他不想听是因为你说不出什么东西。

（2）批评讲究艺术。当领导的，面对下属各种出错，批评是不可避免的，但是要有艺术。而最高的批评沟通术，是学会利用正确的心情、词汇，针对出错的问题提出疑问，进而改善下属的工作效率，让下属被你批评得心悦诚服。

（3）提供方法，紧盯过程。与下属沟通，重要的是提供方法和紧盯过程，如果你管过仓库，就告诉他存货是怎么浪费的；如果你当过财务，就告诉他回款为什么常常有问题。

下面通过一个案例说明如何与下属沟通。

店长："小洪，从最近两个月来看，门店就餐率降低了11%。我想和你一起分析一下，是什么原因导致这种情况的出现。"

营销经理："是的，店长，是在降低，这个月比上个月降低了11%。我也想过了，可能是这样一些原因：第一是门店菜品没有创新，还是一些常规菜品；第二是这个月营销重点放在了客房而忽视了门店营销；第三是在离我们220米远的地方新开了一家餐厅，带走了很多客人。这些，都是导致门店就餐率降低的原因。"

店长："你说得很好，关于餐饮菜品创新的问题，我会和后厨沟通。现在我们来谈谈，如何做好我们部门自身的营销工作。在这方面，你是富有经验的主管，我想听听你的意见。"

营销经理："我们部门的问题主要表现在：员工对门店菜品工作认识不够，培训没有跟上，营销技巧和方法有待提高。"

店长："你说得很好，下一步我们一起来解决这些问题吧！"

这是店长和下属沟通的一个案例。店长对问题其实都很清楚，之所以让营销经理自己说出来，是想引起其注意，因为大量的、具体的工作还是需要营销经理带领大家去完成。所以，店长运用了循循善诱的方法，使沟通很成功。

3. 水平沟通

水平沟通是指没有上下属关系的部门之间的沟通。部门之间的平级沟通有时缺乏真心，缺少肺腑之言，缺少服务及积极配合的意识。消除水平沟通的障碍，要做到图1-17所示的几点。

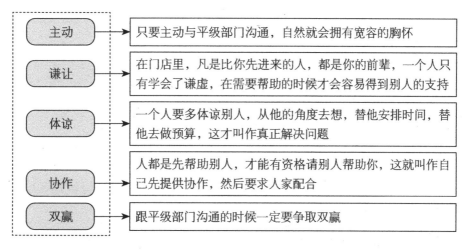

图1-17　水平沟通的要点

问题13：如何提升沟通能力?

1. 开列沟通情境和沟通对象清单

这一步非常简单。闭上眼睛想一想,你都在哪些情境中与人沟通,比如学校、家庭、工作单位、聚会以及日常的各种与人打交道的情境。再想一想,你都需要与哪些人沟通,比如朋友、父母、同学、配偶、亲戚、领导、邻居、陌生人等。开列清单的目的是使自己清楚沟通的范围和对象,以便全面地提高自己的沟通能力。

2. 评价自己的沟通状况

在这一步里,根据表1-4所列的问题,评价一下自己的沟通状况。

表1-4 评价自己的沟通情况

序号	问题	我的状况
1	对哪些情境的沟通感到愉快	
2	对哪些情境的沟通感到有心理压力	
3	最愿意与谁保持沟通	
4	最不喜欢与谁沟通	
5	是否经常与多数人保持愉快的沟通	
6	是否常感到自己的意思没有说清楚	
7	是否常误解别人,事后才发觉自己错了	
8	是否与朋友保持经常性联系	
9	是否经常懒得给人发信息或打电话	

3. 评价自己的沟通方式

在这一步中,主要问自己如下三个问题,见表1-5。

表1-5 评价自己的沟通方式

问题	我的答案
第一个问题：通常情况下,自己是主动与别人沟通还是被动沟通	
第二个问题：在与别人沟通时,自己的注意力是否集中	
第三个问题：在表达自己的意图时,信息是否充分	

4. 制订、执行沟通计划并监督其实施

主动沟通者与被动沟通者的沟通状况往往有明显差异。研究表明，主动沟通者更容易建立并维持广泛的人际关系，更可能在人际交往中获得成功。

（1）制订、执行沟通计划。通过前几个步骤，你一定能够发现自己在哪些方面存在不足，从而确定在哪些方面重点改进。比如：沟通范围狭窄，则需要扩大沟通范围；忽略了与友人的联系，则需经常发信息、打电话；沟通主动性不够，则需要积极主动地与人沟通等。把这些制成一个循序渐进的沟通计划，然后把自己的计划付诸行动，体现在具体的生活小事中。比如，觉得自己的沟通范围狭窄，主动性不够，你可以规定自己每周与两个素不相识的人打招呼，具体如问路、聊聊天气等。不必害羞，没有人会取笑你的主动，相反，对方可能还会欣赏你的勇气。

> **特别提示**
>
> 在制订和执行计划时，要注意小步子的原则，即不要对自己提出太高的要求，以免实现不了，反而挫伤自己的积极性。小目标实现并巩固之后，再对自己提出更高的要求。

（2）对沟通计划的实施进行监督。这一步至关重要，一旦监督不力，可能就会功亏一篑。最好是自己对自己进行监督，比如用日记、图表记录自己的发展状况，并评价与分析自己的感受。

当你完成了某一个计划，如跟一直不敢说话的异性打了招呼，你可以奖励自己一顿美餐，或是看场电影轻松轻松，这样有助于巩固阶段性成果。如果没有完成计划，就要采取一些惩罚措施，比如做俯卧撑或是做一些平时不愿做的体力活。

总之，计划的执行需要信心，要坚信自己能够成功。记住：一个人能够做的，比他已经做的和相信自己能够做的要多得多。

第四周　提升管理的能力

餐饮店长作为门店管理者，需要经常汇报工作、听取汇报、下达指示、主持会议、参加会议、授权下属。因此，需要提升这些方面的能力，让工作得心应手。

问题14：如何向上级汇报工作？

汇报工作，指的是下属向上司以口头或书面形式陈述工作情况，是上下级之间进行沟通的一种重要途径，同时也为上司提供了一个考察下属的机会。作为中间层的餐饮店长，免不了要向上司汇报工作，同时也要听取下属的汇报，所以，需掌握好这方面的技巧。

1. 汇报的要点

汇报的要点如图1-18所示。

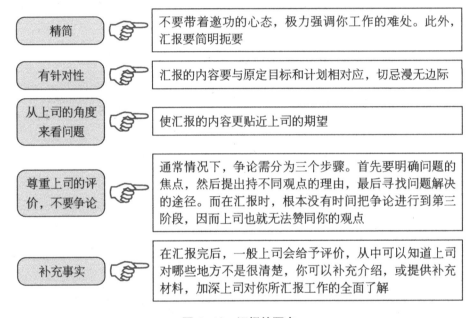

精简	☞	不要带着邀功的心态，极力强调你工作的难处。此外，汇报要简明扼要
有针对性	☞	汇报的内容要与原定目标和计划相对应，切忌漫无边际
从上司的角度来看问题	☞	使汇报的内容更贴近上司的期望
尊重上司的评价，不要争论	☞	通常情况下，争论需分为三个步骤。首先要明确问题的焦点，然后提出持不同观点的理由，最后寻找问题解决的途径。而在汇报时，根本没有时间把争论进行到第三阶段，因而上司也就无法赞同你的观点
补充事实	☞	在汇报完后，一般上司会给予评价，从中可以知道上司对哪些地方不是很清楚，你可以补充介绍，或提供补充材料，加深上司对你所汇报工作的全面了解

图 1-18　汇报的要点

2. 注意事项

向上级汇报工作时应注意图1-19所示的事项。

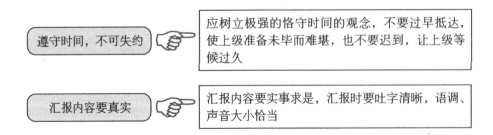

| 遵守时间，不可失约 | ☞ | 应树立极强的恪守时间的观念，不要过早抵达，使上级准备未毕而难堪，也不要迟到，让上级等候过久 |
| 汇报内容要真实 | ☞ | 汇报内容要实事求是，汇报时要吐字清晰，语调、声音大小恰当 |

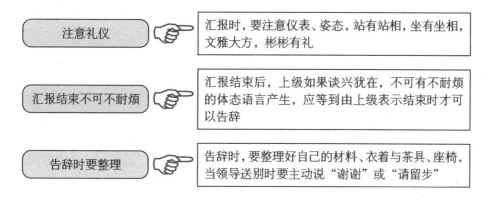

图 1-19　向上级汇报工作时的注意事项

问题15：如何听取下级的汇报?

餐饮店长在听取下属的工作汇报时要注意图 1-20 所示的几点。

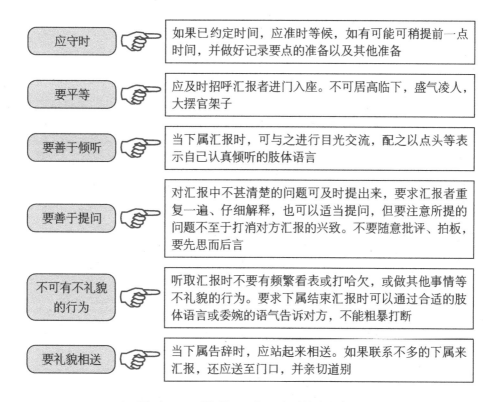

图 1-20　听取员工汇报工作时的注意事项

问题16：如何向下级下达指示？

1. 指示的具体内容——5W2H

没有具体内容的命令，往往使员工无所适从，要么不去做，要么靠自己发挥想象来做，必然导致结果出现偏差。那么，怎样下指示才有效呢？

完整地发出命令要有"5W2H"共七个方面的具体内容，这样员工才能明确地知道自己的工作目标是什么。"5W2H"要点如图1-21所示。

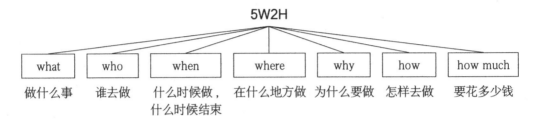

图1-21 "5W2H"要点

只有"5W2H"明确了，执行人员才会按照指示要求将事做好。

2. 注意事项

在下达指示时，还要注意图1-22所示的几个事项。

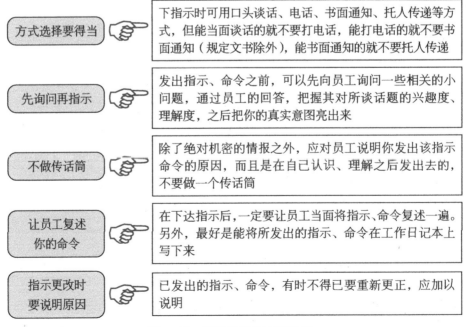

方式选择要得当	下指示时可用口头谈话、电话、书面通知、托人传递等方式，但能当面谈话的就不要打电话，能打电话的就不要书面通知（规定文书除外），能书面通知的就不要托人传递
先询问再指示	发出指示、命令之前，可以先向员工询问一些相关的小问题，通过员工的回答，把握其对所谈话题的兴趣度、理解度，之后把你的真实意图亮出来
不做传话筒	除了绝对机密的情报之外，应对员工说明你发出该指示命令的原因，而且是在自己认识、理解之后发出去的，不要做一个传话筒
让员工复述你的命令	在下达指示后，一定要让员工当面将指示、命令复述一遍。另外，最好是能将所发出的指示、命令在工作日记本上写下来
指示更改时要说明原因	已发出的指示、命令，有时不得已要重新更正，应加以说明

图1-22 下达指示的注意事项

问题17：如何主持会议？

主持会议的能力，是考验一个人是否适合担任领导的最简单方式之一。如何提高开会的效率，让每个人都能各抒己见、各得其所？图1-23所示的几点很重要。

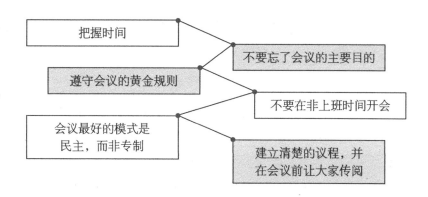

图 1-23　主持会议的要点

1. 把握时间

为了尊重每个人的时间，开会最忌讳的就是拖延时间，尤其是一些经常性的会议。所以店长要让会议顺畅地进行，要对每个议题的讨论时间作出限制。如果某个议题讨论太久，都还没有结果，就把这个议题记下来，下次开会时再讨论。

> **特别提示**
>
> 如果这次会议一定要得出某些具体结论的话，在开会前就要先告知每个参与的人，不达目的绝不罢休。不要为了减轻与会人员的负担而迅速结束会议，这只会让你的后续动作更困难而已。

2. 不要忘了会议的主要目的

开会通常有三个目的：沟通、管理和决策。不管哪一个目的，最重要的是以行动为焦点。例如讨论要采取什么行动，上次行动的结果如何，或是在不同的行动方案中选择一个。避免没有讨论行动的会议，因为那很可能只会浪费时间。

3. 遵守会议的黄金规则

公开称赞，私下批评。避免公开批评别人的意见，因为这对士气有很大的伤害。

4. 不要在非上班时间开会

尽量在日常上班时间开会，除非是很紧急的事情。喜欢在傍晚或者周末开会的人，往往不能平衡工作与生活，自然也无法在正常工作时间做好分内的工作。

5. 会议最好的模式是民主，而非专制

不要试图影响与会者，作出你想要的结论，更不要只凭你的职衔或权力来领导他人。好的领导应该使用说服，而不是强迫的方式。另外，还要了解会议的意义，如果你想要宣告自己的一项政策，只要将它发布在相关媒体上即可，不需要召集大家，控制整个议程，却又不给大家讨论的空间。

6. 建立清楚的议程，并在会议前让大家传阅

在开会前必须清楚这次会议的目的、内容和讨论方式，整理成清楚的议程，并在会议前让大家传阅。这样才能让与会人员有充分的时间准备相关的资料。

问题18：如何参加会议？

以上讲的是作为主持人的技巧，然而，作为餐饮店长，你不只是主持会议，还经常会参加一些会议，那么，参加会议应注意哪些细节呢？图1-24所示的技巧对你的职场生涯一定大有帮助。

图1-24　参加会议的技巧

1. 有准备地赴会

为了使你在每一场会议中都取得最好的效果，在走进会议室之前，你对以下几个问题，必须拥有周全的答案。

（1）谁召开这次会议？为了明确会议的重要性，首先要问会议的召开人是谁。显而易见地，董事长所召开的会议，要比总经理所召开的会议更加重要。

（2）为何召开这次会议？你若不搞清楚会议的真正目的而贸然走进会议室，你将很容易受创。因此，在与会前你应先弄清楚：

——这次会议是否为了那些悬而未决的老问题而召开？

——是否为了摆脱棘手的问题而召开？

——是否因为某些人想迫使上司下决心作决策而召开？

2. 做好会前疏通

如果你有新的提议，而且你的提议可能会影响到另一部门或另一些人的安全感，那你应在会议之前，先与这些可能反对你意见的人进行沟通，以便安排一些足以维护他们的颜面的措施，甚至取得他们某一程度的谅解或支持。必要的时候，你也可以让他们用他们的名义提出你的观点。尽管这样做，等于拱手将自己的观点送给别人，但是假如你志在令你的观点被采纳，这样做又何妨？

> **特别提示**
>
> 不论你是否在会议前进行沟通，在会议中，一旦你要提出新观点，则千万不要在言辞上威胁到利害攸关的人士。

3. 谋求沟通方法

会议场合中的沟通除了依靠有声的语言之外，还有无声的语言，诸如仪容、姿态、手势、眼神、面部表情等。这些无声的语言也扮演着相当重要的角色。现将值得特别留意的地方简述如下。

（1）仪容要整洁。蓬头垢面者通常得不到与会者的好感。

（2）准时或提早抵达会场。

（3）避免穿着奇装异服。为稳妥起见，你的穿戴应尽量趋于平常。

（4）留意坐姿。最理想的坐姿是脊椎骨挺直但不僵硬，因为只有这样，你才能在松弛的状态下维持警觉性。

（5）目不斜视。与人对话时最忌讳的是两眼闪烁，或是斜眼看人，因为这样会让人对你的动机或品格产生不良的评价。同样忌讳的是，以求情的眼光看人，因为这样做足以削弱你说话的分量。

（6）借手势或物品强调自身的观点。以手势配合说话的内容，可以令听众印象深刻。手势的幅度视你所想强调的内容而定。谈细节的时候，手势要小；谈大事时，手势要加大。运用手势时，必须考虑周围实际环境的情况。外界的空间越大时，手势可越夸张；外界的空间越小时，手势应越收敛。为强调你的意见而以物品作为道具是一种良好的举措。

4. 重视活用数据

生活在数字的世界里，每天所见、所闻与所思的一切，几乎没有不涉及数字的。然而，在会议中运用数字时，一定要注意下面两个要领：

（1）除非必要，不要随便提出数字。

（2）要设法为枯燥的数字注入生命。这即是说，要让数字所代表的事实，能成为与会者生活经验中的一部分。

5. 树立良好形象

时刻留意自己在他人心目中的形象，因为好的形象在会议中可产生莫大的助力，坏的形象则足以令你在会议中处处受牵制。下面是一些有助于塑造及维护良好形象的参考事项：

（1）人们总是喜欢诚实的人，以及以公平态度待人的人。

（2）听众所渴望听到的是事实，因此对那些夸夸其谈、自命不凡的人极度反感。

（3）人们都不喜欢不愿倾听他人意见的人。

（4）一般人对情绪激动的人通常欠缺信心。

（5）人们对态度冷静、善于逻辑推理的人的判断力，均寄予信心。

（6）人们往往对富于想象力与创造力的人产生好感。但是，当一个人的想象力与创造力超越了听众所能理解或想象的范围时，则该想象力与创造力将很容易被视为荒谬。

（7）在会议中最令人讨厌的两种人大概是：喜欢打断别人讲话的人，喋喋不休的人。

6. 保持积极态度

在一般会议中，我们经常面临的是消极的气氛，包括消极的表情、消极的情绪、消极的话语、消极的反应等。在消极的气氛笼罩下，若能注入积极的言辞与积极的态度，那将成为严寒中的一股暖流。

下一次再参与会议，请参照下列诸种要领行事，将获取良好的结果：

（1）从积极的角度看问题，将那些消极性意念扭转为积极性意念。例如将"这200万元的投资当中有一半肯定要泡汤！"扭转为"这200万元的投资当中有一半肯定会带来收益！"。

（2）倾听那些足以蒙蔽真相的泄气话，并设法解开疑惑。

（3）降低会议中所面临的问题的难度，设法先解决较简单的问题，以增进与会者对解决困难问题的信心。

（4）自告奋勇地承担工作，这对减轻与会者的精神负担与实质负担均大有帮助。

（5）当其他与会者强调困境之际，你则设法提供解决方案。

（6）对提供良好的意见或解决途径的其他与会者，表达你个人的赞赏。

（7）面对棘手的问题时，应讲求实际，而不应悲观。

（8）鼓励与会者积极进取。

7.协助控制会场

作为店长，即使你不是主持人，在必要的时候，你也需协助主持人控制会场，具体要求如图1-25所示。

1 千万要自律，切莫为主持人制造难题。这至少包括：不要与邻座交头接耳；除非特别紧要的事情，否则不要中途离席；不要与主持人或其他与会者争论；不要意气用事；不要在会议中做与会议无关的工作

2 假如与会者之间发生争论，则主动介入，并设法令争论的每一方都能理解对方的观点

3 如有人垄断会议，则主动提出自己的意见，或鼓励其他与会者发表意见，以打破垄断局面

4 如果讨论的内容偏离主题，则设法提醒与会者有关会议的目标及问题的焦点，以便将与会者的注意力引导回正题

图1-25 协助控制会场的要求

问题19：如何有效授权？

1.哪些工作可以授权

通过盘点餐饮店长的工作发现，餐饮店长80%的工作都是可以授权的，餐饮店长只需做事关企业命运和前途的20%的工作即可，如图1-26所示。

可授权：80%的工作	不可授权：20%的工作
·日常事务性工作	·企业战略决策
·具体业务工作	·重要目标下达
·专业技术性工作	·人事的奖惩权
·可以代表其身份出席的工作	·发展和培养下属
·一般客户接待	

图1-26 餐饮店长授权的"二八原则"

因此，餐饮店长在授权时必须明确自己的岗位职责，按照责任大小把工作分类排序，自己选择工作中较为重点的部分监控，其他工作可采取授权的方式来完成，但要注意工作的督导。

2. 有效授权技巧

（1）学会授权工作。授权员工办事的过程由作出授权决定、简明交代情况和跟踪了解三个步骤组成，餐饮店长要对每一步可能产生的情况有所预料，具体说明如图1-27所示。

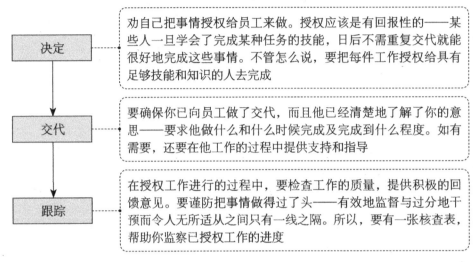

决定　劝自己把事情授权给员工来做。授权应该是有回报性的——某些人一旦学会了完成某种任务的技能，日后不需重复交代就能很好地完成这些事情。不管怎么说，要把每件工作授权给具有足够技能和知识的人去完成

交代　要确保你已向员工做了交代，而且他已经清楚地了解了你的意思——要求他做什么和什么时候完成及完成到什么程度。如有需要，还要在他工作的过程中提供支持和指导

跟踪　在授权工作进行的过程中，要检查工作的质量，提供积极的回馈意见。要谨防把事情做得过了头——有效地监督与过分地干预而令人无所适从之间只有一线之隔。所以，要有一张核查表，帮助你监察已授权工作的进度

图1-27　授权的三个步骤

（2）全面授权。当授权员工办事时，除了要交代清楚之外，还必须提供圆满完成任务所需的全部信息。为了避免产生误解，要花时间解释清楚你要的是什么，这部分任务将如何配合你的总体计划。讨论可能出现的困难和他们应如何去应对，并回答员工在工作进行过程中产生的疑问。

（3）强化被授权者的职责。对授权他人的任务要设定明确、切实可行的完成时间。授权他人办事并不仅仅意味着把项目的控制权交给他人，同时也交付了对这项任务的职责。要鼓励被授权者在紧扣授权者要求的前提下，用自己的方式来工作，充分利用他们的专业知识和技能。"授权"常引起的争议之一是职责问题，明确被授权者的职责至关重要。

第二个月

楼面服务与质量管理

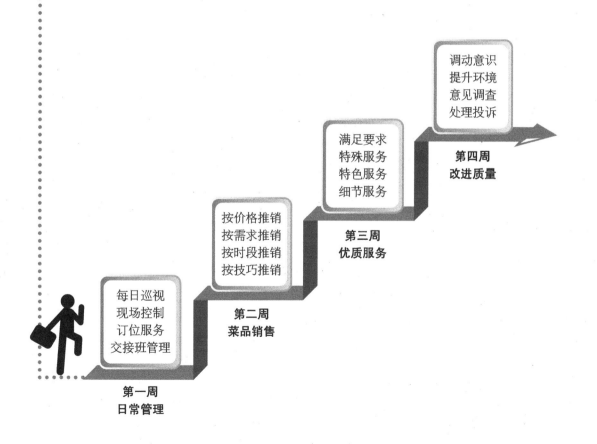

每日巡视
现场控制
订位服务
交接班管理

第一周
日常管理

按价格推销
按需求推销
按时段推销
按技巧推销

第二周
菜品销售

满足要求
特殊服务
特色服务
细节服务

第三周
优质服务

调动意识
提升环境
意见调查
处理投诉

第四周
改进质量

第一周　楼面日常管理

有统计表明：现代餐饮业的成功80%在于楼面管理。楼面管理是使优良的服务得以贯穿餐饮服务全过程的关键工作，在整个门店服务中直接起着组织、带头、督导、协调的作用。

问题20：如何做好每日巡视检查？

巡视工作是餐饮店长每日必做的事情。通过巡视，餐饮店长可以对员工的仪容仪表、精神面貌，门店及厨房环境进行仔细了解，尽可能发现存在的问题，及时予以解决，以保证每天的工作顺利进行。

1. 营业前检查

餐饮店长在每日营业前，需要对门店进行全面检查，对于不合格的项目，要及时安排专人处理，直至符合标准为止。

下面提供一份××餐饮店每日营业前检查表的范本，仅供参考。

 【范本】▶▶▶

××餐饮店每日营业前检查表

检查日期：　　　　　　检查时间：　　　　　　检查人：

检查类别	检查内容	检查结果	执行人	备注
员工	制服是否干净、整洁			
	是否正确佩戴工牌			
	皮鞋是否干净无破损			
	头发是否标准整齐			
	是否按要求上妆（如口红、头花）			
日常工作	每日报表是否按规定摆放并保持整洁			
	签到簿是否干净、整洁、无破损			
	分区表是否放置在固定位置			
	厨房是否已提供每日清单			

续表

检查类别	检查内容	检查结果	执行人	备注
日常工作	广告资料是否按规定摆放			
	电话机是否正常运作及干净			
	阅读交班簿内容，并跟进交班工作			

2. 开餐前检查

餐饮店长不仅要做好营业前检查，也要做好开餐前检查，以确认是否达到开餐标准。下面提供一份 ×× 餐饮店开餐前检查表的范本，仅供参考。

🔍【范本】▶▶

×× 餐饮店开餐前检查表

检查日期：　　　　　　　　　　　　　　　　　检查人：

内容	午餐	晚餐	备注
提前 10 分钟开门，开启部分灯光及部分空调			
检查员工出勤			
检查仪容仪表			
检查布草清洁及数量			
检查台型的摆放			
检查桌面餐具的摆放整齐和清洁			
台面□　牙签□　杯具□ 瓷器□　转盘□　桌花□			
检查服务区域餐具配备			
检查灯光、空调、音响情况			
检查地面清洁			
检查门店调味品的配备			
检查本日洁清情况			
检查电视机状况			
检查跟进工程完成情况			
检查沙发茶几卫生			

内容	午餐	晚餐	备注
检查座椅卫生			
检查电视机卫生			
检查托盘卫生			
检查客用品的准备			
打包袋 □　　打包盒 □　　　　厕纸 □ 纸抽 □　　一次性手套 □　　蜡烛 □			
检查开水、汤壶、托盘准备是否充足			
检查小碗、酒杯、骨碟、汁酱碟的数量及卫生			
检查汁酱的备货量是否充足（如陈醋、酱油等）			
检查开瓶启、酒钻、赃物夹、毛巾夹、毛巾盘是否备齐			
检查预订菜单的准备情况			
检查台面金器的卫生及数量			
检查毛巾的清洁及数量			
检查酒精等物资的准备			
检查菜牌（菜单）的卫生及完好			
检查预订情况			
检查跟进客人预订信息			
检查音响设备完好率			
检查电话的清洁			
检查告示牌清洁及摆放			
检查正门灯光及风幕开启			
检查领位台的清洁及摆放			

3. 就餐环境检查

餐饮店长在进行楼面控制时，首先应对就餐环境进行检查，并对环境中出现的问题及时解决。因就餐环境的检查是全天都要进行的。因此，餐饮店长可制定一张就餐环境检查表，做到随时检查，随时记录。

下面提供一份 ×× 餐饮店就餐环境检查表的范本，仅供参考。

【范本】▶▶▶

××餐饮店就餐环境检查表

检查日期：　　　　　　　　　　　　　　　　　　检查人：

序号	检查细则	等级			
		优	良	中	差
1	玻璃门窗及镜面是否清洁，是否无灰尘、无裂痕				
2	窗框、工作台、桌椅是否无灰尘和污渍				
3	地板有无碎屑及污痕				
4	墙面有无污痕或破损处				
5	盆景花卉有无枯萎带灰尘现象				
6	墙面装饰品有无破损、污迹				
7	天花板有无破损、漏水痕				
8	天花板是否清洁，有无蜘蛛网				
9	通风口是否清洁，通风是否正常				
10	灯泡、灯管、灯罩有无脱落、破损、污渍				
11	吊灯照明是否正常，吊灯是否完整				
12	门店内温度和通风是否达标				
13	门店通道有无障碍物				
14	餐桌椅是否无破损、无灰尘、无污渍				
15	广告宣传品有无破损、灰尘、污痕				
16	菜单是否清洁，是否有缺页和破损				
17	台布是否清洁卫生				
18	背景音乐内容是否适合就餐气氛				
19	背景音乐音量是否适中				
20	总的环境是否能吸引客人				

4.营业后检查

餐饮店长在门店营业结束后，要对门店进行检查，如物品是否放置好，门窗是否锁好，电源是否关闭等。

下面，提供一份××餐饮店营业结束后工作检查表的范本，仅供参考。

 【范本】▶▶▶

×× 餐饮店营业后工作检查表

检查日期：   检查时间：   检查人：

检查项目	检查标准	检查结果
最后的通知	通知客人餐厅15分钟后结束，通知厨房	
迎宾站位	收好预订本、菜单、酒水单、红酒单	
交接本	当天的注意事项，需第二天完成的	
排班表	第二天足够的员工安排	
迎宾台	整洁，没有污迹，预订本内容完整	
餐具	瓷器餐具从管事部收回，按标准放在门店各落台柜里，清点餐具、玻璃器皿、布草、托盘	
灯光	关闭	
音乐	关闭	
电源	关闭	
空调	关闭	
地面	干净，无水迹	
窗台	干净，无杂物，无污迹	
餐台	桌子按照要求摆放，要平稳、整齐，桌面无污渍和破损	
椅子	椅子必须干净没有灰尘，无破损和摇晃，椅子要摆放整齐	
摆台用具	按照餐位来布置	
餐巾	干净、整洁，折缝向内，无污渍和破损，折叠整齐摆放在餐垫正中	
托盘	干净、无污渍，按数量摆放好	
电视机	擦拭干净，遥控板摆放在电视机的正前方，关闭状态	
工作落台	按标准摆放餐具用具，干净、整洁、无污渍	
服务车	干净，无污垢，按规定摆放好	
小冰箱	干净整洁，电源关闭	
开水器	关闭	
制冰机	关闭	
餐具	全部收回落台柜锁好	
方托盘	干净无破损	

问题21：如何做好楼面现场控制？

餐饮店长应随时准备好门店现场控制。所谓现场控制，是指监督现场正在进行的餐饮服务，使其规范化、程序化，并迅速妥善地处理意外事件。这是餐饮店长的主要职责之一，餐饮店长也应将现场控制作为管理工作的重要内容，具体包括图2-1所示的内容。

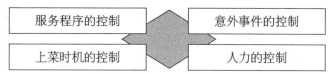

图2-1　楼面现场控制

1. 服务程序的控制

开餐期间，餐饮店长应随时通过观察、判断来监督、指挥服务员按标准服务程序服务，发现偏差，及时纠正。

2. 上菜时机的控制

掌握首次斟酒、上菜的时机，要请示客人，尊重客人的意见；在开餐过程中，要把握客人用餐的时间、菜肴的烹制时间等，做到恰到好处，既不要让客人等待太久，也不应将所有菜肴一下子全送上桌。

> **特别提示**
>
> 餐饮店长应时常提醒服务员掌握好上菜时间，尤其是大型宴会，上菜的时机应由餐厅主管掌握。

3. 意外事件的控制

餐饮服务是面对面的直接服务，稍有不慎，容易引起客人的投诉。一旦引起投诉，餐饮店长一定要迅速采取弥补措施，以防止事态扩大，影响其他客人的用餐情绪。

比如，若是由服务态度引起的投诉，餐饮店长除向客人道歉外，还可以给客人加一道菜以示歉意。发现有喝醉酒的客人，餐饮店长应告诫服务员停止添加酒精性饮料。对已经醉酒的客人，要设法帮助其早点离开，以保护餐厅的气氛。

4. 人力的控制

开餐期间，服务员实行分区看台负责制，在固定区域服务。服务员人数的安排要根据门店的性质、档次来确定（一般中等服务标准的门店或者餐桌，可按照每个服务员每小时能接待20名散客的工作量来安排服务区域）。

> **特别提示**
>
> 在服务过程中，餐饮店长还应根据客情变化，进行再分工。例如，某一个区域的客人突然来得太多，就应从另外区域抽调员工支援，等情况正常后再调回原服务区域。

问题22：如何做好顾客订位服务？

订位是指人数在2～10人的零散客人，拟来门店用餐，用电话或其他方式预定桌位。凡是来订位的客人，大多是对本门店有感情的，或是熟客，或是为门店的知名度而来的客人，订席员一定要以特别的服务方式对待。

（1）在记事牌和订位记录簿上注明来店时间及人数，关照接待员按时等候，并带进预留的桌位上。

（2）吩咐门店领班预留雅致的桌位，并立即呈报管理人员，提醒注意。

（3）客人到达时，最好是交代有经验的服务员接待。

> **特别提示**
>
> 预先订位的客人用餐完毕，应礼貌地欢送。因这些常客日后会给门店带来很多生意，不可怠慢。

问题23：如何做好员工交接班管理？

为加强门店交接班管理，帮助员工迅速交接班，减少工作失误，餐饮店长应做好员工交接班管理。一般对于员工交接班管理，主要包括以下几点：

（1）接班人员提前15分钟到岗，交班人员在接班人员未到时，或未完成接班检查工作前不得擅自离岗。

（2）交接班时，接班人须做好当班票据、物品的准备工作，并与上一班工作人员做面对面交接。

（3）各班人员按照排班规定进行单独交接。

（4）交班过程中，交接者处理班内工作，交班完毕，应填好表2-1所示的"员工交接班记录表"。

表 2-1　员工交接班记录表

交班人：	接班人：
交班时间：	接班时间：
交班内容：	

（5）交班人员应对本班工作及上一班遗留工作进行说明，应交代清楚。

（6）接班人员认真核对交接班记录，了解上一班工作情况和本班注意事项，确认后在交接记录上签名，并立即着手处理有关事宜。

第二周　做好菜品销售

餐饮业有一句话："后厨围着前台转，服务围着客人转，产品围着销售转，老板围着经营转。"推销是餐饮服务工作中重要的一环，能熟练掌握并运用推销技巧，对于菜品销售可收到积极的效果。

问题24：如何按菜品价格来推销?

1.菜品价格与档次

明确菜品的价格与质量的关系，是推销菜品时的基本原则。菜品价格主要取决于食材的品质。

（1）商务宴请。如果是商务宴请，服务员可以推荐一些高品质的主菜，兼顾被宴请顾客的饮食习惯、口味偏好和忌口的食物，以及对各种菜品的偏爱程度，适当地介绍本店的特色菜、创新菜，同时可以本着"细菜精做，营养平衡"的原则配以价位适中的时蔬小炒。这样不仅能体现商务宴请者的诚意和被宴请顾客的重要性，而且能使顾客对门店产生好印象。

（2）家庭聚餐。家庭聚餐讲究的是实惠。服务员要推荐一些价位适中、做工考究、粗菜细做的菜品。菜品的品种、数量、口味要丰富，在兼顾中、低价位的同时，应尽量满足老人和孩子的特殊需求。

2. 菜品价格与销量

在顾客点菜的过程中，服务员要灵活运用菜品价格这一工具，对不同顾客的不同需求、不同消费档次进行预测，使用"巧用份数法""菜看价格分解计算法""加权平均法""奖励法"等销售技巧赢得顾客对菜品的认可，从而增加菜品销量。

（1）巧用份数法。通常当顾客较多且同坐一桌时，每种菜品只点一份可能不够分，特别是大家都偏爱的菜。这时服务员应建议顾客一种菜品点双份或三份，得到顾客的认可后，服务员应将菜品的份数做好准确记录。

（2）菜看价格分解计算法。有的顾客见到高档菜品造型高雅就会产生想点一份的想法，但知道价格之后犹豫不决，这时服务员要学会用价格分解法进行推销，如"大家共同品尝这道菜，平均每人十几块钱就能尝到这么有品位的菜，多值啊"。服务员按人数分解菜品价格，会使菜品价格显得没那么昂贵，顾客也就容易接受了。

（3）加权平均法。一般一家人到门店就餐时，有人往往会点价位高的菜，而坐在一旁的其他人会觉得不应该点那么贵的菜。这时服务员在肯定前者的选择的同时，可以介绍一道味美价廉的菜，这样可以兼顾一家人的选择。服务员可以说："两道菜一共才花××元，平均起来很实惠。"

（4）奖励法。门店的经营有淡季、旺季之分，同样，一天之中也有顾客多的时间段和顾客少的时间段，店长可授权服务员在顾客少的时候采取达到一定消费额就给予顾客奖励的方法。这种方法也适合刚开业的门店使用，不仅会给顾客带来惊喜，而且可以使门店积累客源，增加收入。

3. 巧妙判断顾客消费档次

能否准确判断顾客的消费档次是由服务员专业知识的多少和职业悟性的高低决定的。

（1）顾客身份。当顾客进店时，服务员应主动上前问候："请问几位，是否有预定？"同时判断该顾客的宴请标准和档次。

（2）话语判断。服务员在工作过程中一定要处处留心，适时主动地推荐菜品，并且真诚介绍菜品，精细安排每一个服务环节。

问题25：如何按顾客需求来推销?

服务员应了解顾客的用餐目的及需求，并依据不同顾客的特点、不同的用餐形式和不同的消费水准进行有针对性的推销。

1. 按顾客年龄推销

（1）儿童。服务员在为儿童推荐菜品时，要注意下列因素。

① 菜品要色泽鲜艳、易消化、口味清淡、酸甜适中。

② 菜品应营养丰富。

③ 菜品应便于儿童食用。

④ 菜品的烹调方法尽量以软熘、清炖、水煮、清炸等为主。

比如,服务员可为儿童推荐"胡萝卜西红柿鸡蛋汤""大白菜炖虾""鱼片菠菜汤""萝卜瘦肉汤""蔬白炒虾米""大骨炖萝卜"等，这些菜品易于消化，而且营养丰富，有益于儿童生长发育。

（2）青年。青年消费者的特征是身体健壮、精力充沛、追求时尚、喜欢创新菜式。服务员在为青年消费者推荐菜品时，可从图2-2所示的要点着手。

要点一　年轻人追求的是吃得"酷"，昆虫、花类、野菜、绿色环保蔬菜比较受年轻人的喜爱

要点二　菜品要推陈出新，能够满足年轻人求新、求异、求时尚的需求。"野生菌汤""水煮鱼"等菜品适合推荐给青年人

图 2-2　给青年消费者推荐菜品的要点

（3）中老年人。服务员在为中老年顾客推荐菜品时要注意图2-3所示的事项。

事项一　多推荐一些富含优质蛋白质的鱼类

事项二　多推荐新鲜蔬菜和豆制品，以及低脂、富含蛋白质的菜品

事项三　菜品的烹调方法以炖、清蒸、煨制等为主，这有利于顾客消化和吸收

图 2-3　给中老年消费者推荐菜品的注意事项

比如，适合为中老年人推荐的菜品包括滋补类菜品，如"鲫鱼炖豆腐""肉丝炒时蔬""盐水排骨""白萝卜炖肉"等；降脂排毒类菜式，如"黑木耳炒白菜""清炒丝瓜""黄花菜炒肉丝"；家常类菜品，如"韭菜炒肉丝""清炒蕨菜""苦菜烧肉片""魔芋豆腐""香椿炒竹笋"等。

2. 按顾客性别推销

（1）女士注重美容养颜。爱美是女人的天性。服务员在为女性顾客推荐菜品时，一定要多考虑具有美容养颜效果的菜品。例如有助于皮肤的滋补、除皱，调节血液酸碱度，防止分泌过多油脂的食材包括牛奶、胡萝卜、西蓝花、西红柿、肉皮等。

服务员平时应多了解和掌握有关食材的知识，以便在为顾客推荐菜品时能运用自如。

（2）男士注重健康饮食。随着养生知识的逐渐普及，很多男士都开始注重健康饮食。所以，服务员要根据实际情况为男性顾客推荐相应的菜品。

3. 按顾客体质推销

（1）体质虚弱者。一般来说，体质虚弱的顾客的肠胃消化能力较差，服务员最好能为其推荐一些易消化和吸收、暖胃的菜品，如"清蒸鲈鱼"。适合体质虚弱的顾客食用的食材有鹅肉、牛奶、蜂蜜、芝麻酱、银耳、核桃仁等，服务员千万不能为其推荐辛辣刺激的菜品。

（2）糖尿病人。服务员应当为患有糖尿病的顾客推荐滋阴清热、少糖、低热量、富含优质蛋白及维生素的菜品，冬瓜、豇豆、芹菜和木耳、蘑菇类食材组合的菜品比较适宜，如"瘦肉冬瓜汤"及各类野生菌汤等。

（3）"三高"顾客。"三高"顾客是指高血压、高血脂、高血糖的人群，服务员可为他们推荐如"葱烧海参""海蜇皮拌黄瓜""香醋拌木耳""煲海参粥""煲莲子粥"之类的清淡菜品，不要推荐大鱼大肉类菜品。

对于此类顾客，服务员在为其推荐菜品时应注意图2-4所示的几个方面。

事项一	应选择燕麦、荞麦、薏仁、高粱米、绿豆等富含植物蛋白和粗纤维的杂粮
事项二	多选择新鲜蔬菜，如油菜、芹菜、苦瓜、黄瓜、茼蒿、芋头、土豆、西红柿等；海产品可选择海参、海带、海蜇、海藻等；坚果类可选择花生等
事项三	菜品要少盐，口味清淡；油脂少，便于消化吸收

图2-4　为"三高"顾客推荐菜品的注意事项

4. 按顾客类型推销

（1）挑剔型顾客。在日常工作中，服务员经常会遇到对门店"软件"和"硬件"品头论足的顾客。对于比较挑剔的顾客，服务员首先要有耐心并热情地为他们提供服务，对顾客提出的意见要做到"有则改之，无则加勉"。服务员在推销菜品和酒水时要多征求顾客的意见，如"先生，不知道您喜欢什么口味的菜，请您给一些提示好吗？我会尽最大努力满足您的需求"等。同时，服务员要切记，无论顾客多么挑剔，都要面带微笑地回应他们。

（2）犹豫不决型顾客。有些顾客在点菜时经常会犹豫不决，不知道该点哪道菜好。在面对这类顾客时，服务员要根据现场气氛，准确地为顾客推荐门店的招牌菜、特色菜，并对这些菜品进行讲解。

（3）消费水平一般的顾客。消费水平一般的顾客更希望菜品物美价廉。服务员在向这些顾客推销菜品时，一定要掌握好尺度，在推销高档菜品、酒水时，要采取试探性的推销方法，如果顾客不接受，服务员就要为其推荐中、低档菜品和酒水。

5. 按消费动机推销

（1）便餐。想吃简便饭菜的顾客的消费特点是注重菜品的经济实惠，不要求菜品品种太多，但要求上菜速度快。服务员应主动介绍物美价廉、制作耗时较短的菜品，如"回锅肉""麻婆豆腐"等。

（2）宴请。除结婚、过寿外，还有各种各样的宴请，如迎宾宴、商务宴、会议宴等。办宴会的顾客大都讲究排场，要求菜肴品种丰盛，对价格也有一定的要求。针对这类顾客，服务员应介绍一些本门店的风味名菜，要有冷有热、有荤有素、品种多样，既要菜肴丰富，又要将消费额控制在适当的范围之内。

（3）聚餐。这类顾客喜欢边吃边谈，饮酒较多，需要菜品丰富、精细且不太贵。针对这些特点，服务员应主动询问他们的要求和爱好。凉菜和前两个菜的量可以多一些，后面的菜可以少一些，以避免浪费。

（4）调剂口味。想调剂口味的顾客大都是慕名而来的，他们大都想品尝门店的特色菜、名菜和名点。这类顾客喜欢吃一些平时不易吃到或很少能吃到的菜肴，在选料和烹制方面都要有风味特色，不要求快，但要求好。

问题26：如何按用餐时段来推销？

服务员在餐前、顾客用餐时都有很好的销售机会，服务员要善于抓住机会，适时推销。

1. 餐前的推销技巧

从顾客走进门店的那一刻开始，门店的产品推销工作就开始了，从门店的装饰与菜品的搭配到餐桌桌面摆台，营销无处不在。

门店可以通过以下摆台环节向顾客推销菜品：

（1）在菜牌上附上专栏、夹上新增加的单页菜单或其他宣传材料；

（2）将酒杯与其他餐具一起摆在桌上；

（3）在餐桌上放置菜品或酒水宣传卡，如"好酒论杯计"或"每月特选"等。

> **特别提示**
>
> 这些看似微不足道的细节，可能是顾客在走进门店以后最先注意到的，所以餐饮店服务员在餐前准备时就应当在一些细小的环节中运用推销技巧。

2. 用餐时的推销技巧

绝大多数进入餐饮店的顾客并不确定到底要点哪些菜品。优秀的服务员在与顾客短暂接触后，应能准确判断出顾客的消费档次，只有判断正确才能有针对性地向顾客推销菜品和酒水。

在就餐过程中，服务员不失时机地推销菜品和酒水往往都能够获得成功。

比如，"各位先生，打扰一下，看到大家喝得这么高兴，我也感到很开心。只是现在酒已不多，是否需要再来一瓶呢？"这时在用餐顾客中往往有人就会随声附和："好，那就再来一瓶！"这样酒就很容易地被推销出去了。

问题27：如何按销售技巧来推销？

1. 赞美性销售

服务员在赞美和肯定顾客的消费偏好时，措辞要适当，可赞美顾客的如表2-2所示的几个方面。

表2-2　赞美顾客

序号	赞美要点	具体内容
1	赞美顾客懂菜	当顾客说出自己喜爱的菜时,服务员可以赞美顾客有眼光。例如,"先生,您真是一位美食家,这道菜是我们门店的招牌菜,也是销量最高的一道菜!"
2	赞美顾客的风度气质	面对着装有品位、说话有亲和力的顾客,服务员要赞美顾客是事业成功的人士,夸赞其气度不凡。例如,"您真有气质!"
3	赞美顾客的品质修养	如果服务员在工作过程中出现失误,面对那些不怪罪服务员的顾客,服务员要真诚地说:"对不起,由于我的失误,给您带来了麻烦和不便,谢谢您的包容!"
4	赞美顾客的家人	如果顾客正在家庭聚餐,服务员可以赞美孩子聪明、老人慈祥、妻子贤惠等。例如,"您的孩子真聪明,歌唱得真好!"

适度的赞美能使顾客产生愉悦感和自豪感,有可能使顾客对服务员的销售工作给予支持。

2.建议性销售

服务员开展建议性销售时要把握好时机,展现自己的专业水平,并把握好建议的力度。具体如图2-5所示。

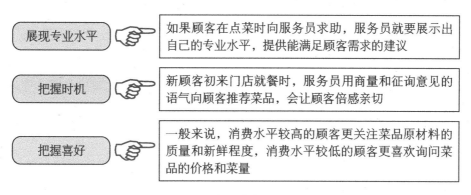

展现专业水平	☞	如果顾客在点菜时向服务员求助,服务员就要展示出自己的专业水平,提供能满足顾客需求的建议
把握时机	☞	新顾客初来门店就餐时,服务员用商量和征询意见的语气向顾客推荐菜品,会让顾客倍感亲切
把握喜好	☞	一般来说,消费水平较高的顾客更关注菜品原材料的质量和新鲜程度,消费水平较低的顾客更喜欢询问菜品的价格和菜量

图2-5　建议性销售的要点

3.组合性销售

组合性销售是把顾客喜爱的菜品进行组合,使菜品的搭配更美味、更营养、更均衡。采取组合性销售策略的关键是运用菜式搭配技巧,让菜品味型多样,烹调方法各异,营养均衡。

(1)中餐菜品的组合性销售。中餐包括冷荤菜、主菜、热炒菜、甜菜(包括甜羹)、汤类、点心等。

对于不同性质的宴会，菜品组合性销售的技巧也不同。

① 高档商务宴会的菜式组合:冷盘，经典主菜，炸制菜品，鱼、肉类，小炒类，甜菜，汤，主食。

② 喜庆宴会的菜式组合:冷盘，主菜，炸制菜品，鱼、鸡、虾、肉（肘子、四喜丸子）类、小炒类、甜菜等。

③ 丧事聚餐的菜品数量应为单数，必须有白豆腐，忌搭配古老肉或用番茄汁制作的红色菜品。

④ 谢师宴的菜式组合应以清淡菜式为主。

⑤ 中档消费和一般消费菜式组合及主菜价位要根据顾客的消费能力和需求而定，没有硬性规定。

⑥ 在组合性销售中，服务员要合理搭配菜品，使菜品更合理。

（2）西餐菜品的组合性销售。西餐菜品包括开胃品、汤、主菜和甜食几大类。

① 开胃品是指少量的起开胃作用的面包、黄油、冷菜或沙拉等。

② 汤是指味道鲜美的汤菜。

③ 主菜包括海鲜和肉类，同时配有解腻作用的开胃小碟。主菜往往量大形整，造型讲究。

④ 甜食包括甜沙拉、水果、奶酪、甜点等。

服务员需要注重菜品搭配的比例。一方面，一桌菜品中的冷盘、主菜、热炒、汤、点心的价格在整桌菜的价格中所占的比例要适当；另一方面，随消费档次的不同，菜品种类也应随之发生变化。

（3）菜品与酒水的组合性销售。在餐饮消费中，通常啤酒和冷盘、卤水菜品结合，红酒、葡萄酒和甜品或清淡菜品结合，白酒和荤菜、热菜、干果结合。

4. 描述性销售

为了引起顾客对美食的兴趣，服务员要用生动的语言讲述菜品的典故、寓意等。例如"状元豆腐"这道菜的来源是相传在南宋，应考的书生都住在一条出了名的状元街巷中，有一位书生家境贫寒，每天只能吃一位老婆婆卖的豆腐充饥，谁知他后来竟中了状元，"状元豆腐"因此出了名。这道菜寓意金榜题名。高考前期，家长都愿意给孩子点这道菜，希望自己的孩子能考出好成绩。

5. 借力性销售

推销菜品时，服务员不要忘记告知顾客门店的促销活动信息。节假日的促销活动、美食节期间的创新菜、店庆时的优惠活动，这些都会增加顾客再次光临的概率。

第三周　提供优质服务

做餐饮，本质是做服务，在如今很多餐饮店靠服务"出圈"的形势下，顾客对服务的感受性越来越低，基础的服务已经无法满足顾客对用餐体验的预期，一个能被顾客感知到的好的服务，才是有效服务。

问题28：如何尽量满足客人要求？

1. 顾客要求自己加工食品

如果顾客在就餐的过程中要求自己加工食品，服务员应根据具体情况及门店相关规定酌情处理。

顾客到餐饮店吃饭，本来就是来品尝菜肴的，如果顾客下厨，势必会扰乱厨房的正常工作秩序，也会影响其他正在就餐的顾客。所以，服务员要学会从顾客的角度劝说其放弃在门店下厨的念头。

2. 顾客自带食品要求加工

有时顾客会自带一些食品要求门店加工，这时门店应尽量满足顾客的需求。如果顾客所带原料是本门店没有的，可收取一定的加工费。

> **特别提示**
>
> 　服务员必须当着顾客的面，确认顾客所带原料的质量，以免加工以后，顾客提出品质方面的问题，引起麻烦。餐饮店还可以事先与顾客签订免责协议。

如果顾客所带原料是本门店厨房已有的，则不能进行加工，服务员应婉言回绝；如果顾客一再坚持，那么餐饮店可以考虑为其加工，但同样需要收取加工费。

3. 顾客需要代管物品

有的顾客在餐饮店用餐时，会把没有吃完的食品或酒水请服务员代为保管。遇到这种情况，服务员要妥当处理。

服务员一般可采用下列几种办法解决这个问题。

（1）耐心地向顾客解释说明食品与酒水关系到健康问题。为了对顾客负责，门店规定一般不能替顾客保管物品。

（2）服务员可以主动为顾客打包菜品，以便顾客带走。如果顾客要求临时将食品存放一段时间，服务员可以请示领导，得到批准后为顾客代存。

> **特别提示**
>
> 　　替顾客保存食品之前，服务员要将食品包好，写好标签，服务员之间也要交代清楚，以便顾客来取食品时，及时将食品交给顾客。

从经营的角度来说，顾客在餐饮店里存放物品，说明顾客对餐饮店的菜品和服务都很满意，也代表顾客信任餐饮店。

替顾客保管物品时，餐饮店一定要对顾客及其物品负责。这样餐饮店才可以获得顾客的信任，吸引顾客常来消费，从而提高餐饮店的营业额。

4. 顾客需要借用充电器

关于充电器问题，不同的处理方式会产生不同的效果。有些时候，服务员虽然确实很难完全满足顾客的需求，但是要尽力让顾客从心理上得到一种满足感，这里的关键是服务员要有为顾客着想的意识。

问题29：如何服务特殊客人？

1. 为残疾客人服务

作为餐饮服务员要用平等、礼貌、热情、专业的态度服务他们，尽量将他们安排在不受打扰的位置。

（1）盲人客人。盲人客人目不能视物，服务员应给予其方便。具体做法如图2-6所示。

要求一	为其读菜单，给予必要的菜品解释；同时，在交谈时，避免使用带色彩性的词作描述
要求二	每次服务前，先礼貌地提醒一声，以使客人有心理准备
要求三	菜品上桌后，要告诉客人什么菜放在哪里，不可帮助客人用手触摸以判断菜品摆放的位置

图2-6　为盲人客人服务的要求

（2）肢体残疾客人。为肢体残疾客人服务时，应注意图2-7所示的事项。

| 事项一 | 帮助客人收起代步工具，需要时帮助客人脱掉外衣 |
| 事项二 | 客人需要上洗手间时，要帮助客人坐上轮椅，推到洗手间外。如果需要再进一步服务的，应请与客人同性的服务员继续为其服务 |

图 2-7　为肢体残疾客人服务的注意事项

（3）聋哑客人。对于聋哑客人，服务员要学会用手势示意，要细心地观察揣摩，可以利用手指菜肴的方法征求客人的意见。

（4）为残疾客人服务的注意事项。

① 在为残疾客人服务时，服务员既要提供热情、细致、周到的服务，又要适可而止，要注意不要在服务过程中热情过度或提及残疾方面的词语，以给予客人一视同仁、平等待人或既温暖又受到尊重的感觉为宜。

② 服务员千万不要帮客人从钱包里拿钱，以免造成其他麻烦，或引起客人的误会猜疑；即便是盲人客人，也应该让其自己拿钱、自己装钱。盲人客人可以通过手摸来感觉钱票面额的大小，各种人民币上都印有盲文。

2. 为生病客人服务

生病的客人在餐饮店就餐时，服务员要细心地为其服务。

（1）及时了解情况。当客人到餐饮店后告诉服务员，他因生病需要特殊食品时，服务员要礼貌地问清客人哪里不舒服，需要何种特殊服务并尽量满足客人的需求。如客人表现出身体不适而没有告诉服务员时，服务员应主动询问客人，以便帮助客人。

（2）安排入座。领位员将生病的客人安排在餐厅门口的座位上，以便客人离开餐厅或去洗手间。如客人头痛或心脏不好，则为客人安排在相对安静的座位。

（3）提供特殊服务。积极向客人推荐可口的饭菜，同厨房配合为客人提供稀饭面条一类的食品。如客人需要就医，应向客人介绍附近的就医场所。如客人需要服药，则为客人提供白开水，以方便客人服药。

（4）为突发病客人服务。如遇突发病客人，服务员须保持冷静，楼面经理应立即通知医务室，同时照顾客人坐在沙发上休息。如客人已经休克则不要搬动客人。同时，应安慰其他客人，等候医生的到来，待医生赶到后，协助医生送客人离开餐厅去医院就医。

3. 为老年客人服务

如果就餐的客人是老年人，就更需要服务员给予特殊照顾。

若是看到年老的客人独自来用餐，且身边无其他同行的客人，服务员应主动地扶他们就近入座，要选择比较肃静的地方，放好手杖等物品；在客人离开前，应主动地把手杖递到他们的手中。

在给老年客人上菜时，要注意速度应快一些，不要让其久等；给老年客人做的饭菜，还要做到烂、软，便于咀嚼。

总之，对于老年客人，服务员应给予更多的细心与关心，更多地奉献责任心与爱心。

 **实例**

> 王女士和她70多岁的母亲来到餐饮店用餐，刚下车，王女士便走到她身旁搀扶着，原来老人的行动不太方便。这一情景被服务员小郑看到了，于是，她快步走出大门，微笑着来到老人面前说道："老奶奶，您慢点，我来搀扶您吧。"到了餐厅的大门口，小郑立即将旋转门的速度放慢，让老人安全地走进了餐厅。
>
> 进了餐厅小郑还专门为老人安排了一个出入方便的位置，然后微笑着离开了。待王女士及其母亲用完餐准备离开的时候，小郑又细心地把老人送出了餐厅。当老人准备上车时，小郑不仅为老人拉开了车门，又将老人扶进车里并帮老人把大衣披好，最后将车门轻轻地关上。小郑这一系列服务使王女士和她的老母亲非常感动，她们连连称赞说："你们的服务太周到了，下次我们还来这儿！"

4. 为带孩子客人服务

带小孩的客人来餐饮店用餐，服务员要给予更多的关注和照顾，服务员所做的每一点努力，都会得到客人的认可与赞赏。

服务员可以从下面几个方面着手，去照顾带小孩的客人。

（1）保证安全。孩子在餐厅用餐的重中之重，应当是安全。大部分家长和服务人员一般由孩子自己选择坐里面还是外面，但这很有可能会给小朋友的生命安全到来极大的隐患。

比如，有一对夫妻带着孩子在一家火锅店吃饭，一名服务员在上锅底时，不小心滑倒，将一整锅的火锅汤底，洒在了坐在过道旁的孩子的身上，孩子当场重伤。

所以，服务人员在领位过程中，需要将顾客带到靠墙的、人少的位置，并提醒顾客让孩子坐在靠墙的座位，这样既不打扰其他顾客用餐，孩子也更安全。

（2）提供儿童餐具。服务人员快速领位后，可以为桌角安装防撞条或保护套，尽快收走桌面多余的餐具和装饰品，以避免小孩子抓刀叉玩受伤，或碰倒碗、碟、调味瓶等，打翻碗碟一来会给餐饮店带来损失，二来锋利的瓷器碎片极有可能导致小孩或其他消费者受伤。在服务带小孩消费的顾客时，可向其提供一套特制的儿童餐具，如硅胶或木质材料制作的餐具，避免使用易碎的陶瓷或玻璃餐具，以此减轻小孩父母的看护负担。

（3）提供儿童餐。孩子的注意力很难长时间集中，所以点菜、上菜的速度需要更快。

餐饮店可为孩子准备儿童营养套餐缩短点菜时间，在儿童套餐的菜谱中尽量避免有骨头、鱼刺的菜品。如顾客点到需酒精炉等持续加热的菜品，应及时提醒并提出更换菜品的建议，避免出现意外。

> **特别提示**
>
> 　　点菜结束后，可向小朋友赠送小玩具、图画书和零食等，吸引其注意力，避免吵闹影响其他客人用餐。

（4）特别关照。儿童食量较成人更小，他们吃好以后，家长若是无暇看护，孩子就很容易脱离家长的控制在餐厅内乱跑。这种情况下会出现许多难以应对的状况，除了影响其他消费者外，还有可能对孩子自身安全造成威胁。特别是年龄较小的孩子身高大概一米，也就是在成人腰部的位置。服务员传菜时，餐盘下面属于视野盲区，是根本看不见的。

因此，店内服务员应更加关注这些四处乱跑的小孩，同时提醒上菜的同事，避免被乱跑中的儿童绊倒。当孩子用餐完毕，服务员可以给孩子提供一些简单的玩具供其玩耍。若是餐厅人手足够的情况下，还可以安排有育儿经验的服务员帮助集中看护儿童，既保证了儿童的安全，又能让家长放心享受美食，提高消费者对餐饮店的满意度。

 **实例**

　　一天，餐饮店来了几对带小孩就餐的客人。半小时过后，小孩吃得差不多了，几个年纪相仿的小孩便跑到一起玩耍，整个餐厅顿时显得吵闹起来。他们的父母只是提醒一下孩子不要跑来跑去以防摔跤等，就只顾与同来的朋友聊天了。随后又引来更小的小孩，他们在大人的搀扶下，跌跌撞撞地跟着那群孩子进进出出凑热闹。

　　餐厅本来就没有为孩子们设立专门玩耍的地方，仅有不宽的过道和一些摆放物品的位置。小孩子们的冲撞给服务工作带来了很多不便：一是有客人投诉餐厅吵闹，没法安静地享受美食；二是一位老人在行走时差点被撞倒，幸好服务员眼疾手快扶住了客人；三是因为孩子们的冲撞，险些使传菜员将一托盘的菜弄洒；四是在领位员带位时，孩子们会妨碍客人的行走。

　　于是，当务之急就是想办法将这些孩子们送回座位上，并让他们乖乖地待着吃饭。部长首先来到孩子们的父母跟前，礼貌地对他们说："对不起，打搅您一下可以吗？您的孩子真的非常活泼、可爱，但在餐厅里来回奔跑，恐怕容易发生意外。为安全起见，可否请他们回座位呢？我们将向孩子们提供一些简单的玩具和图书，您看好吗？"

然后又温和地对孩子们说："小朋友,你们好! 看到你们玩得那么开心,现在一定累了,对吗? 你们想不想看小人书和玩玩具啊? "孩子们一听有书看、有玩具玩都很高兴,全都举手说要书看、要玩具玩。部长马上提议道:"好! 那就马上回到自己的座位上,看谁最乖,服务员阿姨就将玩具和书送给谁。"再加上一句:"看谁回去得快! "话音一落,孩子们马上迅速回到了各自的座位上,乖乖地等着服务员阿姨的到来。孩子们有了新的兴趣,自然能安静下来了。餐厅又恢复了以往的安静。

5. 为急事客人服务

当客人提出赶时间,有急事在身时,服务员对其应优先服务。

（1）了解客人情况。领位员了解到客人要赶时间时,应礼貌地问清楚客人能够接受的用餐时间并立即告诉服务员,并将客人安排在靠近餐厅门口的地方,以方便客人离开餐厅。

（2）为客人提供快速服务。待客人就座后立即为客人点菜,推荐制作和服务较为迅速的菜肴,如果客人已预订需等待较长时间的菜,服务员要向客人说明所需时间并询问客人是否能够等待。客人点好菜后,服务员应立即将订单送到厨房,通知传菜部和厨师关于客人的情况及制作服务时限。在客人要求的时间内,快速准确地把菜上齐。在客人的用餐过程中,不断关照客人,及时为客人提供服务。

（3）为客人准备账单。在客人用餐完结之前及时准备账单。在客人结账时对匆忙中的服务不周到表示歉意。

 实例

　　某餐饮店来了一位年轻人,手里拿着沉甸甸的行李箱。一进餐厅,客人就急不可待地说赶时间,要以最快的速度给他上菜。等服务员给他送上餐牌后,他将餐牌翻来翻去,不知道点什么好。领班见状,主动上前向客人了解情况,才知道该名客人是外地来的,半小时后一定要赶去机场乘飞机。此时客人却不知吃什么食物比较快捷、简单,又不失地方风味。领班马上笑着向客人推荐道:"您看这样好不好,先上个卤水拼盘,再来个草菇牛肉和本店的一品锅吧。保证在15分钟内上齐,您看如何? ""好,那就快点吧。"

6. 为分单客人服务

现在许多人聚餐时喜欢实行 AA 制,对此,服务员应该有所准备,在服务中应注意。

一般的 AA 制，餐后先由一人结账，再人均平摊所需费用。这种 AA 制通常由客人私下自己解决，对餐饮店的服务工作并无什么特别要求，但对于各点各的餐、各结各的账的客人，服务员应注意以下事项。

（1）首先从主宾或女宾开始按顺时针方向逐位服务。每写好一份菜单，要注意记录客人的姓氏、性别、特征、座位标志等。

（2）将菜单交给负责上菜的楼面服务员、厨房、收银台、传菜部。

（3）客人需要添加食物或酒水的，在其账单上做好相应的记录。

（4）结账时最好由负责点菜的服务员负责，以减少出错的概率。

 **实例**

> 某餐饮店来了五位要求分别点菜、分别付账的客人。服务员为他们写好了菜单，不一会儿，上完菜后，才发现还有一位客人的菜没上，只好让传菜员到厨房催。其他客人的食物都上齐了，那位客人还在不耐烦地等着。催过几次后，厨房传话过来，菜已经全部上齐了。服务员一听，急忙跑去厨房查单，才发现自己工作出了错，令厨房误认为两张同样的点菜单是重了单，所以只做了一份菜。事后，服务员给客人道了半天歉，客人的怒气才渐渐平息下来。

7. 为醉酒客人服务

在餐厅吃饭，经常有一些喝多了的客人，有的趴在桌上酣睡，有的豪情万丈，有的不受控制地高声叫喊，有的甚至发酒疯、摔餐具、骂人、打人。面对这种局面，服务员应该怎样做呢？

（1）提醒已经喝多了的客人及在座的其他客人，酒喝多了会影响身体健康。

（2）给醉酒客人端来糖水、茶水解酒。餐饮店也可备些解酒药，供客人服用。

（3）客人来不及去洗手间呕吐的，服务员不能表现出皱眉、黑脸等容易激怒客人的动作和表情，而是要赶紧清理干净。

（4）建议呕吐的客人吃些面条、稀饭等流食。

（5）如果客人发酒疯，服务员应请在座的其他客人给予劝阻，使其安静下来。

（6）如果客人醉酒打烂了餐具，应准确清点，再让客人照价赔偿。

（7）服务员发现醉酒者出现呼吸困难等紧急状况时，应立刻拨打 120 求救，或将醉酒者送往医院。

（8）服务员或值班负责人员应将事故及其处理结果记录在工作日志上。

 **实例**

有一天，一群人去参加同事的婚宴。席间，很多男士纷纷用白酒围攻新郎。新郎当然是不能喝醉的，于是身边的伴郎挺身而出。刚开始，伴郎还能招架，后来大家轮番上去，借敬酒之名灌那位伴郎，想看看伴郎到底有多大的酒量。新郎见势不妙，想替伴郎挡酒，但又劝不住。最后，伴郎被众人灌醉，见人就骂，还差点跟上来劝酒的人打起来，要不是被其他人拉住，不知要闹出什么事来。女客们一见这阵势吓得纷纷退席，许多男客也不得不陪着同来的家人、朋友一同提前离开。好好的一个婚宴，被酒弄得不欢而散。

（9）有的客人是因为有了不愉快的事情而喝闷酒，服务员同样要温和、婉转地劝其少喝些，并可以适当地与客人交谈几句，说一些宽心和安慰的话。但千万不要谈得太具体、太深入。

问题30：如何实现智能服务？

在人力成本逐渐攀高的时代，随着AI（人工智能）技术的发展，机器人在餐饮、商场、酒店等场景开始占据一席之地，帮助完成最基本的重复性的工作，解放员工，使之有精力去做更多与顾客互动体验相关的工作。

1. 餐饮机器人的类型

目前，餐厅机器人主要有迎宾机器人、点餐机器人、传菜机器人等。迎宾机器人能够实现智能迎宾，播放适合餐厅气氛的音乐；点餐机器人能够实现智能语音自助点餐，并语音推荐特色菜，根据顾客需求点餐，云同步到厨房显示器；传菜机器人具有智能送餐到顾客所在餐位、回收餐具等功能。

2. 热情礼貌的迎宾服务

迎宾机器人（图2-8）在门口感应到有人进来后，会主动向顾客问好，还会主动介绍该餐饮店的特色和亮点，从而起到烘托氛围的作用。

比如，"PEANUT"引领机器人在餐饮店大堂接待顾客后，会立即转身，方便顾客在其用户界面选择就餐区（包厢/桌号），待顾客选择完毕，立即引领顾客前往目的地。万一碰到有人挡道，它还会说"对不起，请让一让，我在工作"。到达目的地后，它会停下来通过语音提醒顾客，然后按照规定的路线返回至原点。

3. 精准流畅的送餐服务

具备超强功能性的传菜机器人（图2-9），能根据工作人员设置好的送餐路线和指定位置，来进行准确送餐并播放用户喜欢的音乐，还会与顾客进行简单的问答交流，提高送餐准确率的同时也能让顾客更加舒适愉快地用餐。

图 2-8　迎宾机器人

比如，擎朗智能机器人可以根据桌号进行传菜，每次能传一桌菜（或同时为多个餐桌送餐），一趟相当于服务员跑两三趟。一分钟，它能完成一个来回的服务。选好桌号，轻轻一点，机器人便能准确地将菜肴送到固定的桌位上，等菜肴被端上餐桌后，服务员只需轻轻抚摸一下机器人的头部位置，机器人便能自主回到原地等待送餐任务再次发起。送餐过程变得更加有条不紊，机器人自主避障系统避免了汤汁洒出、高峰期碰撞的发生，基本上能够做到零失误。

图 2-9　传菜机器人

4. 体验舒适的包厢服务

在包厢中待客是习以为常的事情。但是，每次需要服务的时候，都需要服务员进来以后再次沟通才知道需要什么服务，这给顾客的体验是极其不佳的，也增加了时间和人工成本。引入餐厅机器人以后，每个包厢只需要一个机器人，当客人需要服务的时候，给机器人明确下达指令，机器人将指令传递给服务员，服务员接到指令直接把需要的东西送到包厢，这样给顾客的感觉更加舒服。

> **特别提示**
>
> 　　餐饮业的升级已经迫在眉睫，通过人机搭档，可大幅提高工作效率，打造服务特色，提升服务水平，吸引更多新顾客，提高老顾客回店率。

问题31：如何打造特色服务？

餐饮店可结合自身的实际情况，顺应当下的潮流和趋势，打造具有本店特色的服务，从而提升顾客就餐体验。

1. 推广分餐制

围桌合餐是中国人的主要用餐方式，但合餐可能存在一些疾病传播风险。分餐能避免疾病通过餐具传播，也方便各取所需、合理搭配营养，以及减少浪费。推广分餐制，不仅可以保卫"舌尖安全"，还可引领就餐新风尚。

如今，受新冠感染疫情的影响，人们更加注重个人卫生和健康，不少地方开始提倡实行分餐制，分餐、提供公筷公勺也成为不少餐饮店的"标配"。

餐饮店要提供公筷公勺（图2-10），创造条件，为消费者分餐提供必要的服务。在厨师少、服务员数量不足的中小餐饮店，一律推行分餐制是有困难的，不妨从使用公筷公勺做起。

图 2-10　公筷公勺

对于中高档餐饮店来说，厨师应多研发便于分食的菜品。

针对讲究外形的菜肴，可以加盖示菜，先展示，后分菜；对于一般性的菜肴，可以小分量盛装直接提供给客人。如此，在健康卫生的基础上，既方便饮食，又可突出视觉效果，还相对降低了每份菜肴的售价，可增加多品种的销售总量，有利于餐饮店利润增长。

对于汤类食品，可以用汤盅一类容器分别盛装，不仅卫生，还利于保温；同时通过容器的变化，增强餐品的视觉美感。

吃火锅也可以实行分餐。吃大火锅可以采用公勺公筷加小笊篱的组合，吃小火锅便可以每位客人自涮自食。

此外，可以合理吸收一些西餐的就餐形式，如自助餐、冷餐会、鸡尾酒会等，既便于交流，又践行分餐，是酒店用餐、会议用餐的理想形式。

就目前我国社会结构与物质、文化基础看，公筷公勺是更为可行的方案，这是对合餐渐进的、局部的改良。共餐分取的进食方式既保持共享的饮食传统，利于中华菜肴文化、烹调技术的传承，增进就餐人的情感交流，又利于养成健康饮食习惯。《餐饮分餐制服务指南》（GB/T 39002—2020）经国家标准化管理委员会正式发布，并于 2020 年 6 月 21 日正式实施。

> **特别提示**
>
> 餐饮分餐是饮食文明的体现，既是适应公共卫生突发事件的需要，也是引导餐饮移风易俗、文明进步的需要。

2. 提倡光盘行动

"光盘行动"可以有效节约粮食，提高消费者珍惜粮食的意识。

（1）形成宣传氛围。餐饮店可利用电子屏、宣传画、桌牌等多种形式，使消费者树立一种倡导节约、反对浪费的思想意识，在店内形成一种宣传氛围。

（2）提醒顾客合理点餐。在顾客点餐过程中，餐饮服务人员应站在顾客角度，介绍餐饮店的菜品特色和分量，并且根据顾客人数，对其所点菜品进行评估，主动提出建议，告知顾客所点菜品已经足量，如果不够吃，可在就餐过程中再行增添，以避免消费者浪费。

> **特别提示**
>
> 顾客在这样的主动提醒后，往往会感受到经营者的良好用心，增加对餐饮店的信任程度，为今后再次来店消费起到良好的促进作用。

（3）主动服务。餐饮店应主动完善菜单、菜谱，调整菜品数量，标示菜肴分量，并根据顾客要求提供大、中、小分量的餐品。套餐上要注明建议消费人数，并为顾客提供打包餐盒，适时提醒顾客打包。有条件者可适当通过打包有奖、光盘打折、提供奖励券等优惠措施对顾客节约消费的行为予以奖励。针对自助餐浪费等问题，可以试行收取服务押金或按照浪费菜品重量加收服务费等措施，提醒顾客按需、少量、多次取餐，增强顾客节约消费的主动性。

> **特别提示**
>
> 餐饮店应该主动多想些好招妙招，引导顾客树立节约意识，比如主打拼盘经营模式，多拼几种菜肴，少些铺张浪费。同时，对服务员进行培训，在客人点单时给予点菜提醒。

3.打包剩菜

可以说，勤俭节约是我国人民的传家宝，但在当今社会，铺张浪费的情况却时有发生。有时三五个人去餐饮店吃饭，却点十好几道菜，吃完了也不打包带走，有些菜几乎连动都没有动。

客人点了很多菜，却吃不了，针对这种情况，餐饮店可以有以下对策。

（1）自然大方地为客人提供打包服务。当客人提出要将剩下的饭菜打包时，服务员要及时回应，并自然地帮助客人将饭菜打包，态度要真诚，不能说"我们没有这项服务"，或用异样的眼神让客人感觉难堪。

除此之外，服务员也可以提醒客人哪些食品需要尽快吃完，哪些食品可以短时间存放，这样细心的提醒往往也会赢得客人的好感。

（2）在门店醒目位置粘贴提示语。餐饮店可以在醒目位置粘贴一些提示语，如"剩菜打包，减少垃圾"，或"请勿浪费，否则加收管理费"等。当客人看到这些提示，在点餐时也就会注意，不至于点很多自己吃不完的食物，这样也可以在一定程度上减少浪费现象。

（3）对客人进行适当奖励。有不少餐饮店都会对不浪费的客人进行适当奖励，这也是个好办法，可以促使客人们将自己餐桌上的饭菜吃干净，并将剩菜打包。

比如，有一家餐饮店就向客人承诺，没有浪费食物的客人都可以在用餐结束后参加抽奖，奖品是一些钥匙扣、手提袋、手机链等非常实用的小礼品。自从这项活动开展之后，这家餐饮店食物浪费的现象就大为减少了。

（4）提供精美的包装盒。许多餐饮店打包无非是用饭盒装好，然后装进透明塑料袋中。殊不知，有的顾客需要提着这个塑料袋乘公交车赶路，有的也许还要去见朋友，这样提着一个饭盒，既不方便，也不体面。如果能将塑料袋换成结实的纸袋，岂不是免去了顾客的尴尬。

 实例

新年快到了，在一家热闹的火锅店，有一大家子人在包间里一起聚餐。其中，有老人，有孩子，一共八个人。他们点了一大堆肉和蔬菜，还有很多酒水。

吃着吃着，年纪最大的奶奶说话了，"现在的生活真是好啊，想吃什么都有，哪像我们年轻的时候，穷得连玉米面都吃不起啊！今天点了这么多菜咱们可不能浪费了，要是吃不了就打包带回去！"

众人听了一致表示赞同。他们一边聊天一边享用着美食，其乐融融。过了大概一个小时，大家都觉得吃饱了，桌上还有很多蔬菜和生肉，老太太的孙子走出包间，

找到服务员，询问有没有餐盒可以将食物打包带走。服务员立即答道："有的，请稍等！"

很快，服务员就拿来了一摞精美的餐盒，大家凑近一看，餐盒上还写着"文明餐桌反对浪费"的字样。服务员帮他们把剩菜都装进了餐盒里，在外面套好袋子，又微笑着对他们说："根据我们店的规定，凡是能做到不浪费饭菜的客人，都能够到前台免费领取一份小纪念品，一会儿您可以去看看！"

这家人高兴地来到前台，发现纪念品中既有小孩的玩具，也有实用性很强的手提袋，还有一些精美的小扇子。四岁的小男孩选择了一辆上发条的小汽车玩具，开心得不得了。

就这样，一家人在餐厅迎宾员"欢迎下次光临"的声音中结束了一次愉快的聚餐。

问题32：如何做好细节服务？

做餐饮的目的，不仅仅是让顾客能吃到美味的菜品，填饱肚子，更重要的是让他们得到好的用餐体验，很多细节是必须要重视的。作为餐饮店长一定要明白，在服务顾客的过程中，会有哪些地方容易引起顾客的不满，并想办法避免。

1.空调温度要合适

夏日炎炎，随着气温升高，空调成为顾客关注就餐环境的重点。

天气炎热，本身就会迫使消费者一定程度上减少外出就餐的频率。如果门店的空调还不给力，甚至成为一个"蒸笼"，那么消费者铁定不会来找罪受。

当然，部分商场内的餐饮店由于使用的是商场中央空调，温度调节不能完全按照餐饮店的主观意愿。但座椅如何安排，使其既高效利用空间，又保障温度舒适，就要考验餐饮店的智慧了。

比如，有些餐饮店把就餐位置安排在空调出风口正下方或者正前方，冷风一出，顾客是不热了，直接起一身鸡皮疙瘩，"温度低到裹棉被"，试想这样的就餐体验顾客还愿意再来吗？

2.免费茶水要应季

消费者去餐饮店就餐，落座时每家店的服务千差万别，有的餐饮店会端来免费茶水，有的是一杯白开水，有的是一杯凉爽的柠檬水，有的什么也不给，端给顾客的任何饮品都需要花钱。区区"水事"，餐饮店也许觉得小事情没什么，但给消费者的感受却大不一样。要知道，现在消费者心目中，除了菜品本身，服务已经成了他们是否再来这家店的最重要因素之一。

比如，在炎热的夏天，可以端给客人一杯冰冰的、酸酸的柠檬水；在寒冷的冬季，可以给客人上一杯热腾腾的姜枣茶。

3. 提供细心的洗手间服务

细节做到位的餐饮店，不只是对顾客吃饭的地方讲究，更是对洗手间做到细心。餐饮店洗手间不需要装饰得多豪华，但干净卫生是一定保证的。一瓶洗手液、一卷卫生纸就能方便顾客。

有的餐饮店，在洗手间的墙上会挂一个袋子，其中装有各色的线和缝衣服的针，这是为了客人万一遭遇裤子拉链坏了、衣服破了或扣子掉了等特殊情况时，可以避免尴尬。其实能用得上这些针线的概率特别小，但这样的服务，的确细致周到得让人感动。

还有的餐饮店，会在洗手间里为女性顾客准备好热水、头绳、护手霜，甚至卫生巾，面面俱到，从而让女性消费者产生很强烈的信赖感。

4. 餐具要干净卫生

如果餐具严重磨损、长时间重复利用的痕迹明显、存在暴晒或消毒水导致的变色等情况，消费者会下意识地担忧门店的卫生状况。因此，餐饮店对于这类餐具要及时淘汰，确保呈现出来的餐具光洁如新。

另外，如果桌面摸上去有黏腻感，即使经过清洁，同样也会引起消费者的不适和反感。这就要求餐饮店对餐桌也要清洁到位。

问题33：如何提供个性服务？

随着人们生活水平的日益提高，现在顾客对餐饮服务的需求已不仅仅是通过饭菜实现吃饱、吃好，更需要人性化、个性化的特色服务，服务越来越成为语言、技能、艺术、文化的综合体现。

1. 提供个性化餐位和菜单

到餐饮店用餐的客人有多种类型，包括家庭聚会，生日聚会，商务宴请，朋友、情人之间的聚餐等。因此，餐饮店要能够主动根据这些客人的构成和特点准备各具特色的设施服务，这就要求服务人员时时做有心人。

比如，客人在预定餐位时一般会主动说明需要什么样的餐位，有什么特殊要求，如果客人没有说明具体要求，负责预定的服务员应顺便问一下这是一个怎样的聚会，并在预定记录中备注说明。

另外，个性化的菜单也尤为重要。菜单作为客人在餐饮店用餐的主要参考资料，起着向客人传递信息的作用，客人从菜单上可以知道餐饮店提供的菜品、酒水价格，进而消费，还可以从菜单的设计、印制上感受到餐饮店服务的品质和文化品位。

比如，日期、星期、当日例汤、当日特价菜，将这些最新内容加上与当天（如某个节日）相配的问候语，印在菜单第一页顶部，就能使客人感受到一种亲切感，让他们感受到他们享受的是最新服务。

2. 提供餐桌意见卡

在餐桌上放张别致的意见卡，上面工整地打印着"您最喜欢哪道菜""您对哪些地方不够满意""其他意见"等内容。客人吃完饭，在等服务员结账的时候，就可以进行填写，使餐饮店能迅速掌握顾客的意见。相比较于一些餐饮店由服务员拿着意见本找顾客让其打分的做法，这样的意见卡既方便，又快捷，还能让真心提出意见的顾客不感到尴尬。

问题34：如何提供应急服务？

1. 客人烫伤的处理

如果客人在餐饮店不小心被烫伤，服务员必须做好紧急处理工作，具体操作步骤如下。

（1）将被烫的部位用自来水冲洗，或者直接浸泡在水中，迅速降低皮肤的表面温度。

（2）将被烫伤的部位充分浸湿后，再小心去除烫伤表面的衣物，必要时可用剪刀剪开，如果衣物已经和皮肤发生粘黏现象，可以让衣物暂时保留，注意不要将伤处的水泡弄破。

（3）继续将烫伤部位浸泡在冷水中，以减轻伤者的疼痛感，但不能泡得太久，应及时送到医院，以免延误治疗时机。

（4）用干净毛巾将伤口覆盖起来，千万不可自行涂抹任何药品，以免引起伤口感染，影响医疗人员的判断与处理。

（5）尽快将客人送到医院治疗，如果伤势过重，最好送到设有整形外科或烧烫伤病科的医院。

2. 客人烧伤的处理

如果客人身上着火，服务员应该告知客人用双手尽量掩盖脸部，并让其立即倒地翻滚或者立刻拿桌布等大型布料将着火者包住翻滚将火熄灭。等到火熄灭后，再按烫伤急救步骤进行处理。

 **实例**

> 　　一天中午，王女士和朋友到一家餐饮店用餐，服务员在她们附近点燃火锅时，火炉内的酒精喷了出来，王女士本能地挡了一下，但燃烧的酒精还是溅到了她身上，她的右脸颊被烧伤，头发被点燃，工作人员迅速将她头发上的火扑灭，与王女士同桌的另两位女士的手臂和鼻子也被烫伤。
>
> 　　事故发生后，餐厅经理立即将她们送往医院治疗。在医院处理完伤口后，餐厅经理又把她们送到一家理发店，对烧焦的头发进行处理，然后一起回到餐厅，商量如何处理此事，处理好之后又派人打车送她们回家。王女士对餐饮店的做法感到十分满意。

3. 客人突然病倒

　　客人在餐饮店用餐时，任何意外情况都有可能发生，突然病倒就是其中一项。遇到就餐客人突然病倒时，服务员应按照以下方法解决。

　　（1）保持镇静。对于突然发病的客人，服务员要保持镇静，首先打电话通知急救部门，再通知餐饮店的有关部门，采取一些可行的抢救措施。

　　（2）如果客人昏厥或是摔倒，不要随意搬动客人。如果觉得客人躺在那儿不雅观，可以用屏风把他围起来。服务员还要认真观察客人的病情，帮助客人解开领扣，松开领带，等待急救医生的到来，随后按医生的吩咐，做一些力所能及的事情。

　　（3）对于有些客人在进餐过程中，或是进餐后尚未离开餐厅时，就突然出现肠胃不适等症状，服务员也要尽量帮助客人。这种时候，服务员可以帮助客人叫急救车，或是引领客人去洗手间，或是清扫呕吐物等。与此同时，服务员不要急于清理餐桌，要保留客人吃过的食品，留待检查化验，以便分清责任。

　　（4）当客人突然病倒时，服务员不要当着客人的面随便下结论，也不要自作主张地给客人使用药物。

4. 客人跌倒时的处理

　　客人在餐饮店跌倒后，服务员应主动上前扶起，安置客人暂时休息，细心询问客人有无摔伤，情况严重的应马上与医院联系，采取措施，事后检查原因，引以为鉴，并及时汇报，做好登记，以备查询。

5. 客人打架闹事

　　（1）服务员在劝阻客人打架闹事时，要注意方法，态度上要尊敬对方，言语上要用词恰当，自己不要介入纠纷中，不要去评判谁是谁非。

（2）一般来说，打架闹事的人多是出于一时冲动，逞一时之勇，即使是有目的的打架斗殴，只要服务员能及时、恰当地劝阻，一般都会顺利解决。

（3）制止打架斗殴，不但是为餐饮店的安全着想，也是为打架的双方着想。如果闹事者就是来捣乱的，服务员更应该保持冷静。

（4）如果打架闹事者根本不听劝告，继续斗殴，情况比较严重的，餐饮店应马上报警，请警察采取适当措施，以维持餐饮店的秩序。

6. 突然停电的处理

开餐期间如果遇到突然停电，服务人员要保持镇静，设法稳定住客人的情绪，请客人不必惊慌。如果是夜间，还应立即开启应急灯，或者为客人点燃备用蜡烛，并说服客人不要离开自己的座位，继续进餐。

 实例

> 傍晚，某餐饮店正在举办寿宴。天色渐渐地暗了下来，寿宴正进行得热烈而隆重。
>
> 突然，餐厅里漆黑一片，停电了。短暂的沉寂之后，迎来了此起彼伏的喊声："服务员，怎么停电了？""服务员，赶紧去看看！""服务员，什么时候来电？"……
>
> 领班小刘反应迅速，立刻冲到库房抓了两包红蜡烛飞奔回餐厅，并立即安排12名服务员站成两排，点燃蜡烛，整齐地排好，走到餐厅。同时他手持扩音器，说道："尊敬的宾客，幸福的寿星！今晚，我们餐厅特别策划送上别致、独特的烛光晚宴，祝寿星及来宾在此吃得开心！"霎时间，掌声雷动，整个餐厅充满了温馨浪漫的气氛。客人们非常高兴，赞不绝口。
>
> 服务员逐个把蜡烛放到烛台上，然后送到大厅的各个区域。宴会继续进行，气氛依然热烈。

停电后，店长应马上与有关部门取得联系，查清楚断电的原因。如果是餐厅的供电设备出现了问题，就要立即派人检查、修理，在尽可能短的时间内恢复供电；如果是地区停电，或是其他一时不能解决的问题，则应采取相应的对策。服务员应对正在餐厅用餐的客人继续提供服务，并向客人表示歉意，同时暂不接待新来的客人。

平时，餐厅里的备用蜡烛应该放在固定的位置，方便取用。如备有应急灯，应该在平时定期检查插头、开关、灯泡是否能正常工作。

第四周　改进服务质量

服务质量对餐饮店的声誉、客源和经济效益有着重大的影响，可以说服务质量的好坏决定了餐饮店的前途与命运，是决定餐饮店能否长久生存和稳健发展的关键。因此，餐饮店长应强化和提高餐饮优质服务的理念，切实改进服务质量。

问题35：如何调动员工服务意识？

餐饮店应该强调企业、员工和顾客三方共赢的原则，使员工在服务的过程中获得有利于自身的实际利益，从收入、晋升和职业生涯角度去培养员工主动、热情的服务意识，将员工服务意识的焦点转移到对切身利益的关注上来，从员工的切身利益出发，调动员工的服务意识。具体措施如图2-11所示。

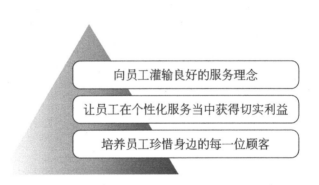

向员工灌输良好的服务理念

让员工在个性化服务当中获得切实利益

培养员工珍惜身边的每一位顾客

图2-11　调动员工服务意识的措施

1. 向员工灌输良好的服务理念

由于餐饮行业员工流动率极高，很多员工对企业并没有归属感，没有在某一个餐饮店长期工作的心理基础，往往以"此处不留人，自有留人处"的态度对待自己的日常工作，"做一天和尚，撞一天钟"，对餐饮店的工作缺乏责任心，不愿意用心去钻研服务技巧。这时，餐饮店可以向员工灌输这样的理念：人与人之间总是在不断地进行价值交换，相互给予和获取，当员工在餐饮店以劳动获取工资和报酬时，企业就是员工的顾客。当服务员以优质服务在餐饮店中获得更高的工资、报酬和晋升时，表明他对顾客的服务获得了认同；当服务员因工作失误而导致罚款、减薪和降职时，则是由于服务引起了顾客的不满。因此，员工就会认识到，对他人提供良好服务可以帮助自己在职业生涯的发展上取得更大的成就。

比如，在很多知名餐饮店工作过的员工，即使离开了原来的餐饮店，由于自己的工作简历上显示曾经在这些知名餐饮店工作过，在人力市场上都会获得优先录用的机会，这就是市场对知名企业员工服务能力和工作习惯的一种认同。

所以，餐饮店需要强化员工的顾客观念，帮助员工养成为任何人服务都竭尽全力的良好习惯，使其获得职业上的成功。

> **特别提示**
>
> 在餐饮行业中，绝大多数员工都是从基层做起的，餐饮店应在员工从事基层工作的过程中向员工灌输优质服务的理念。

2. 让员工在个性化服务当中获得切实利益

餐饮店要时常激励员工在服务过程当中，分析顾客的消费心理。实践中，经常有客人指定某一个服务员为其服务，当这个服务员离职后，该顾客也往往随之流失，甚至追随这个服务员到其新的工作地方消费。对这位服务员而言，这样的顾客已经转变为其特有的顾客资源。企业应以开放的心态，对待这种现象，鼓励每一个员工通过个性化服务赢得对自己忠诚的客人，针对这样的员工企业应该设置激励措施给予重奖。

 **实例**

> 一次，一个客人来某餐饮店包房就餐时，服务员发现这位客人喜食软糖，口味偏清淡。当下一次该客人来时，一进包房就发现包房里摆放的都是他喜欢的糖果，点餐时，服务员又主动向他推荐自己喜欢的菜品，他吃惊地说："你们怎么会知道我的喜好？"连声夸服务员工作做得细。此后这个客人成为该餐饮店的常客。餐饮店为了激励员工，除将该服务员的事迹作为经典事例向全体服务员通报外，还给该服务员丰厚的奖金，并提拔其为基层管理者，为其他员工树立了一个个性化服务的榜样。
>
> 这是通过服务员的个性化服务赢得忠诚顾客的典型例子。

在薪酬体制上，很多餐饮店实行固定工资制，同样工种享受同等待遇。在收入水平上，根据各个岗位进行了适当的划分，总体上迎宾员高于服务员，服务员高于传菜员，传菜员高于洗碗工。有的餐饮店为了平衡同一工种的工作量，还根据工作区域划分了服务范围，服务员为自己负责区域的客人提供服务，某些区域的客人数量多，劳动强度大，某些区域的客人数量少，劳动强度小。员工的待遇基本一样，通过工作区域的轮换可以解决劳动强度问题，但员工往往希望轮换到劳动强度小的区域。由于有固定工资作为保障，员工希望客人越来越少，这种工资制度助长了员工的懒散情绪，不利于调动员工开展个性化服务的积极性。

因此，餐饮店普遍实行的固定薪酬分配制度必须改革，可将个人薪酬与公司营业收入直接挂钩，以激励员工工作积极性。为了解决员工工作疲劳的问题，可以在服务员中实行轮岗制，既平衡了劳动强度，培养了复合型人才，还可以提高员工的团队意识。

比如，某知名餐饮店员工在酒楼和茶楼间进行轮岗，由于酒楼服务员的工作要求和工作强度比茶楼服务员高，因此其工资比茶楼服务员高300元。每三个月，酒楼和茶楼服务轮岗一次，轮岗第一个月工资保持原来水平不变。茶楼服务员轮岗到酒楼一个月后，如果他的表现已达到酒楼服务员的要求，就可按新工资水平领薪。这样既提高了服务员的工作能力，丰富了员工的工作内容，又保证了酒楼服务员流失时，企业可及时从茶楼服务员中挑选补充。

3. 培养员工珍惜身边的每一位顾客

餐饮店经营的成败与顾客流失的多少关系紧密，员工的工作是否稳定跟顾客流失也是息息相关的。餐饮店应对员工进行教育，让员工认识到顾客流失与员工职业稳定之间的关系，使员工养成珍惜每一个客人的习惯。

在餐饮店的培训工作中，许多餐饮店忽视了员工工作的稳定、经济收入的提高与顾客流失之间的相互影响，一线服务员对少数顾客的流失不在意，形成思想上承认顾客的重要，行动上却表现为对客服务的忽视、冷漠状态，以致服务人员在对客提供服务时，没有热情，不愿为顾客的额外需求提供服务。

比如，有的餐饮店的服务人员在为部分顾客打包时，常常面无表情、一副苦瓜脸，行动迟缓，甚至以冷漠的态度为客人服务，打包时故意将餐具碰出声音，由此引发的顾客不满导致顾客的流失。服务员对就餐的客人没有问候或微笑，信息传递不准确或缺乏应有的菜品知识，与其他员工聊天，因工作电话而忽视面对面的顾客，行动鲁莽或者漠不关心，过于频繁的销售战术，不得体、不卫生或太随意的外表打扮，甚至让客人感到不快的语言等都会导致顾客流失。

这种漠视顾客流失的工作氛围一旦成为餐饮店企业文化的一部分，企业顾客流失将不可逆转，企业经营将步履维艰，员工失业将为期不远。因此，餐饮店要将对客服务的态度从空泛的口号落实到每一个具体行动中，增强员工忧患意识，让员工以珍视自己工作机会的态度珍惜每一位顾客。

问题36：如何提高员工服务质量？

餐饮店服务人员在服务上要给客人以亲切感和"顾客至上""宾至如归"的感觉，而作为餐饮服务人员，他们是餐饮店形象的代表，因此提高服务质量，更是餐饮人员必须恪守的准则。餐饮店长应从图2-12所示的几个方面着手提高餐饮人员的服务质量。

要具有良好的礼仪、礼貌　01

要具有良好的服务态度　02

细致化每一个服务流程　03

图2-12　提高餐饮人员服务质量的措施

1. 要具有良好的礼仪、礼貌

注重礼仪、礼貌对餐饮服务工作非常重要。服务态度的标准就是热情、主动、耐心、周到、谦恭，其核心是对宾客的尊重与友好。礼仪、礼貌可在一定程度上减少顾客对服务人员服务知识和技能欠缺的不满，因此，礼仪、礼貌是餐饮服务的核心内容，也是餐饮店竞争制胜的决定性因素。

（1）礼仪、礼貌表现在外表上，就是要衣冠整洁，讲究仪表仪容，注意服饰发型，在外表形象上给人以庄重、大方、美观、和谐的感受，切忌奇装异服或浓妆艳抹。

（2）在语言上要讲究语言艺术，谈吐文雅，谦虚委婉，注重语气语调，应对自然得体。

（3）在行动上要举止文明，彬彬有礼。

（4）在态度上也要不卑不亢，和蔼可亲，举止自然，力戒矫揉造作。

（5）在接待的过程中，要始终笑脸相迎，具备保持微笑的职业本能和习惯。

2. 要具有良好的服务态度

服务人员直接代表餐饮店的形象，所以，他们的服务态度正是餐饮店文化素养的体现，良好的服务态度会让客人倍感亲切。

首先，餐饮店员工应该做到凡事认真负责。

其次，对待每一位顾客都要秉着"顾客至上"原则，积极主动地为每一位顾客提供全方位的服务。

3. 细致化每一个服务流程

对于餐饮店员工来说，要尽力做到服务中的每一个环节都让客人满意。在点菜过程中，服务人员应该详细地向客人介绍菜肴的特点、色泽、烹饪方法，有必要的话还可以向客人介绍菜肴的来源或者相关的信息；同时还要根据客人的消费能力进行适当的推荐；不要让主人或者客人遇到尴尬的场面。

总之，每一个环节都要让客人感受到礼貌、热情、舒服、自然。

问题37：如何提升就餐环境？

餐饮服务环境是指就餐者在餐饮店等消费场所用餐时所处周边的境况。从专业角度看，这些境况大致包括：餐饮店的面积、空间、档次、风格、光线与色调、温度、湿度、声音等诸多方面。宾客到餐饮店就餐，在消费美味佳肴和接受优良服务的同时，还从周围的环境获得相应的感受。因此，做好服务管理的第一步，就是向就餐者提供一个舒适、美好的就餐环境。

1. 店面、外表设计

餐饮店店面的设计，在于显示餐饮店这个"特殊商品"包装的格调。店面设计同样是室内设计的一部分，二者在实质上均追求美观与实用，但店面设计更注重招徕客人，其作用是让店外的大众感觉到本餐饮店的存在，并能使其决定来本餐饮店用餐。因此，餐饮店的店面不仅具有"辨认"之功能，同时也要有美观的外表，两者不可偏废。

一般来说，店面、外表的设计应达到图2-13所示的要求。

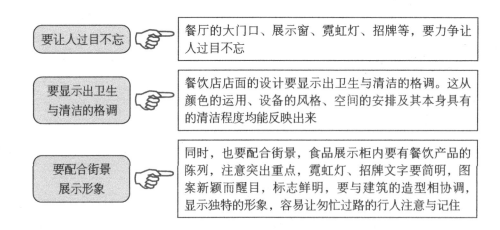

图2-13　店面、外表的设计要求

总之，餐饮店店面、外表的设计，要能激发起人们对餐饮产品的想象，使人们在远处一望就知道这是哪一类型的餐饮店，甚至能估计出其消费水平。

2. 内部空间的布局

在设计餐饮店空间布局时，必须考虑空间的大小、空间的布置以及通道宽窄的合理性，而不应该过分追求餐桌数量的最大化。一般客席的配置方法是把客席配置在窗前或窗边，来客是 2 ~ 3 人一组的情况较多。客席的构成要根据来客情况确定，一般的客席配置形态有竖型、横型、横竖组合型、点型，还有其他类型，这些要以店铺规模和气氛为依据。

3. 餐桌、餐椅的配置与安排

餐桌、餐椅的配置与安排应以餐饮店的档次、面积及经营性质来确定。餐桌、餐椅的布置应考虑适用、调和、统一的原则，构成一个系统。

对于如何确定二人桌、四人桌或多人桌之间的数量比例问题，这不仅涉及餐饮店的整体布置效果，还涉及餐座的利用率。四人餐桌，同时供四位客人使用时，其利用率是100%，然而当只有两位客人占用时，其利用率就下降一半。如果餐厅的餐桌大多是这种情况，初看是满座，其实餐座利用率却不高。因此，各种大小的餐桌的配置就值得研究。据调查，一般进入餐饮店就餐的客人中，成双成对者约占50%；独自一人就餐者占30%左右；三人或三人以上者占20%上下。一般零点餐厅的餐桌应以两人桌为主，这种两人桌最好采用标准尺寸的方形桌，这样两人桌可随时转变为三人桌、四人桌，拉开翻板又可变为五人或六人桌。在可坐多人的大圆桌上摆置"留座"牌号，以免少数人占用一个大圆桌。

4. 人员流动线路安排

客人、服务人员在餐厅中的行走流动路线就是人员的通道。在安排人员通道时应考虑图 2-14 所示的因素。

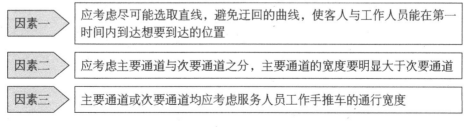

图 2-14　安排人员通道时应考虑的因素

5. 光线的选择

餐饮服务场所的光线首先应考虑光源的形式。在餐饮店中大致有三种光源形式：自然光源（阳光）、人工光源、自然光源与人工光源混合形式。人工光源分为电灯光源和烛光光源。餐饮店采用何种形式的光源，受餐饮店档次、风格、经营形式与建筑结构的制约。

比如，饭店中的餐厅多用混合光源照明；在咖啡厅、快餐厅中，自然光源的比例大些；而在高档宴会厅和法式餐厅中，人工光源的比例会大些。要利用不同的光源形式，营造不同的就餐氛围。

一般而论，越是高档的餐饮店，光线的强度越弱；餐座周转率较高的餐饮店普遍使用光照度较强的配置。按照我国《建筑照明设计标准》中的规定，中餐厅 0.75 米水平面处的照度不可低于 200 勒克斯，西餐厅不可低于 100 勒克斯。

6. 色调的搭配

不同的色彩给人不同的感受。通常人们将色彩分为冷、暖两大类别。暖色调使人觉得紧凑、温暖；冷色调可使空间显得比实际要大并产生凉爽之感。因此，餐饮店在运用色彩时，应根据餐饮店的风格、档次、空间大小，合理地运用好色调，墙壁、天花板、地面等颜色要注意合理地搭配，以产生预想的效果。

问题38：如何制定服务质量标准？

有效率的服务不是一味地追求快，而是使每道菜上得恰是时候，温度适中，并且附上正确的餐具。尤其是在高级的餐饮店里，如何使每道菜的上菜时间都恰到好处，让客人愉快又从容地享受美食，是追求高质量服务时要格外注意的。

为了保证服务质量，餐饮店长要从客人的角度出发，并兼顾实际操作上的可能性，从服务程序和服务态度这两个方面来制定符合客人需求的高质量的服务标准。

1. 服务程序

餐饮服务的程序应符合图 2-15 所示的原则。

稳定性	☞	程序应比较固定，过程中不要有太多的差异
适时迅速	☞	有效率的服务是迅速、适时地为客人提供服务
满足要求	☞	程序应以用有效率的服务为客人提供所需为目的，而非以操作简便为目的
预测需求	☞	服务常走在客人需要的前面，服务与产品应在客人要求之前提供

人际沟通	清楚、简洁的表达是服务人员与服务人员之间及服务人员与客人之间有效沟通必须具备的条件
客人回应	通过客人的回应，能迅速知道产品与服务质量是否合乎客人所需及期望，从而加以改进及提高
管理监督	将以上六点一起运用并加以有效地管理和监督，则服务系统必能流畅地运行

图 2-15　餐饮服务程序的原则

2. 服务态度

餐饮服务人员的态度规范如图 2-16 所示。

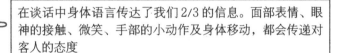

| 态度积极 | 诚恳的态度能使人愿意与之沟通，积极的态度能使客人上门并愿意再度光顾 |

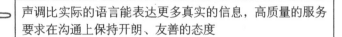

| 身体语言 | 在谈话中身体语言传达了我们 2/3 的信息。面部表情、眼神的接触、微笑、手部的小动作及身体移动，都会传递对客人的态度 |

| 声调音色 | 声调比实际的语言能表达更多真实的信息，高质量的服务要求在沟通上保持开朗、友善的态度 |

| 机智老练 | 适时说适当的话是一项重要技巧，应避免说些会令客人产生误会的话，随时保持机智并注意什么该说或什么不该说，以提高客人的满意度 |

| 善用名称 | 记熟客人的名字反映出对客人的特别照料和关心，也是对客人个人的尊重 |

| 殷勤周到 | 殷勤的服务人员待客如"人"而非"物"，他们知道生意兴隆是来自礼貌、友善和尊重他人的服务 |

| 提供建议 | 提供客人所需的建议是对客人表达关心的方法之一，因此服务人员要完全了解其所提供的产品及服务 |

| 推销有方 | 高质量的服务人员知道生意有赖于销售，且他们的工作就是推销。他们避免推销客人不想要的服务或产品，但他们会使客人知道哪些是对他们有用的产品及服务 |

| 解决问题 | 对客人的困难及抱怨，应机智、流畅、冷静地处理，"谢谢您告诉我这些"这句话能令客人相信餐饮店欢迎他们提出问题，且他们的问题、抱怨等将被有效地处理 |

图 2-16　餐饮服务人员的态度规范

问题39：如何控制餐饮服务质量？

1.餐饮服务质量现场控制

所谓现场控制，是指监督现场正在进行的餐饮服务，使其规范化、程序化，并迅速妥善地处理意外事件。这是餐饮店长和主管人员的主要职责之一，餐饮店长也应将现场控制作为管理工作的重要内容。具体要求见本书"问题21：如何做好楼面现场控制？"。

2.服务质量反馈控制

（1）反馈控制的含义。反馈控制就是通过质量信息的反馈，找出服务工作在准备阶段和服务过程的不足，采取措施，在以后的服务控制中提高服务质量，使客人更加满意。

（2）建立信息反馈系统。信息反馈系统由内部系统和外部系统构成，如图2-17所示。

内部系统	外部系统
内部系统，其信息来自服务员、厨师和中高层管理人员等。因此，每餐结束后，应召开简短的总结会，以便及时改进服务质量	外部系统，其信息来自客人和朋友。为了及时得到客人的意见，餐桌上可放置客人意见表，在客人用餐后，也可主动征求客人意见。客人通过大堂、营销部、公关部、高层管理人员等反馈的投诉，属于强反馈信息，应予以高度重视，保证以后不再发生类似的质量偏差

图 2-17　信息反馈系统

（3）反馈信息记录。建立和健全内、外部信息反馈系统，餐饮店必须亲自或安排人员对所有反馈信息做好记录，这样才有利于服务质量的改进和不断提高，更好地满足客人的需求。

问题40：如何进行客人意见调查？

1.客人动机调查

为了使客人光顾餐饮店并且能及时提供适当的服务，首先必须确定客人的动机，这将是经营餐饮店的基础，并且是改进服务的基本依据。

为调查客人的动机，可分发表2-3所示的问卷调查表，请客人填写。

表 2-3　问卷调查表

请您从下列答案中选择您光临本店的三个主要理由：
- ☐ 交通方便
- ☐ 外观使人见了愉快
- ☐ 颇有名气
- ☐ 经人介绍
- ☐ 适合约会聊天
- ☐ 清静、不拥挤
- ☐ 适合洽谈公事
- ☐ 菜色味道不错
- ☐ 清洁卫生
- ☐ 对服务人员印象良好
- ☐ 装潢设备不错
- ☐ 音乐设备不错
- ☐ 备有受欢迎的报纸、杂志

特别提示

　　各餐饮店可依其性质的不同，做适当的增删。此问卷应分平日、假日、高峰、冷清时间来调查，但这可能相当困难，所以不妨在开收据时，请客人填写，或是赠送小礼物等商请客人合作。

2. 餐饮店诊断

　　在同类型的餐饮店竞争之下，如何从劲敌中脱颖而出，是相当重要的。欲使餐饮店大受客人欢迎，店长应对餐饮店做一番审视，可运用表 2-4 所示的"餐饮店诊断表"来进行这种检查。

表 2-4　餐饮店诊断表

以下问题有关客人对店的印象,请把右栏您认为最适合的数字圈起来(非常满意 +2,满意 +1,一般 0,不满意 -1,非常不满意 -2)。无法决定时，请圈"0"。

序号	具体印象	非常满意	满意	一般	不满意	非常不满意
	一、外部	—	—	—	—	—
1	外观是否比其他店有特征?	+2	+1	0	−1	−2
2	外观上是否配合周围环境?	+2	+1	0	−1	−2
3	门口是否便于客人进入?	+2	+1	0	−1	−2
4	从远处看招牌是否明显?	+2	+1	0	−1	−2
5	样品及菜单是否让人看得懂?	+2	+1	0	−1	−2
6	是否有多余的食物妨碍观瞻?	+2	+1	0	−1	−2
	二、内部	—	—	—	—	—
7	室内空调设备是否良好?	+2	+1	0	−1	−2
8	内部摆设是否恰当?	+2	+1	0	−1	−2
9	整个色调是否适当?	+2	+1	0	−1	−2

续表

序号	具体印象	非常满意	满意	一般	不满意	非常不满意
10	照明是否适合？	+2	+1	0	−1	−2
11	柜台是否整洁？	+2	+1	0	−1	−2
12	厨房是否清理干净？	+2	+1	0	−1	−2
13	地板是否清扫干净？	+2	+1	0	−1	−2
14	花卉与盆栽是否配合得当？	+2	+1	0	−1	−2
15	桌椅颜色是否适当？	+2	+1	0	−1	−2
16	座椅是否舒适？	+2	+1	0	−1	−2
17	音乐音量与选曲是否适当？	+2	+1	0	−1	−2
18	洗手间是否清洁？	+2	+1	0	−1	−2
19	收银柜周围是否清洁？	+2	+1	0	−1	−2
	三、桌子上	—	—	—	—	—
20	桌子是否清洁整齐？	+2	+1	0	−1	−2
21	糖罐与餐巾盒等必需品是否齐备？	+2	+1	0	−1	−2
22	杯子与汤匙的花纹、颜色是否适当？	+2	+1	0	−1	−2
	四、商品	—	—	—	—	—
23	本店是否有诱客商品？	+2	+1	0	−1	−2
24	早餐服务与优待券等是否有独特性？	+2	+1	0	−1	−2
25	与其他店比较是否味道好？	+2	+1	0	−1	−2
26	与其他店比较是否价格公道？	+2	+1	0	−1	−2
27	与其他店比较是否种类丰富？	+2	+1	0	−1	−2
28	样品与菜单照片是否与商品有差异？	+2	+1	0	−1	−2
	五、菜单	—	—	—	—	—
29	墙上及桌上的菜单是否能让客人看得清楚？	+2	+1	0	−1	−2
30	是否设计美观、保持干净？	+2	+1	0	−1	−2
31	追加餐饮是否优待,如第2杯价格打折？	+2	+1	0	−1	−2
	六、员工	—	—	—	—	—
32	服装是否保持干净？	+2	+1	0	−1	−2
33	讲话与态度是否良好？	+2	+1	0	−1	−2
34	叫菜是否会弄错？	+2	+1	0	−1	−2
35	要求供应冰水或者烟是否欣然接受？	+2	+1	0	−1	−2
36	是否面带笑容、服务态度良好？	+2	+1	0	−1	−2
37	是否有互相私语？	+2	+1	0	−1	−2

序号	具体印象	非常满意	满意	一般	不满意	非常不满意
38	是否与特定客人过于亲密？	+2	+1	0	−1	−2
	七、附属设备	—	—	—	—	—
39	是否备有报纸杂志？	+2	+1	0	−1	−2
40	点唱机是否正常运行？	+2	+1	0	−1	−2
41	电视机等是否尊重客人的意思放映？	+2	+1	0	−1	−2
	八、营业服务	—	—	—	—	—
42	营业时间是否配合客人？	+2	+1	0	−1	−2
43	叫餐饮是否迅速送到？	+2	+1	0	−1	−2
44	是否有回收券等服务？	+2	+1	0	−1	−2
45	店内广播是否亲切？	+2	+1	0	−1	−2
46	提供小毛巾等服务是否适当？	+2	+1	0	−1	−2
47	冰水的追加服务是否确实在做？	+2	+1	0	−1	−2
	九、整体情况	—	—	—	—	—
48	整个店是否有温暖的气氛？	+2	+1	0	−1	−2
49	店名是否易懂、有亲切感？	+2	+1	0	−1	−2
50	光顾本店的是否都是好客人？	+2	+1	0	−1	−2

注：依照诊断核对表的全部项目评分，然后看综合分数的正负。如果是负数，就应引起注意，综合分至少应该有50分，否则就难免会倒闭。

3. 客人意见调查

几乎大部分的餐饮店都未曾准备客人意见卡，而且几乎大部分的客人也无填卡的习惯，但这并不一定表示客人对该店十分满意。所以采取调查客人意见的某些措施，是绝对必要的。

最简单的方法，是利用账单的背面作为"客人意见栏"；或是设计意见卡，放在桌子上，以方便客人填写。其内容除了对餐饮店的评价之外，最好还包括客人的姓名、地址，并附加"为了通知特别优待日或举办各种活动以酬宾，务请填写本卡"的字句。

> **特别提示**
>
> 当客人提出宝贵意见时，一定要赠送优待券或小礼物。另一个反映客人心声的方法，是从亲友中慎重地挑选几位观察力敏锐的人，请他们担任店中的检查员，每周巡视一次。由于员工不知情，其评断员工的服务态度也较为客观。

问题41：如何开展服务质量评估？

1. 设定服务品质评估标准

服务流程标准与服务态度，可作为各项职务评估等级的评估标准。明确订出各等级标准，再进一步导入服务中，并可根据视察出来的重要指标数，作为标准的评断依据。

2. 服务品质评估的指标

若要改善服务品质，就必须事先清楚描绘出所希望的服务人员的行为表现的模式，然后才能够据此去评断他们的表现。表2-5所列即为各项服务品质评估标准的重要指标示例。

表2-5　服务品质标准指标

序号	服务品质标准	重要指标示例
1	服务的时机性	（1）客人进入餐厅坐下后，服务人员在6秒内趋前致意 （2）西餐沙拉用完后，4~5分钟内便上主菜
2	服务动线顺畅	（1）迎宾员带位时灵活机动 （2）在餐厅内每个服务区的服务环节先后进度不同
3	制度可顺应客人的需求	（1）菜单可替换及合并点菜 （2）客人要求的事项，近9成是可以实现的
4	预测客人的需求	（1）主动替客人添加饮料 （2）主动替幼儿提供儿童椅
5	与客人及同事做有效的双向沟通	（1）每道菜都是客人所点的菜 （2）服务人员彼此间相互支援
6	寻求客人反应及意见	（1）服务人员至少询问1次用餐团体对菜色或服务的意见 （2）服务人员将客人意见转述给店长
7	服务流程的督导	（1）每个服务楼面有1位主管现场督导 （2）现场主管至少与每桌客人接触问候1次
8	服务人员表现出正面的服务态度	（1）服务人员脸上常挂着微笑 （2）服务人员百分之百友善对待客人
9	服务人员表现出正面的肢体语言	（1）与客人交谈时，必须双眼正视对方 （2）服务人员的双手尽可能远离客人的脸部
10	服务人员是发自内心来关心客人	（1）每天至少有10位客人提及服务良好 （2）客人指定服务人员
11	服务人员做有效的菜色推荐	服务人员做有效的菜色推荐是指服务人员对每桌的客人所点每道菜的特色能做正确的说明
12	服务人员是优良的业务代表	服务人员是优良的业务代表是指除主菜之外，建议客人再点1道菜（例如饭后甜点、开胃菜）

续表

序号	服务品质标准	重要指标示例
13	服务人员说话语调非常的友善、亲切	服务人员说话语调非常的友善、亲切是指主管认为服务人员的说话语调是令人满意的
14	服务人员使用适时合宜的语言	服务人员使用适时合宜的语言是指使用正确的语法，避免用俚语
15	称呼客人的名字	称呼客人的名字是指客人用餐中，至少称呼其名1次
16	对于客人抱怨处理得当	对于客人抱怨处理得当是指客人所有的抱怨都可以得到令人满意的解决

当完成上述标准后，接着应对每一种职务的服务标准给予等级排序，并针对每种标准列出一种以上可观察到的重要指标。

一旦获得上述的服务标准及其相关性的指标后，接下来则与现在的经营管理标准予以对照考虑是否契合。如果能更清楚地强调所要求的服务标准，员工将更有效地提供所期望的服务。

因此，为了清楚划分出什么是明确可计算的指标，什么是无法计算的指标，应详细加以列出，以比较两者的差异性，如表2-6所示。

表2-6　可计算及无法计算的服务指标比较

可计算的指标	无法计算的指标
主动替客人添茶水或其他饮料	服务员先行一步提供服务
新到客人入座后6秒内，服务员即趋前打招呼，1分钟内帮客人点菜	服务员掌控服务范围得宜
带位时与客人沟通	领台对待客人和蔼可亲
每桌至少多卖1道菜	服务员示范推荐销售的技巧
服务员口头上相互间支援	服务员有良好的团队精神
当班时，必须持续与每桌客人保持招呼	服务员精力充沛
出菜后1分钟内及时上菜	服务员的脚程很迅速
每晚至少有10位客人给予肯定的意见	客人自得其乐
头发梳理整齐，指甲干净，制服整洁熨平，仪容干净	服务员穿戴整齐干净
店长亲自倾听并回答客人的询问	倾听客人的诉求

3. 进行服务评估

店长在进行服务评估前，得先理清现行提供给客人的服务是什么，衡量的标准是什么，也就是找出现行的服务准则，借此反映问题的症结，同时也可通过比较得出服务现行标准与理想期望值之间的差距。尤其身为店长，必须将服务的一般观念，转换成为具体的服务手法，并依其重要性加以排序。

表2-7所讨论的服务评估，是依据"走动式管理"而来，以便店长能确切投身于服务流程中，检查运营管理的运作情形。

表 2-7　服务评估范例

评估项目	具体内容	评估项目	具体内容
服务动线的整合	（1）每桌服务流程的步骤不同	友善的语调	服务员说话语气随时保持精力充沛及热情
	（2）服务员服务步调大方稳重	客人反应	（1）上菜后2分钟内询问客人意见
	（3）厨房或吧台准时递送商品		（2）请求客人于用餐完毕后给予评语
	（4）客人于特定时间内获得服务	双向沟通	（1）服务员填写菜单时，字迹清晰、整齐，使用正确的简写
投入性	（1）当客人杯中尚余1/4的饮料时，主动为客人续杯		（2）服务员说话清楚
	（2）随时可提供顾客需要的东西或设备		（3）服务员具备倾听技巧
	（3）客人无需要求任何种类的服务，服务员已自动提供	肯定的态度	（1）服务员完全地表现出愉悦及协调性
时机性	（1）客人入座后6秒内，即有服务员趋身向前打招呼		（2）服务员完全地表现出高度服务热情
	（2）客人点酒后3分钟内即可送上		（3）服务员乐于工作
	（3）主菜于沙拉用毕后3分钟内上桌		（4）服务员相互合作无间
	（4）于最后一道菜收拾完毕后，3分钟内给账单	有效的销售技巧	（1）服务员有效推荐菜色，使得客人充分了解商品特色
	（5）客人用餐完毕离席后，桌面重新摆设，于1分钟内完成		（2）推荐某样菜色时，服务员可以说出其特色其优点

评估项目	具体内容	评估项目	具体内容
适当的肢体语言	（1）全体服务员符合工作时的服装仪容标准	机智的用字	（1）遣词用字正确
	（2）全体服务员面带微笑		（2）使用正确的文法
	（3）举止行为文雅、平稳、收敛、有精神		（3）服务员之间避免使用俚语
	（4）在客人面前不抽烟、不嚼口香糖		（4）服务员之间避免摩擦
	（5）与客人交谈时，双眼注视对方	称呼顾客	（1）称呼常客的名字
	（6）手臂动作收敛		（2）以某人登记订位时，一律尊称所属的某团体
	（7）面部表情适当		（3）客人使用信用卡结账后，一律称呼客人的名字
顺应性	（1）菜色顺应客人要求而调整	解决问题	（1）客人在离开餐厅时，问题都能圆满地解决
	（2）将特殊客人的要求转达给经理		（2）经理亲自与抱怨的客人洽谈
	（3）顺应行动不便客人的要求		（3）能针对客人所提出的问题选择相应的解决方式
	（4）特殊节庆的认定及处理	关心	（1）关心每桌客人的不同需求
督导	（1）餐厅楼面随时可见一位经理于现场督导		（2）关心年长客人的需求
	（2）经理亲自处理客人的抱怨		（3）尊重客人消费额度
	（3）经理当班时征询用餐客人的意见		

4. 实施奖励措施

客人对某员工给予正面的评价，餐饮店因此给予该员工奖励，是一种正面的推动力量。这种正面的推动力量，可以不断地活跃整个服务流程。

奖励措施的要点如下：

（1）给予特殊或促销项目某一比例的现金，作为回馈奖励。

（2）给予一笔现金，奖励某项销售成绩。

（3）以销售量为基准，给予一定比例的提成。

（4）针对团体所共创的业绩，可给予团体奖励。

（5）制定利润分享制度，来鼓励团体共创业绩。

（6）针对每月、每季最佳销售人员，提供特殊的奖励。

（7）给予文化活动的招待券，额外给予休假。

（8）给予礼券及免费运动衣。

（9）公布得奖人姓名、业绩，赠予奖牌或加薪。

（10）团体旅游活动。

（11）给予特殊成就标志的别针。

（12）给予优先选择工作轮班时段的权力。

（13）主管予以口头奖励。

特别提示

如果某种服务方式被赋予负面评价时，这种服务方式自然会逐渐消失。受到正面评价的服务方式，则肯定会受到管理人员以及服务人员的重视，并且将此种服务方式视为自己所期望的服务品质的标准。

问题42：如何正确处理客人投诉？

1. 客人投诉处理的重要性

俗话说："好事不出门，坏事传千里。"据调查，一个好的印象多半只传 4 ~ 5 人，而一个坏的印象却将远扩及 9 ~ 10 人，甚至更多。尤其是开业之初，口碑传播相当重要。成功的餐饮店长应不只是埋头于厨房或外场的管理运作，更要能勇于接受来自不同领域或层面的客人提出问题的挑战。

2. 客人投诉处理原则

餐饮店长在面对客人抱怨时所必须遵守的五大原则，如图 2-18 所示。

 稳定情绪

面对突发的客人不满事件，除了必须立即以主动的态度去面对之外，最重要的是先稳定自己的情绪，将自己目前的工作暂时移交给熟悉的相关人员代为处理，不慌不忙地走向不悦的客人

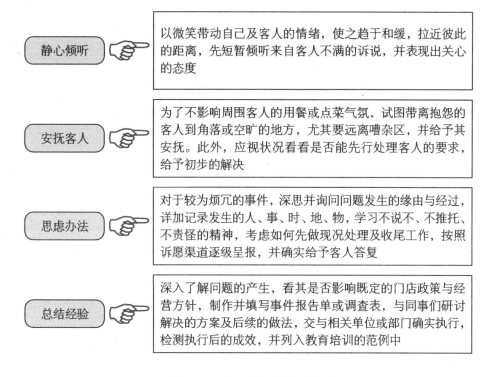

静心倾听 以微笑带动自己及客人的情绪，使之趋于和缓，拉近彼此的距离，先短暂倾听来自客人不满的诉说，并表现出关心的态度

安抚客人 为了不影响周围客人的用餐或点菜气氛，试图带离抱怨的客人到角落或空旷的地方，尤其要远离嘈杂区，并给予其安抚。此外，应视状况看看是否能先行处理客人的要求，给予初步的解决

思虑办法 对于较为烦冗的事件，深思并询问问题发生的缘由与经过，详加记录发生的人、事、时、地、物，学习不说不、不推托、不责怪的精神，考虑如何先做现况处理及收尾工作，按照诉愿渠道逐级呈报，并确实给予客人答复

总结经验 深入了解问题的产生，看其是否影响既定的门店政策与经营方针，制作并填写事件报告单或调查表，与同事们研讨解决的方案及后续的做法，交与相关单位或部门确实执行，检测执行后的成效，并列入教育培训的范例中

图 2-18　客人投诉的处理原则

3. 客人投诉分类与处理要点

（1）菜色与品质。中西餐较难以比照快餐的作业方式，达到全产品菜色的标准化，厨师的手艺不同使产品的调配、制程、分量很难达到均一程度，常常会导致投诉发生。此类状况多半发生在高峰时段客满或人手不足的情况下，这样宜在高峰时段增派人手。

（2）食物中有异物。无论异物来自何处，发生状况的同时，倘若影响客人的安全，必须妥善保存剩余产品并即刻送医。在事件未获得澄清之前，不得擅自承认过失或否认错误，应以安抚为重点，并尽快取得客人的相关资料，向上呈报。但如果为一般性异物，则改以更换为主，以示对客人用餐安全的负责。

（3）设施与安全。地面不平、楼梯易滑、厕所马桶故障、灯具故障等，店内的设备与材料或多或少会因施工及使用年限的问题，导致客人使用的不便，甚至影响老年人或幼龄儿童的安全。除设法增设相关附属设施外，一旦餐饮店内遇有故障或损坏，应尽快替换。

（4）清洁与服务。服务的准则能否贯彻执行，是相当重要的事。因此，对于应对礼仪及清洁程序，应不断加以检测，以维持店内的纪律与形象。

解决要领：

① 培训、检测、考核；

② 对客人所诟病的项目要立刻改善，并建立制度以杜绝类似情形的发生。

（5）座位与时效。这类投诉最易发生于地狭人多的市区餐饮店。小店铺开发是未来餐饮经营的趋势，但面临日益增多的客流量，只有以软性及较为科学化的办法才能较好地解决座位与时效问题，如提高座位的周转率、合理安排座位、提高餐点供应速度等。

第三个月

厨房作业与食材管理

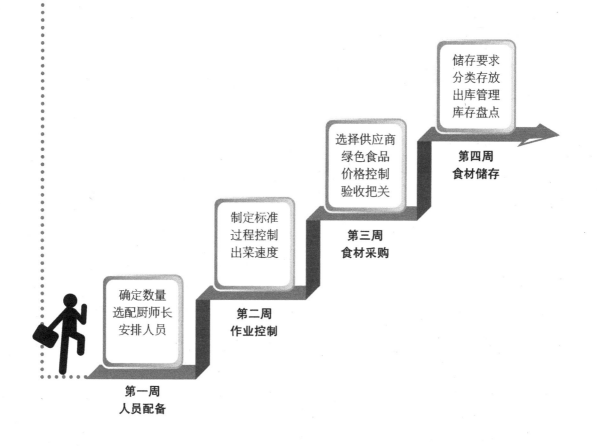

确定数量
选配厨师长
安排人员

第一周
人员配备

制定标准
过程控制
出菜速度

第二周
作业控制

选择供应商
绿色食品
价格控制
验收把关

第三周
食材采购

储存要求
分类存放
出库管理
库存盘点

第四周
食材储存

第一周　厨房人员配备

厨房岗位人员配备，应综合考虑本餐饮店的规模、等级和经营特色，以及厨房的布局状况和组织机构设置情况等因素。人员配备是否恰当、合适，不仅直接影响劳动力成本的大小、厨师队伍士气的高低，而且对厨房生产效率、出品质量以及生产管理有着不可忽视的影响。

问题43：如何确定厨房人员数量?

因餐饮店规模不同、档次不同、菜肴的规格和要求不同，厨房人员的数量也会不同。

1. 考虑因素

餐饮店在确定厨房人员数量时，应综合考虑图3-1所示的因素。

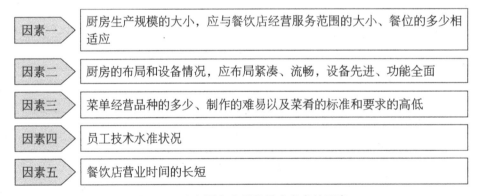

因素一	厨房生产规模的大小，应与餐饮店经营服务范围的大小、餐位的多少相适应
因素二	厨房的布局和设备情况，应布局紧凑、流畅，设备先进、功能全面
因素三	菜单经营品种的多少、制作的难易以及菜肴的标准和要求的高低
因素四	员工技术水准状况
因素五	餐饮店营业时间的长短

图3-1　确定厨房人员数量应考虑的因素

2. 确定厨房人员数量的方法

确定厨房人员数量，较多采用的是按比例确定的方法，即按照餐位数和厨房各工种员工之间的比例确定。档次较高的餐饮店，一般13～15个餐位配1名烹饪生产人员；规模小或规格更高的特色餐饮店，7～8个餐位配1名生产人员。

粤菜厨房内部员工配备比例一般为：1个炉头配备7个生产人员。如2个炉头，则配2个炉灶厨师，2个打荷（热菜助理），1个上杂，2个砧板，1个水台、大案（面点），1个洗碗工，1个择菜、煮饭，2个走楼梯（跑菜），2个顶岗。如果炉头数在6个以上，可设专职大案。

其他菜系的厨房，通常炉灶与其他岗位人员（含加工、切配、打荷等）的比例是1∶4，点心与冷菜工种人员的比例为 $1:1$。

> **特别提示**
>
> 　　确定厨房生产人员数量，还可以根据厨房规模，设置厨房各工种岗位，将厨房所有工作任务分岗位进行描述，进而确定各工种岗位完成其相应任务所需要的人手，汇总厨房用工数量。

问题44：如何选配厨师长？

厨师长是烹饪生产的主要管理者，是厨房各项方针政策的决定者。因此，厨师长选配的好坏，直接关系到厨房生产运转和管理的成败，直接影响到厨房生产质量的优劣和厨房生产效益的高低。

厨师长的选配，首先要明确对厨师长的素质要求，然后再选择合适人员，全面履行其职责。

1. 厨师长的基本素质

（1）必须具备良好的品德，严于律己，有较强的事业心，热爱本职工作。

（2）有良好的体质和心理素质，对业务精益求精，善于人际沟通，工作原则性强，并能灵活解决实际问题。

（3）有开拓创新精神，具有竞争和夺标意识，聪明好学，有创新菜肴、把握和引领潮流的勇气和能力。

2. 厨师长应具备的专业知识

（1）菜系、菜点知识。熟悉不同菜系的风味特点；熟知特色原料、调料的性能、质量要求及加工使用方法。

（2）烹饪工艺知识。熟悉现代烹饪设备性能；熟知菜肴（点心）的制作工艺、操作关键及成品的质量特点；勇于突破自我，有研制、开发受客人欢迎的菜肴新品的能力。

（3）懂得食品营养的搭配组合，掌握食物中毒的预防和食品卫生知识。

（4）懂得色彩搭配及食物造型艺术，掌握一定的实用美学知识。

（5）具有中等文化知识基础，了解不同地区客人的风俗习惯、宗教信仰、民族礼仪和饮食禁忌，具有一定的口头和书面组织、表达能力。

（6）熟知成本核算和控制方法，具有查看和分析有关财务报表的能力。

3. 厨师长的管理能力

厨师长应具备图 3-2 所示的管理能力。

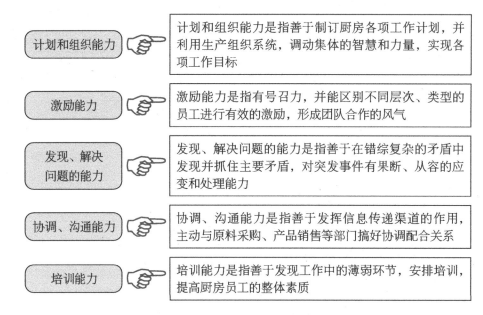

图3-2 厨师长应具备的管理能力

问题45：如何安排生产岗位人员?

厨房生产岗位对员工的任职要求是不一样的，应充分利用员工背景材料、综合素质以及岗前培训情况，将员工分配、安排在各自合适的岗位。餐饮店安排生产岗位人员时，需注意图3-3所示的两点。

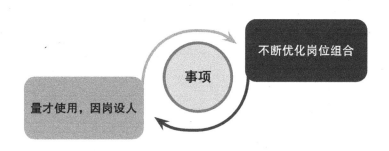

图3-3 安排生产岗位人员的注意事项

1.量才使用，因岗设人

餐饮店在对岗位人员进行选配时，首先考虑各岗位人员的素质要求，即岗位任职条件。选择上岗的员工要能胜任、履行其岗位职责，同时要在认真细致地了解员工的特长、爱好的基础上，尽可能照顾员工的意愿，让其有发挥聪明才智、施展才华的机会。要力戒因人设岗，否则，将为厨房生产和管理留下隐患。

2. 不断优化岗位组合

厨房生产人员分到岗位后，并非一成不变的。在生产过程中，可能会发现一些学非所用、用非所长的员工，或者会暴露一些班组群体搭配欠佳、团队协作精神缺乏等现象。这样不仅会影响员工工作情绪和效率，久而久之，还可能产生不良风气，妨碍管理。因此，优化厨房岗位组合是必需的，但在优化岗位组合的同时，必须兼顾各岗位，尤其要保证主要技术岗位工作的相对稳定性和连贯性。

第二周　厨房作业控制

厨房的作业流程主要包括加工、配份、烹调三个程序。"控制"就是在这三个流程中对生产质量、产品成本以及制作规范进行检查监督，以期消除一切生产性误差，保证产品质量，保证达到预期的成本标准，消除一切生产性浪费。

问题46：如何制定生产标准？

制定标准，可统一生产规格，保证产品的标准化和规格化。所制定的标准，可作为厨师生产制作的标准，可作为管理者检查控制的依据。

1. 制定原料采购标准

采购价格直接影响餐饮的成本。制定原料采购中食用价值、成熟度、卫生状况及新鲜度四项具体标准，凡原料食用价值不高、腐败变质、受过污染或本身带有病菌和有毒素的原料就不能够购进，对形状、色泽、重量、质地、气味等方面不符合标准的原料，不予采购。

2. 制定原料加工标准

良好的原料加工是保证菜肴高质量的关键，如果原料在加工中无标准或不合格，无法提高菜肴质量，就会出次品。所以，制定每种干货或鲜货原料的加工标准，明确其加工时间、净料率、方法、质量指标等，这样不但保证菜肴质量，而且有利于成本控制。

3. 制定原料配份标准

配份是菜品成本控制的核心，也是保证产品质量的主要环节。配菜时主料与配料的比例要量化，配置同一菜肴、同一价格、同一规格应始终如一，绝不能今天多，明天少，规格质量和样式风格都要保持其统一性。

店长要经常核实配料中是否执行了规格标准，是否使用了称量、计数和计量等工具，这样才能控制餐饮的成本，并能维护顾客的利益。

4. 制定菜肴烹调标准

菜品的出品质量不仅反映了厨房加工生产的合格程度，也关系到餐饮店的销售形象。每个菜肴在烹调过程中所需的火候、加热时间、各种味型的投料比例及成菜后的色、香、味、形、器都应有标准，也就是人们常讲的"标准菜谱"。每一个菜都要注明所用的原料、制法、特点，包括用什么容器盛装，成菜后的式样、温度等都要写清楚，并附上照片，便于厨师进一步掌握。只要厨师按标准去操作，无论谁烹调其菜品质量始终如一。

5. 制定装盘卫生标准

每个菜品的装盘都应根据菜品的形状、类别、色泽和数量等选择合适的器皿，如炒菜宜用平盘，汤羹类宜用汤盆，整条、整只菜品宜用长盘，特殊菜品宜用特制的火锅、汽锅、陶瓷罐及玻璃器皿等。为了使菜品更加美观，增进食欲，可适当用瓜果、叶菜进行点缀和装饰。同时，还要注意菜品的盛装卫生标准，做到盛器无污垢、缺口、破损。

成品的装盘可以从操作规范、制作数量、出菜速度、成菜温度、剩余食品等方面加以监控。抓好工序检查、成品检查和全员检查等环节，使出品质量的控制真正落到实处。同时，注重质量的反馈和顾客的评价，以便及时改进工作。

问题47：如何加强制作过程控制？

厨房的生产制作包括加工、配份和烹调这三个过程，店长应加强对这三个过程的控制，以便更好地管理厨房。

1. 加工过程的控制

加工过程包括了原料粗加工和细加工，粗加工是指原料的初步整理和洗涤，而细加工是指对原料的切制成形。在这个过程中应对原料净出率、加工质量和加工数量加以严格控制。

（1）原料净出率。原料净出率即原料的利用率。加工过程应规定各种净出率指标。

（2）加工质量。加工质量直接关系菜品的色、香、味、形，因此要严格控制原料的成形规格以及原料的卫生安全标准，凡不符合要求的加工产品不能进入下道工序，可重新处理或另作别用。加工任务的分工要细，一方面利于分清责任；另一方面可以提高厨师的专项技术的熟练程度，有效地保证加工质量。

> **特别提示**
>
> 在加工过程中，应尽量使用机械切割，以保证成形规格的标准化。

（3）加工数量。加工数量应以销售预测为依据，以满足需要为前提，留有适量的储存周转量，避免加工过量而造成浪费，并根据剩余量不断调整每次的加工量。

2. 配份过程的控制

配份是指配菜师根据菜肴的质量和成本的要求，把各种加工成形的原料加以适当的配合，使其可以烹饪出一份完整的菜肴，或者配合成可以直接食用的菜肴的过程。配份过程的控制是食品成本控制的核心，也是保证成品质量的重要环节。配份过程的控制措施如图 3-4 所示。

措施一	在配份中应使用称量、计数和计量等控制工具执行规格标准。通常的做法是每配两份到三份称量一次，如果配制的分量合格则可接着配，如果发觉配量不准，那么后续每份都要称量，直至确保合格了为止
措施二	凭单配发，配菜厨师只有接到客人的订单，或者规定的有关正式通知单才可配制，保证配制的每份菜品都有凭据
措施三	要杜绝配制中的失误，如重复、遗漏、错配等

图 3-4 配份过程的控制措施

3. 烹调过程的控制

烹调过程是影响菜品色泽、质地、口味、形态的关键因素，因此应从烹调厨师的操作规范、制作数量、出菜速度、剩余食品等几个方面加强监控，如图 3-5 所示。

操作规范	必须监督炉灶厨师严格按操作规范工作，任何违规做法和影响菜品质量的做法都应立即加以制止
制作数量	应严格控制每次烹调的生产量，这是保证菜品质量的基本条件，少量多次地烹制应成为烹调控制的根本准则
出菜速度	开餐时要对出菜的速度、菜品的温度、装量规格保持经常性的监督，禁止一切不合格的菜品出品

图 3-5

 剩余食品 ☞ 剩余食品在经营中被看作是一种浪费，如果被搭配到其他菜品中，或制成另一种菜品，质量必然降低，也无法把成本损失弥补回来。所以过量生产造成的剩余现象应当彻底消除

图 3-5　烹调过程的控制措施

问题48：如何提高出菜速度？

现在餐饮是微利时代，大型餐饮业都以提高客流量作为获取更多利润的手段，提高出品速度，缩短客人就餐时间，增加翻台率是菜品质量管理中要面临的问题。图 3-6 所示的五个措施都有助于提高出菜速度。

图 3-6　提高上菜速度的措施

1. 做足餐前准备

餐前准备要充足，必须在规定的时间内完成，这项工作尤为重要。每个岗位要根据菜品平常的销售情况做一个统计，然后做餐前粗加工、切配、半成品底货烹制的准备工作。拿到菜单后，配份这个环节就省事多了，只需抓配即可，不需要现择现洗切，配份上省了时间，出菜时间就自然缩短。

例如，蔬菜择洗过后，按份分装起来冷藏保鲜；原料若需要改刀工或上浆就根据相应的客流量以及菜品的销量而备料；冰鲜的原料，像鱿鱼须、虾仁等，清洗干净之后要按照每份的用量分装起来，然后冷藏；再如梅菜扣肉、腊味合蒸、珍珠丸子等菜，可以提前加工成半成品，只需稍微加热即可出菜。

除此之外，各种原材料在处于半成品状态时，调料的使用也不可忽视。如我们在做

梅菜扣肉、腊味合蒸时，提前将浓缩鸡汁煨制足够的时间，这也是提高出菜速度的重要一步。

2. 给每道菜制定时间

在菜谱上注明每道菜的出菜时间，就是从客人点菜到将点菜单传递给后厨，再到厨房加工制作出菜这一段所需要的时间。其目的是让客人了解每道菜从加工到出品的大体时间，客人可自己对出菜时间作一些把握，避免客人因为点了几个很复杂、很费事的菜品却迟迟上不了菜时不停催菜的尴尬局面。

例如，有客人点了几个很复杂的菜品，那就需要准备一个小夹子，上面标有台位的编号，可分为绿色、黄色和红色 3 种颜色，绿色代表正常出菜速度，黄色代表快速出菜，红色则代表需要加速出菜，打荷的则会根据颜色安排出菜顺序。尤其在加菜时就需夹上醒目的红色，以加速出菜。

3. 确保人员编制到位

厨房中人员编制是否恰当合理是影响出菜快慢的一个重要因素。各岗位设置一位头脑灵活、业务精通的主管，在接下点菜单后能有条不紊地指挥工作，使后厨人员各司其职。配菜人员将小夹子随配好的菜一同交给荷台，荷台再根据点菜单及小夹子的颜色合理分配灶台。菜做好后小夹子夹在盘子边上，将菜端到传菜间，传菜间一看夹子就知道是哪一桌子的菜品，即使在很忙的情况下也不会因为同菜不同桌而出现错菜或漏菜的情况。

4. 前厅服务员引导点菜

虽然菜谱上注明每道菜的出菜时间，有时客人还是会点一些很复杂的菜品，并因着急而频繁催菜，这种情况会给客人留下不良印象。这时就需要服务员引导客人点菜，将容易出的菜与慢菜尽量搭配得平衡一些，使等待时间趋于合理。有时备好的原料未能及时卖掉，也需要后厨与前厅及时沟通，让前厅服务员重点推销，而且因为是提前预制的菜，只要推销出去，出菜速度自然很快。

5. 制定菜品的标准卡

每一个菜品标准卡上都有规定的制作时间，此时间是从落单到刷单的时间差。因此每条生产线必须按规定的时间完成操作，否则会受到制度的处罚。

每一个标准卡都附上这道菜品的照片和相关文字，张贴在厨房的墙面上，让各岗位的厨师都可以学习，并默记下来。这样工作起来会减少差错，因为出现差错任何人都可以对照标准卡进行互相指正，从而保障菜品出品的稳定性。

第三周　食材采购管理

餐饮店在保证服务质量的前提下，加强采购管理，有利于降低餐饮原料成本，是提高产品质量、获得丰厚利润的重要环节。

问题49：如何选择食材供应商?

食材选择控制着餐饮店的命脉,稍不注意,就会给餐饮店带来不可预估的损失。所以,餐饮食材供应商的选择,就尤为重要了。

1.选择供应商的标准

餐饮店选择的食材供应商应符合图3-7所示的标准。

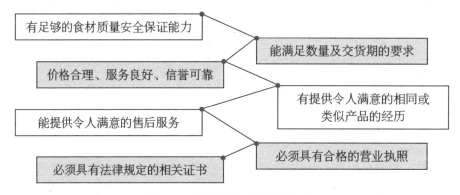

有足够的食材质量安全保证能力

能满足数量及交货期的要求

价格合理、服务良好、信誉可靠

有提供令人满意的相同或类似产品的经历

能提供令人满意的售后服务

必须具有合格的营业执照

必须具有法律规定的相关证书

图3-7　食材供应商的选择标准

2.供应商资格评估

对供应商资格的评估有书面评估、样品评估、实地考察等方式。

（1）书面评估。供应商向餐饮店提供相关的资格证书原件和复印件、产品说明书或样品及企业情况介绍资料,经餐饮店评估合格后,通过电话或网络等形式通知各部门,由各部门对供应商进行评估确认。

（2）样品评估。必要时,各部门根据需要对资格评估合格的供应商提供的产品和服务进行试用。试用阶段主要检验其货品质量是否稳定,货品是否适销对路,送货是否及时,价格是否合理,货品、服务与其他供应商相比是否较好等。

（3）实地考察。必要时，餐饮店和采购人员可根据实际情况或各部门要求，到供应商所在地进行实地考察。

3. 确认供应商

采购部通过相关部门的试用情况，配合营销部对供应商进行评价，经餐饮店确认后，将合格的供应商纳入餐饮店合格供方名录，并及时把表3-1所示的"合格供应商名录"下发到各部门，作为其选用、采购食材的依据。

表3-1 合格供应商名录

序号	供应商名称	产品类型	联系方式	登记人/日期	审批人/日期

对于在日常合作过程中表现不佳的供应商，采购人员应重新对其产品质量、产品交付的服务及支持能力等进行评估，确定为不合格的供应商应从"合格供应商名录"中除名，并重新选择供应商。

一旦确认了供应商，采购人员就可以与其签订采购合同。在与供应商签订协议或合同时，应在协议或合同中提出原料的安全性保证及运输过程的安全可靠性等相关要求，以保证原料的卫生、安全。

问题50：如何建立食材采购质量标准？

如果餐饮店要提供质量始终如一的餐饮产品，就必须使用质量始终如一的食材，因此，餐饮店要建立采购质量标准，以此作为采购食材的重要依据。

1. 大米

（1）米粒均匀饱满、完整、坚实。

（2）光洁明亮，无霉点、石粉、砂粒、虫等异物。

（3）愈精白者，维生素B愈少，故宜选用胚芽米。

2. 面粉

（1）粉质干松、细柔而无异味。

（2）根据蛋白质含量的不同分为不同的种类，其特点和适用范围具体如表3-2所示。采购人员应根据三种面粉的特点进行选购。

表3-2　面粉特点和适用范围

序号	类型	特点	适用范围
1	低筋	蛋白质含量低，颜色最白，紧握后较易成团	小西点及蛋糕
2	中筋	蛋白质介于高、低筋之间	面条
3	高筋	蛋白质含量最高，其色微黄，紧握不易成团	面包

3. 奶类

不同奶类的质量标准如表3-3所示。

表3-3　奶类的质量标准

序号	类别	质量标准
1	乳粉类	（1）乳白色、不成块状的粉末 （2）罐制或不透明袋装的产品外观必须标示清楚
2	鲜奶类	（1）味鲜美，且有乳香，色白或稍带淡黄 （2）乳水细腻而不结块 （3）注意制造日期、厂商销售期间的存放方式与储藏温度控制等情形 （4）须经卫生检验机构检验合格

4. 肉类

不同肉类的质量标准如表3-4所示。

表3-4　肉类的质量标准

序号	类别	质量标准
1	畜肉类 （牛猪肉）	（1）猪肉的瘦肉部分为粉红色，肥肉部分为白色，指压有弹性，表面无出水现象 （2）牛肉的瘦肉部分桃红色，肥肉部分呈白色，牛筋为浅黄色 （3）病畜肉上常有不良颗粒，瘦肉颜色苍白；死畜肉呈暗黑色或放血不清有瘀血现象
2	家禽类	（1）活的家禽类，头冠鲜红挺立，羽毛光洁明亮，眼睛灵活有神 （2）杀好的家禽类，以外皮完整光滑、整体肥圆丰满者为佳 （3）冻禽解冻前，母禽皮色乳黄，公禽、幼禽、瘦禽皮色微红；解冻后，切面干燥，肌肉微红

序号	类别	质量标准
3	内脏	（1）肠呈乳白色，稍软，略坚韧，没有脓点、出血点，无异味 （2）胃呈乳白色，黏膜完整结实，无异味 （3）肾呈淡黄色，有光泽，具弹性，无囊泡或畸形，气味正常 （4）心呈淡红色，脂肪呈白色，结实有弹性，无异味 （5）肺呈粉红色，有弹性，边缘无肺丝虫，无异味 （6）肝呈棕红色，包膜光滑，有弹性，质地结实
4	肉制品类	（1）火腿色泽鲜明，肉质暗红，脂肪透明白色，肉身干燥结实，有香味 （2）咸肉呈红色，脂肪色白，肉质紧密，无异味 （3）熟香肠的肠衣完整，肠衣与灌的肉紧密相贴，无黏液，肉红色，脂肪透明如玉，无腐臭和酸败味 （4）酱卤肉无异味，肉块中心已煮透，外表无污染 （5）肉松呈金黄或淡黄色絮状，纤维纯净疏松，无异味

5. 水产类

不同水产类的质量标准如表 3-5 所示。

表 3-5　水产类的质量标准

序号	类别	质量标准
1	鱼类	（1）鲜鱼。表面有光泽，有清洁透明黏液，鳞片完整，不易脱落，无异味，眼球凸出饱满，角膜透明；鳃色鲜红无黏液；腹部坚实无胀气，有弹性；肛门孔白色凹陷；肉质坚实，有弹性，骨肉不分离 （2）冻鱼。鱼化冻后质地坚硬，色泽鲜亮，表面清洁无污染。鱼肉剖面新鲜不腐败，与鲜鱼肉相似
2	虾类	（1）虾身硬挺、光滑、明亮而饱满 （2）虾身完整，头壳不易脱落 （3）具有自然的虾腥味而无腐臭味
3	蟹类	（1）蟹身丰满肥圆 （2）蟹眼明亮、肢腿坚挺、胸背甲壳结实而坚硬 （3）腹白而背壳内有蟹黄
4	蛤蚌螺类	（1）外壳滑亮洁净，无腐臭味 （2）外壳互敲时，声音清脆

6. 蛋类

蛋类的质量标准如表 3-6 所示。

表 3-6　蛋类的质量标准

序号	类别	质量标准
1	鲜蛋类	（1）鲜蛋外壳清洁无破损 （2）用灯光照射，其内应透明、无混浊或黑色 （3）蛋气量要小，用手摇无动荡之感 （4）放入盐水中能够下沉 （5）蛋打开后，蛋黄丰圆隆挺，蛋白透明、包围于蛋黄四周而不流散 （6）煮熟鲜蛋黄呈粉状或极易松散块状，黄色均匀，无异味和杂质；蛋白呈晶片状或碎屑状，浅黄色，无异味和杂质
2	咸蛋	咸蛋的蛋壳完整，无霉斑，摇之有轻度水荡漾感，照光蛋白透明，红亮清晰，蛋黄缩小，靠近蛋壳，打开后蛋白稀薄透明无色，蛋黄浓缩呈红色，煮熟后蛋黄有油脂并有沙感，具有香味
3	皮蛋类	皮蛋外层包料完整，无霉味，摇晃无动荡声，照光呈玳瑁色，凝固不动，打开时，蛋白凝固、清洁，有弹性；纵剖面蛋黄呈淡褐色、淡黄色

7. 调味品

不同调味品的质量标准如图 3-7 所示。

表 3-7　调味品的质量标准

序号	类别	质量标准
1	食用油类	（1）固体猪油以白色、无杂质且具有浓厚香味者为上品 （2）液体油则以清澈、无杂质及异味者为佳
2	酱油类	有品牌、经卫生检验有明显标示，具有豆香味，无杂质及发霉
3	食盐	色泽光洁、无杂质、干松
4	味精	色泽光洁、无杂质、干松
5	食醋	种类繁多，有清纯如水者，也有略带微黄者，光洁、清澈、无杂质
6	酒类	调理用酒大多以黄酒、高粱酒、米酒居多，宜选用清澈、无杂质者
7	糖类	干松而无杂质

8. 蔬菜类

蔬菜类的质量标准如表 3-8 所示。

表 3-8　蔬菜类的质量标准

序号	类别	质量标准
1	胡萝卜	头尾粗细均匀，色红而坚脆，外皮完整光洁，并具充足水分
2	白萝卜	头尾粗细均匀，色白而表皮完整细嫩，用手弹打具结实感

序号	类别	质量标准
3	马铃薯	表皮洁净完整，色微黄，水分充足，无芽眼
4	小黄瓜	头尾粗细均匀，表皮瓜刺挺直、坚实、碧绿而带有绒毛，瓜肉肥厚
5	大黄瓜	头尾粗细均匀，表皮光洁平滑，瓜肉肥厚、坚脆、水分充足
6	青椒	外观平整均匀，表皮滑亮，色绿而坚挺
7	茄子	以表皮光滑呈深紫色，茄身粗细均匀、坚挺，蒂小者为佳
8	笋	笋身粗短，笋肉肥大，肉质细嫩
9	洋菇	蒂与基部紧锁而未全开放，呈自然白色；若过分洁白，则可能添加荧光剂
10	洋葱	以表皮有土黄色薄膜，质地结实者为佳
11	芋头	以表皮完整丰厚肥嫩，头部以小刀切开呈白色粉质物为佳
12	香菇	选茎小而肥厚者，菇背有白线纹为上品菇，越白越新鲜
13	菠菜	叶片呈深绿色、肥厚滑嫩，茎部粗大硬挺，基部肥满而呈红色
14	丝瓜	以表皮瓜刺挺立而带绒毛，瓜身粗细均匀、硬挺且重者为佳
15	包心菜	外层翠绿，里层纯白，叶片明亮滑嫩且硬挺，包里较宽松
16	茼蒿	叶片肥厚、嫩滑、硬挺、完整且无虫害
17	葱	以茎部粗肥而长者为佳
18	番茄	以表皮均匀完整，皮薄，具光泽，翠绿中带红色者为佳

9. 水果类

水果类的质量标准如表3-9所示。

表3-9　水果类的质量标准

序号	类别	质量标准
1	苹果	表皮完整、无虫害及斑点，具自然颜色、光泽及香味，重且清脆
2	橘子	皮细而薄，以重且具有橘味者为佳
3	柠檬	皮细而薄，以重且多汁者为佳
4	香蕉	以肥满熟透，具香味者为佳
5	凤梨	表皮凤眼越大越好，以手弹之有结实感，重量要沉，具芳香味，表皮无汁液流出
6	西瓜	表皮翠绿、纹路均匀、皮薄、重量沉、多汁，以手敲之有清脆声者为佳
7	木瓜	表皮均匀无斑点，以肉质肥厚者为佳
8	香瓜	皮薄且具光泽，底部平整宽广，轻压时稍软，摇动时无声响，并具香味

序号	类别	质量标准
9	番石榴	表皮有光泽，果肉肥厚，以颜色浅者为上品
10	葡萄	以果蒂新鲜硬挺、色浓而多汁者为佳
11	梨子	以皮细、重量沉、光滑、多汁者为佳
12	桃子	表皮完整而有绒毛者较新鲜，果肉则要肥厚而颜色浅
13	李子	以表皮有光泽，大而多汁者为佳，红李则色泽越深越好
14	阳桃	每瓣果肉肥厚、滑柔、光亮、色浅
15	柚子	以皮细而薄，重且头部宽广者为佳
16	枇杷	以表皮呈金黄、有绒毛者为佳
17	柳橙	以皮薄、滑亮、细嫩、色淡者为佳
18	龙眼	以颗粒大、核小、皮薄、肉甜、肥厚者为佳

10. 罐头类

（1）包装完整，瓶盖平整不向外凸出。

（2）标明容量、品牌、厂址及生产日期等。

（3）优质罐头外壳光洁，无锈斑、无损伤裂缝以及漏气膨胀现象，接合处焊锡完整均匀。

（4）罐内真空度必须符合标准，用金属棒轻击罐盖，响声清脆坚实。

（5）打开后，罐身内壁不应有腐蚀、变黑或涂料层剥离现象。

（6）水果罐头的果肉不得煮得过熟，要块形完整，果肉不得过硬，色泽天然，不准人工着色；汤汁透明清澈，不含杂质，无异味。

（7）果酱罐头应与天然果实色泽相符，果酱黏度高，倾罐时不易倒出，静置时不分离出糖汁，不允许人工着色，可适当加酒石酸或柠檬酸，无异味或香精味。

（8）保存罐头的场所应通风、阴凉、干燥，一般相对湿度应在70%~75%，温度在20℃以下，以1~4℃为最好。

问题51：如何选购绿色食品？

绿色食品，是指产自优良生态环境、按照绿色食品标准生产、实行全程质量控制并获得绿色食品标志使用权的安全、优质食用农产品及相关产品。

在选购绿色食品时要做到图3-8所示的"五看"。

图 3-8　选购绿色食品的"五看"标准

1. 看级标

我国绿色食品发展中心将绿色食品定为 A 级和 AA 级两个标准。A 级允许限量使用限定的化学合成物质，而 AA 级则禁止使用。A 级和 AA 级同属绿色食品，除这两个级别的标识外，其他均为冒牌货。

2. 看标志

产品包装物上印有绿色食品标志图形和"经中国绿色食品发展中心许可使用绿色食品标志"字样。

3. 看颜色

看标志上标准字体的颜色，A 级绿色食品的标志与标准字体为白色，底色为绿色，防伪标签底色也是绿色，标志编号以单数结尾；AA 级使用的绿色标志与标准字体为绿色，底色为白色，防伪标签底色为蓝色，标志编号的结尾是双数。

4. 看防伪

部分绿色食品有防伪标志，在荧光下能显现该产品的标准文号和绿色食品发展中心负责人的签名。若没有该标志便可能为假冒伪劣产品。

5. 看标签

除上述标准外，绿色食品的标签符合国家食品标签通用标准，印有如食品名称、厂名、批号、生产日期、保质期等。检验绿色食品标志是否有效，除了看标志自身是否在有效期，还可以进入相关网站查询标志的真伪。

问题52：如何控制采购价格？

餐饮店在对采购工作的管理中，要注重对采购价格的有效控制，因为这与餐饮店的收支息息相关。采购价格太低，容易买到次品；采购价格太高，容易给酒店带来损失。餐饮店长应掌握一定的价格控制方法，以获得最合适的价格。

常用价格控制方法如图 3-9 所示。

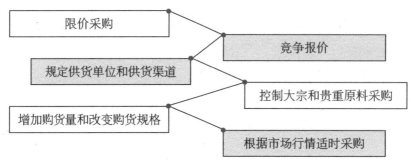

图 3-9　常用价格控制方法

1. 限价采购

限价采购就是对所需购买的原料规定或限定进货价格,一般适用于鲜活原料。当然,所限定的价格不能单凭想象,要委派专人进行市场调查,获得市场的物价行情进行综合分析提出中间价。

2. 竞争报价

竞争报价是由采购部向多家供货商索取供货价格表,或者是将所需常用原料写明规格与质量要求请供货商在报价单上填上近期或长期供货的价格,餐饮店长根据他们所提供的报价单,进行分析,确定向谁订购。

3. 规定供货单位和供货渠道

为了有效地控制采购的价格,保证原料的质量,餐饮店可指定采购人员在规定的供货商处采购,以稳定供货渠道。这种定向采购一般在价格合理和保证质量的前提下进行。在定向采购时,供需双方要预先签订合约,以保障供货价格的稳定。

4. 控制大宗和贵重原料采购

贵重原料和大宗餐饮原料其价格是影响餐饮成本的主体。因此餐饮店对此可以规定:由后厨提供使用情况的报告,采购人员提供各供货商的价格报告,具体向谁购买必须由餐饮店长及上级来决定。

5. 增加购货量和改变购货规格

根据需求情况,大批量采购可降低原料的价格,这也是餐饮店控制采购价格的一种策略。另外,当某些餐饮原料的包装规格有大有小时,购买适用的大规格,也可降低单位价格。

6. 根据市场行情适时采购

当有些餐饮原料在市场上供过于求、价格十分低廉且厨房日常用量又较大时,只要质量符合要求,餐饮店可趁机大量采购,以备价格回升时使用。当应时原料刚上市时,预计之后的价格可能会下跌，采购量应尽可能少一些，只要满足需要即可，等价格稳定时再添购。

 **相关链接**

如何防止采购人员"吃回扣"

餐饮食品原料的采购成本几乎占据食品成本的一半，食品原料质量工作对餐饮店资金周转、菜品质量起很大的作用。采购过程中，"吃回扣"现象无疑是餐饮经营中最先遇到也是最普遍的重大问题之一。因此餐饮店要有效控制采购人员"吃回扣"，可以采用以下方法。

1.选择适合的采购人员

采购人员的素质和品德应成为餐饮店选择的首要条件。采购人员的选择应注重个人品质，知识和经验与品质相比反而是次要的。餐饮店要选择为人耿直，不受小恩小惠诱惑，受过良好教育的人。

许多供应商会想尽办法与采购人员拉关系，回扣或红包依然少不了。这就要求采购人员"凭良心"办事，面对金钱的诱惑必须保持一颗平常心，见钱眼开者误人误己，绝不能担任采购之职。

2.选择供应商

选择供应商时就对采购工作进行较好的控制。比如大宗肉、海鲜、调料的长期供应商，餐饮店最好是提请有关部门审核。采购人员并不是最后决策者和签订合同的人员，其他业务可以由采购人员来完成。不要长期选择一家供应商，以便于物料更好地流动，并且在一定程度上可以避免采购人员与供应商建立"密切关系"。

3.市场调查

对市场进行定期、不定期的调查，有助于餐饮店掌握市场行情，了解货物的价格与质量、数量的关系，与自己采购来的物品相关资料进行对比，以便及时发现问题、解决问题。市场调查人员可以是专职的，也可以由财务人员、行政人员，甚至经理兼任，也可以采用轮值进行调查。

4.库房、采购、厨房三者验收

餐饮店可以让库房、采购、厨房三者一起验收，类似于"三权分立"，这对餐饮店的管理非常有效，尤其在防止以次充好、偷工减料方面效果显著。一定要牢记，库房与厨房绝不可以受采购的左右。

5.做好财务监督

供应商、采购人员报价后，财务部应进行询价、核价等工作，实行定价监控。

餐饮店可实行"双出纳"制度，两个出纳一个负责钱财的支出，一个负责钱财的收入，可以对钱财的出入更好地控制，由财务部每周派人进行市场调查，对采购进行调查。

问题53：如何把好验收质量关？

采购食品验收时应注意以下事项。

1. 运输车辆

查看车厢是否清洁，是否存在可能导致交叉污染的情形，车厢温度是否符合食品储存温度要求等。

2. 相关证明

相关验收员应在验收时要求供应商提供卫生、质量等方面的相关证明，并做到货证相符。

3. 温度

（1）产品标注保存温度条件的，应按规定条件保存。

（2）散装食品或没有标注保存温度条件的，具有潜在危害的食品应在冷冻（-18℃以下）或冷藏（5℃以下）条件下保存，热的熟食品应在60℃以上条件下保存。

（3）测量包装食品时应将温度计放在两个食品包装之间，测量散装食品时应把温度计插入食品的中心部分。

（4）温度计使用前应进行清洁，测量直接入口食品的应进行消毒。

4. 标签

标签主要包括品名、厂名、生产日期、保质期限、到期日期、保存条件、食用或者使用方法、"QS"标志等。

5. 感官

食品质量的感官鉴别主要有看、闻、摸等几种方式。

（1）看包装是否完整、有无破损，食品的颜色、外观、形态是否正常。

（2）闻食品的气味是否正常，有无异味。

（3）摸食品的硬度和弹性是否正常。

6. 其他

冷冻、冷藏食品应尽量减少在常温下的存放时间，已验收的食品要及时冷冻、冷藏，不符合要求的食品应当场拒收，并做好验收记录。

问题54：食品验收的标准是什么？

1. 食品验收标准

验收员在验收食品时，应确保商品外包装完好无损，商标图案等清晰明了，保质期不超过1/3。如存在以下情况，均属于不符合标准。

（1）罐头食品：凹凸罐、外壳生锈、有刮痕、有油渍等。

（2）腌制食品：包装破损、有液汁流出、有腐臭味道、液汁浑浊或液汁太少、真空包装已漏气。

（3）调味品：罐盖不密封、有杂物掺入、包装破损潮湿、有油渍。

（4）食用油：漏油、包装生锈、油脂浑浊不清、有沉淀物或泡沫。

（5）饮料类：包装不完整、有凝聚物或其他沉淀物、有杂物、凹凸罐。

（6）糖果饼干：包装破损或不完整、内含物破碎或受潮、有发霉现象。

（7）冲调饮品：包装不完整、有破损、凹凸罐、内含物因受潮成块状、真空包装漏气。

（8）米及面食：内含物混有杂物、受潮、结块、生虫或经虫蛀、发霉。

2. 生鲜商品验收标准

对生鲜商品的验收以感官法为主，主要有视觉检验法、味觉检验法、嗅觉检验法、触觉检验法，如图3-10所示。

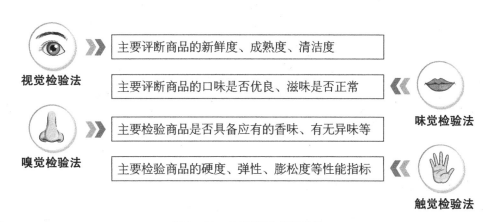

图3-10　生鲜商品感官验收

（1）冷冻冷藏品。

① 注意保质期：收货时要检查商品的保质期限，如果超过保质期的1/3，就要拒收并退回。

② 注意质量：收货时要检查商品是否变质，如冷冻品是否有融化变软现象，包子、水饺、汤圆类是否有龟裂现象，乳品、果汁是否有膨胀、发酵现象。

③ 注意包装：在收货时要检查商品的外包装箱是否有腐化、破损，并且检查商品包装是否有污点、膨胀、破损，如是真空类包装不能有脱空现象。

（2）果蔬。对于果蔬类原料，验收员必须索取检验报告单。所有果蔬类原料验收时必须倒袋换筐，所有有颜色的胶袋必须去除，采用菜篮盛装。

果蔬类原料总体要求为无腐烂、规格均匀、无冻伤、无失水、无严重机械伤、无病虫害、无过多黄叶、利用率高、气味和滋味正常、无泥沙、无外来杂物。

① 根茎类：茎部不老化，个体均匀，未发芽、变色。

② 叶菜类：色泽鲜亮，切口不变色，叶片挺而不干枯、不发黄，质地脆嫩、坚挺，球形叶菜结实、无老帮。

③ 花果类：允许果形有轻微缺点，但不得变形、过熟。

④ 菇菌类：外形饱满，不发霉、变黑。

⑤ 水果类：水果类要求果实结实、有弹性，汁多、肉甜、味足，手掂重量合理，未失水干缩，柄叶新鲜，果形完整、个体均匀，带本色香味，表皮颜色自然有光泽，无疤痕、变色或受挤压变形、压伤，无虫眼或虫啃咬过的痕迹，无过熟、腐烂迹象。

3. 肉质检验验收标准

（1）猪肉验收标准。

① 肌肉红色有光泽，脂肪洁白；外表微干或微湿润，不粘手；弹性良好，压后凹陷能立即恢复；具有鲜猪肉的正常气味；无泥污、血污，肉边整齐，无碎肉、碎骨；按标准部位分割，精肉无多余脂肪。

② 猪肉上有"检验检疫合格"公章印。

③ 猪肉上有检验检疫刀口。

（2）运输工具要求。

① 运输肉类制品的送货车应为冷藏车，温度维持在2℃左右。

② 做好运输车辆或容器、储藏冷库、加工间、加工设备、人员及工具的卫生管理及消毒工作。

③ 肉类陈列工具要卫生干净。

（3）肉类验收原则。

① 先行验收原则。肉类验收要在所有商品验收之前。

② 快速入库原则。验收一批入库一批，不允许出现等待一起入库的现象。

③ 所有肉类商品的验收、入库时间不得超过 20 分钟。

④ 在收货后应迅速进入冷库，尽量减少暴露在常温下的时间。

▼

第四周　食材储存管理

餐饮食材的储存管理是管好餐饮企业的一个重要环节。许多餐饮企业由于对食材的储存管理混乱，引起食品变质腐烂，或丢失以及被挪用，致使企业的餐饮成本和经营费用提高，而客人却得不到高质量的饮食。

问题55：食材储存的要求是什么？

1. 引进智能仓库管理系统

目前，餐饮行业入库最主要的形式依旧是人工录入，由于食材的品类繁多、质量不等、价格不一，非标品和标品差异化明显，餐饮店在入库时对接烦琐，效率低下。

餐饮店可以引进智能仓库管理系统，既提高入库效率，又能减少差错。

比如，智盘库存管理系统是一套基于 web 的食堂运营支撑系统，它实现了对平台的集中管控和数据的实时管控。该系统可支持称重收货，摄像头完成拍照后，自行分析食材重量、品类和外观并录入系统，以电子数据取代纸质单据，可减少仓管人员的工作量和差错；可根据指令导出实时库存、出入库明细及采购订单汇总等报表，管理人员对储存区域逐个清点，并与报表上的数据进行核对。

2. 明确食品储藏区域要求

（1）仓库位置。仓库应尽可能设在验收处与厨房之间，以便于将食品原料从验收处运入仓库及从仓库送至厨房。如果一家餐饮店有多个厨房且位于不同楼层，则应将仓库安排在验收处附近，以便及时将已验收食品原料送到仓库，避免原料丢失。

（2）仓库面积。确定仓库面积时，应考虑到企业类别、规模、产品销量、原料市场供应情况等因素。一般仓库面积为餐饮店总面积的 10% ~ 12%。但是随着顾客对菜肴新鲜度要求的不断提高，食品原料仓库面积有越来越小的趋势。

① 菜单经常变化的企业，仓库面积最好大些。

② 远离市场且进货周转期较长的企业，其仓库面积就要大一些。

③ 企业采购员喜欢一次性大批量进货的，就必须有较大面积的原料储存场地。

> **特别提示**
>
> 　　仓库面积既不能过大，也不应过小：面积过大，不仅增加了成本支出，而且会增加能源费用和维修保养费用，还可能会引起存货过多的问题；仓库面积过小，会导致仓库食品原料堆得太满，仓管人员既不易看到、拿到，也不易保持清洁卫生。

问题56：如何分类存放不同性质的食材？

1. 食材存放原则

入库的食材要贴上标签，注明入库时间、数量等，以便于领用发放、盘存清点，做到先进先出。

（1）分类存放。要根据食材的不同性质和储存要求，将其存入不同库房。具体要求如下。

① 干货、罐头、米面、调味品等无需冷藏的食品应放入干藏库。

② 果蔬、禽蛋、奶制品等应存入冷藏库。

③ 需冷冻的海产品、家禽等应放入冷冻库。

④ 活的海鲜水产则应放入海鲜池。

（2）科学摆放。仓库食材的摆放方法主要有以下三种，具体如表3-10所示。

表3-10　仓库食材的摆放方法

序号	方法类别	具体说明
1	定位摆放	根据仓库布局，合理规划各类食材的摆放区域，实行分区定位摆放
2	编号对立	将食材按其种类、性质、体积、重量等对应地摆放在不同的固定仓位上，然后进行统一编号，标出不同物品的库号、货架号、层号、位置号，保证与账页上的编号统一对应
3	立牌立卡	对定位、编号的食材建立料牌与卡片，料牌上写明食材的名称、编号、到货日期，并涂上不同颜色加以区分，卡片上填写物品的进出数量和结存数量

2. 食材干藏管理

（1）食材应放置在货架上储存，货架应离墙壁10厘米、离地30厘米。

（2）食材要远离墙壁、自来水管道、热水管道和蒸汽管道。

（3）使用频率高的食材，应存放在靠近入口的下层货架上。

（4）重的食材应放在下层货架上，轻物放在高层货架上。

（5）库中的食材应有次序地排列、分类放置。

（6）遵循先进先出的原则。

（7）不能放在货架上的食材，则应放在方便的平台或推车上。

（8）各种打开的包装食材，应储存在贴有标签的容器里。

（9）有毒的货物，如杀虫剂、去污剂等，不要存放在食材仓库内。

3. 食材冷藏管理

（1）食材冷藏基本要求。食材冷藏基本要求如图3-11所示。

要求一	冷藏食材应经过初加工，并用保鲜纸包裹，以防止污染和干耗。存放时应用合适容器盛放，容器必须干净
要求二	热食材应待凉后冷藏，盛放的容器需经消毒，并加盖存放，以防止食材干燥和污染，避免熟食材吸收冰箱气味，加盖后要易于识别
要求三	存放期间为使食材表面冷空气自由流动，放置时食材间的距离要适当，不可堆积过高，以免冷气透入困难
要求四	包装食材储存时不要碰到水，不可存放在地上
要求五	易腐的果蔬要每天检查，发现腐烂时要及时处理，并清洁存放处
要求六	鱼虾类要与其他食材分开放置，奶品要与有强烈气味的食材分开
要求七	存、取食材时需尽量缩短开启门或盖的时间和次数，以免库温产生波动，影响储存效果
要求八	要随时关注冷藏的温度
要求九	定期进行冷藏间的清洁工作

图 3-11　食材冷藏基本要求

（2）不同食材的冷藏温度、湿度要求。不同食材的冷藏温度、湿度要求如表3-11所示。

表 3-11　不同食材的冷藏温度、湿度要求

食品原料	温度 /℃	相对湿度 /%
新鲜肉类、禽类	0 ~ 2	75 ~ 85
新鲜鱼、水产类	−1 ~ 1	75 ~ 85
蔬菜、水果类	2 ~ 7	85 ~ 95
奶制品类	3 ~ 8	75 ~ 85
一般原料（冷藏）	1 ~ 4	75 ~ 85

4. 食材冻藏管理

（1）食材冻藏管理基本要求。食材冻藏管理基本要求如图 3-12 所示。

要求一	冰冻食材到货后，应及时将其置于 −18℃以下的冷库中储藏，储藏时要连同包装箱一起放入，因为这些包装材料通常是防水汽的
要求二	所有需冻藏的新鲜食材应先速冻，然后妥善包裹后再储存，以防止干耗和表面受污染
要求三	存放时要使食材周围的空气自由流动
要求四	冷冻库的开启要有计划，所需要的食材要一次拿出，以减少冷气的流失和温度波动
要求五	需除霜时应将食材移入其他冷冻库内，以彻底清洗冷冻库，通常应选择库存最少时除霜
要求六	取用应实行先进先出的原则
要求七	时刻保持货架的整齐清洁
要求八	定期检查冷冻库的温度情况，并记入冷冻库温度检查表

图 3-12　食材冻藏管理基本要求

（2）冻藏原料库存时间。冻藏原料的库存时间如表 3-12 所示。

表 3-12　冻藏原料库存时间

原料名称	库存时间
牛肉	9个月
小牛肉	6个月
羊肉	6个月
猪肉	4个月
家禽	6个月
鱼	3个月
虾仁、鲜贝	6个月
速冻水果和蔬菜	3个月

问题57：如何管理食材出库?

1. 坚持先进先出原则

顾名思义,先进先出就是先进库的食材先使用,防止食材积压而"被"过期。先进先出原则是解决食材品质下降、超过保质期的有效方法。

2. 实行定时发放

餐饮店仓库中的食材必须实行定时发放管理,这样可以使仓管人员有更多的时间整理仓库、检查各种原料的情况,以免忙于发料而耽误了其他必要的工作。

(1)对领料时间做出规定,如上午 8：00 ~ 10：00、下午 2：00 ~ 4：00。仓库不能全天开放,否则材料发放工作就会失去控制。

(2)应规定领料部门提前一天送交"领料单",不能让领料人员立等取料。这样便于仓管人员有充分的时间准备原料,以免出差错,而且能促使厨房制订周密的用料计划。

问题58：如何盘点库存的食材?

1. 定期进行盘存

仓库盘存一般每半个月进行一次。通过盘存,仓管人员可以明确重点控制哪些品种及采用何种控制方法，如暂停进货、调拨使用、尽快出库使用等，从而减少库存资金占用，加快资金周转，节省成本开支。

如果条件允许，仓管人员应每天对库存物品进行检查（特别是冰箱和冰库内的库存物品），存量不够的物品应及时补货，滞销的物品应减少或停止供应，以避免原料变质造成的损失。

餐饮店长应根据当前的经营情况合理设置库存量的上下限，每天由仓管人员进行盘点控制，并坚持原料先进先出的原则，以保证原料的质量。

> **特别提示**
>
> 对于一些由于淡季而滞销的原料，应及时加大促销力度，避免因原料过期造成浪费。

2. 保质期管理

餐饮店的食材都有一定的保质期，因此，所有仓储的食材都必须有标签，并填写保质期时间。若发现过期食材时，应及时处理。

3. 建立严格报损制度

针对食材变质、损坏、丢失等现象，餐饮店长应制定严格的报损制度及合理的报损率，超过规定时必须说明原因，并与相关人员的奖金、考核成绩挂钩。

4. 月底盘点

月底盘点是一项细致的工作，是收集各项分析数据的基础。盘点结果的准确与否，直接影响着成本分析的准确度。

第四个月

菜品管理与成本控制

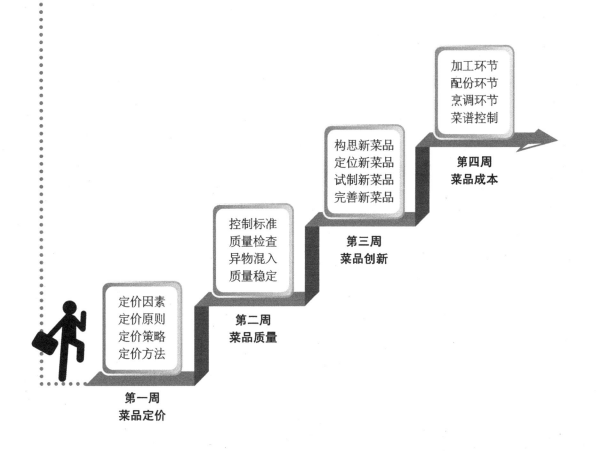

加工环节
配份环节
烹调环节
菜谱控制

第四周
菜品成本

构思新菜品
定位新菜品
试制新菜品
完善新菜品

第三周
菜品创新

控制标准
质量检查
异物混入
质量稳定

第二周
菜品质量

定价因素
定价原则
定价策略
定价方法

第一周
菜品定价

第一周　合理定价菜品

科学合理的定价有利于菜品销售，增加企业营业收入，降低企业的产品原料成本。

问题59：菜品定价应考虑哪些因素?

餐饮店长在给菜品定价时既要考虑材料成本、人员费用、场地租金等直接成本，也不能忽视相邻餐饮店的竞争和顾客心理等因素。

1. 相邻餐饮店的竞争

一家餐饮店的最大竞争者就是与其相邻的餐饮店，特别是同类型餐饮店。

比如，某经营者开的是一家川菜馆，其附近也有三四家川菜馆，那么该经营者一定要了解其他川菜馆的菜单，了解他们的热销菜品种类及其定价。经营者可以采用创新菜品或以推出某个低价菜品的方式切入市场，从而吸引更多的顾客。

2. 把握顾客心理

餐饮店要根据自己的主要顾客群来制定菜品的价格，如果餐饮店开在高档商业区，那么顾客一般不会太计较价格，而是更为看重菜品质量；如果餐饮店开在学校附近，则要以价格实惠来吸引顾客，合理利用尾数定价策略可以增强顾客的消费欲望。

对于同样一盘菜，定价18.8元与20元，其实只差了1.2元，可能18.8元的定价会增加更多销量。

为什么同样的菜品，定价会有这么大的区别呢？这就涉及菜品定价的原则、策略和方法。

问题60：菜品定价应遵循什么原则?

大家都知道，同一道菜在不同档次的餐饮店，其定价是不一样的。但不管什么档次的餐饮店都不能漫天要价，菜品定价需要遵循图4-1所示的原则。

图 4-1　菜品定价的原则

1. 价格反映菜品的价值

菜品价格的制定以其价值为主要依据。其价值包括图 4-2 所示的三部分。

1 食品原材料消耗的价值，生产设备、服务设施和家具用品等耗费的价值，即食材成本

2 以工资、奖金等形式支付给劳动者的报酬，即人工成本

3 以税金和利润的形式向企业和国家提供的积累资金

图 4-2　菜品价格包含的价值

这也就是说要根据食材的优劣、购买成本、人工成本还有环境去估算。

比如，五星级酒店使用的食材或许与大排档的价格不会相差太大，但是聘用大厨的费用肯定比大排档的高，这就增加了菜品的价值。

2. 价格必须适应市场需求

菜品价格既要能反映菜品的价值，也应反映供求关系。档次高的餐饮店，其菜品定价可适当高些，因为该餐饮店不仅满足客人对饮食的需要，还给了客人一种饮食之外的舒适感。

旺季时，菜品价格可比平、淡季略高，如海鲜，休渔期肯定比捕获期价格要高；位置好的餐饮店比位置差的餐饮店，其菜品价格也可以略高一些；知名度高的餐饮店的菜品价格自然比一般餐饮店要高等。

> **特别提示**
>
> 价格的制定必须符合市场的需求，定价过高，不仅超过了消费者的承受能力，而且"价非所值"必然会引起客人的不满，降低消费量。

3. 价格既要相对灵活，又要相对稳定

菜品定价应根据供求关系的变化而采用适当的灵活价，如优惠价、季节价、浮动价等。价格应根据市场需求的变化有升有降，从而能够调节市场需求以增加销量，提高企业的经济效益。

如果菜品价格发生过于频繁的变动，则会给消费者带来心理上的压力和不稳定感觉，甚至挫伤消费者的购买积极性。因此，菜品定价要有相对的稳定性。这并不是说在三五年内冻结价格，而是要求：

（1）菜品价格不宜变化太频繁，更不能随意调价；

（2）每次调价幅度不能过大，最好不超过10%；

（3）降低质量的低价出售以维持销量的方法是不可取的。

> **特别提示**
>
> 只要保持菜品的高质量并适销对路，其价格自然能得到客人的认可和接受。

4. 价格要服从国家政策，接受物价部门指导

餐饮店长要根据国家的物价政策制定菜品价格，在规定的范围内确定本餐饮店的毛利率。定价要贯彻按质论价、分等论价、时菜时价的原则，根据合理成本、费用、税金和利润来制定菜品价格。在制定菜品价格时，餐饮店要接受当地物价部门的定价指导。

此外，关于价格与产品政策之间的关系、价格与广告推销策略之间的关系、价格与销售渠道策略之间的关系，餐饮店长都要认真考虑。

比如，天价白开水、38元一只大虾等事件，都是违反了物价部门的定价指导，从而被消费者投诉的。

问题61：菜品定价能采取什么策略？

餐饮的市场指向性决定了餐饮店要获取利润的主要方法是提高销售额，提高销售额的关键因素之一则是要有正确的价格策略。

1. 以成本为中心的定价策略

多数餐饮店是根据成本来确定菜品价格的。这种以成本为中心的定价策略常使用两种不同的方法，如图4-3所示。

成本加成定价法	目标收益率定价法
即按成本再加上一定的比例定价，不同餐饮店会采用不同的比例。这是最简单的方法	即先定一个目标收益率，作为核定价格的标准，根据目标收益率计算出目标利润率，进而计算出目标利润额。在达到预计销售量的同时，就能实现预定的收益目标

图 4-3　以成本为中心的定价策略

根据成本制定的价格是餐饮店长设定价格的底线，如果低于这个价格，餐饮店的经济效益就会受损。

特别提示

运用以成本为中心的定价策略，只考虑成本这一单方面因素，而忽略了市场需求和客人心理，也不能全面反映餐饮店的经营效果。

2. 以需求为中心的定价策略

以需求为中心的定价策略，是根据消费者对商品价值的认识程度和需求程度来决定价格的一种策略，有如图 4-4 所示的两种不同方法。

理解价值定价法	区分需求定价法
餐饮店提供的食品饮料其质量、作用，能够以具有服务、广告推销功能等"非价格因素"使客人对该餐饮店的产品形成一种观念，从而餐饮店可以根据这种观念制定相应的、符合消费者价值观的价格	餐饮店在定价时，按照不同的客人（目标市场），不同的地点、时间，不同的消费水平、方式区别定价。这种定价策略容易取得客人的信任，但不易掌握

图 4-4　以需求为中心的定价策略

以需求为中心的定价策略是根据市场需求来制定价格。如果说以成本为中心的定价策略决定了餐饮店产品的最低价格，那么以需求为中心的定价策略决定了餐饮店产品的最高价格。

在具体实践中，根据市场情况，可采取以高质量高价格取胜的高价策略，也可采取以薄利多销来扩大市场、以增加市场占有率为目标的低价策略，以及采用灵活的优惠价格策略，给客人以一定的优惠，从而争取获得较高的销售额和宣传推广本餐饮店的产品的效果。

当然，对于餐饮店来说，不能随意使用这些策略，应通过市场调研，根据市场需求决定使用哪个策略。

3. 以竞争为中心的定价策略

这种定价策略是以竞争者的售价作为本餐饮店定价的依据，餐饮店长在制定菜单价格时，既可以比竞争对手高一些，也可以比竞争对手低一些。

这种以竞争为中心的定价策略既有按同行价格决定自己的价格，以得到合理的收益且避免风险的定价策略，又有"捞一把就走"的展销新产品定价策略，还有因自己实力雄厚而采取的"变动成本"定价策略，即只考虑价格不低于原料成本即可，以确立自己在市场上的竞争地位。

餐饮店长必须深入研究市场，充分分析竞争对手，否则很可能定出不合理的菜品价格。

特别提示

由于以竞争为中心的定价策略不以成本为出发点，也不考虑消费者的意见，这种策略往往是临时性的或在特殊场合下使用的。

问题62：菜品定价可使用什么方法？

在实际应用中，采用哪种方法为菜品定价，完全由餐饮店根据当时情况而定，也可组合使用这些方法，同时加以创新。

餐饮店常用的几种菜品定价方法如下。

1. "随行就市"法

这是一种最简单的方法，即把同行的菜品价格为己所用。使用这种方法时，餐饮店长要注意以成功的菜品定价为依据，避免借用了别人不成功的定价。

2. 系数定价法

菜品原材料成本乘以定价系数即为菜品销售价格，其公式如下：

$$菜品销售价格 = 菜品原材料成本 \times 定价系数$$

其中，定价系数是计划菜品成本率的倒数。如果餐饮店计划自己的菜品成本率是40%，那么定价系数即为 $1 \div 40\%$，即2.5。

比如，某菜品成本为15元，计划菜品成本率为40%，则售价 $= 15 \times (1 \div 40\%) = 15 \times 2.5 = 37.5$（元），餐厅据此可将此菜品销售价格定为38元。

这种方法是以成本为出发点的经验法，使用比较简单，关键是定价者要避免过分依赖自己的经验，计划时要全面、充分，并留有余地。

3. 毛利率法

毛利率法就是根据餐饮店要求的毛利率来定价。

这个毛利率来自餐饮店的目标和经营中统计的平均水平。一般餐饮店的毛利率在40% ~ 60%，菜品定价可以根据这个公式计算出来。

计算公式为：

$$菜品价格 = 成本 \div （1 - 毛利率）$$

这里的成本包括可变成本（食材、调料、水费、电费、燃料费等）和固定成本（工资、餐饮店房租、生活费、员工住宿费等）

比如，一份菜的成本是12元，取定毛利率为40%，则菜品价格 = 12 ÷ （1-40%）= 20（元），其中毛利是20-12 = 8（元），或20×40% = 8（元）。

4. 主要成本率法

主要成本率法就是把食品原材料成本和直接人工成本作为定价的依据，并从"溢损表"中查得其他成本费用和利润率，则可计算出食品销售价格：

菜品售价 =（菜品原料成本＋直接人工成本）÷[1－（非原料和直接人工成本率＋利润率）]

比如，一盘炒什锦原材料成本为9元，直接人工成本为6元，从财务"溢损表"中查得"非原材料和直接人工成本率"及"利润率"之和为40%，则该菜品售价 =（9 ＋ 6）÷（1-40%）= 25（元）。

> **特别提示**
>
> 　　主要成本率法亦是以成本为中心定价的，但它考虑到了餐饮店较高的人工成本率，如能适当降低人工成本，定价则可更趋于合理。

5. 本、量、利综合分析定价法

本、量、利综合分析定价法是根据菜品的成本、销售情况和盈利要求综合定价的。其方法是把菜单上的菜品根据销售量及其成本分类，每种菜品总能被列入下面四类中的一类：

（1）高销售量、高成本；

（2）高销售量、低成本；

（3）低销售量、高成本；

（4）低销售量、低成本。

虽然第二类菜品（高销售量、低成本）是最容易使餐饮店获益的，但在实际中，餐饮店出售的菜品，四类都有。这样，在考虑毛利的时候，把第一和第四类的菜品加适中的毛利，而把第三类菜品加较高的毛利，第二类菜品加较低的毛利，然后根据毛利率法计算菜品的价格。

这一方法综合考虑了客人的需求（表现为销售量）和餐饮店成本、利润之间的关系，并根据"成本越高，毛利越大；销售量越大，毛利越小"这一原理定价。

菜品价格还取决于市场平均价格，如果你的价格高于市场价格，就等于把客人推给了别人；反之，你的餐饮店就会吸引客人，但是若大大低于市场价格，餐饮店也会亏损。因此，在定价时，餐饮店长可以经过调查分析，综合以上因素，把菜单上的菜品进行分类，并加上适当的毛利。

 **相关链接**

菜品定价常用技巧

1. 巧用数字定价法

在为菜品定价时，管理者应该明白这样的道理：50元不如48元，100元不如98元。因为在客人心中，付出了钱还可以找零，心情便会更加愉快。价格定得巧妙，可以使客人产生"很实惠"的感觉。

又如32和30比较当然是32大，但给顾客的感觉却不是这么绝对：30元给顾客的信息是"这个菜30多元钱，不便宜"；而32元给客人的信息则是"这个菜价格适中，还不到35元"。所以有的餐饮店的菜品定价没有个位为零的整数。

另外，在人们的心中，"6"和"8"被视为大吉大利的数字，而"4"则被看作不吉利的数字。

对于同一道菜，如果其他餐饮店的定价为20元，自己则不能降价太多，否则同行也会效仿这种做法，最后导致价格的恶性竞争。如果把定价设定在18.5元或19元，消费者就会觉得价格从20多元变成了10多元钱，这对其心理影响还是比较大的。

2. 高低价格分散列

在菜谱排列中，要将高低价格分散开，不要将58元的菜品列在一起，把38元的菜品列在一起，如果顾客无法接受58元的价格，那么无论排在一块的是什么菜顾客都不会认真去看。应将特色菜列在菜单的中间，这样点菜率会高一些。

3. 亏本定价法

用亏本定价法对菜品定价，不是说把价格定得很低，而是挑选一些菜品作为特价菜，吸引顾客上门。

这种特价菜的价位，一定要足够低，让消费者一看就有购买的冲动。比如说一份烧茄子，如果特价菜卖10元，那就没什么吸引力。许多快餐店都可以卖到比这个还低的价格。这样做既降低了自己的利润，又没有吸引到客人，显得有点得不偿失了。但是如果把烧茄子卖到3元钱就不一样了，肯定有很多人被这道菜吸引上门，只要客人再点一道其他的菜，餐饮店就有利可赚。

这种方式的关键在于拉客进门，开餐饮店人气最重要。每天不宜多推，只推一款就够了，每天一款，保持新鲜感。其实推出特价菜不见得会亏多少，如时蔬类，如果一次购买量大，采购价格还能便宜，成本会大大降低。所谓特价菜，意在以低价刺激顾客消费。有的餐饮店是一段时间推出一批特价菜，有的是一成不变的固定特价菜，有的是每周或每天一款特价菜，还有的根据市场变化灵活推出特价菜等。

适时推出特价菜，让利给顾客，以特价菜带动其他菜品的销售，既迎合了顾客求实惠的普遍心理，又能提高营业额，是很好的促销手段。

4.特色菜定价法

首先餐饮店一定要有特色菜，这种菜味道独特，成本并不高。餐饮店可以将特色菜的价格定高些，从而获得相对较高的利润，用以弥补有些菜品毛利率的不足，从而保证整体菜品的毛利率，但特色菜的价格也不能太高，要让顾客能够接受。运用这种定价方法的技巧是使用低成本的原材料做出高档次的菜品，或使低档与高档原料相结合，顾客会觉得菜品档次高、价格还不算太贵。

特色菜的占比也要适当。高定价的特色菜不能没有，但也不能全都是特色菜。如果餐饮店全都是特色菜，就意味着没有特色。高利润菜品占比维持在20%比较合适，中等利润的菜品比例可以相对大一些，占整体比例的70%比较合适，低利润菜品只是为了吸引顾客，一般占整体的10%就可以了。

5.价值定价法

用产品、服务、环境的综合价值为菜品定价，对企业持续发展有利。例如，你找到了一种食材，因为用的人比较少，所以它的成本可能并不高，但是它的口感、味道，也就是它的价值是相当于高档食材的，那么你在定价的时候就要用价值定价法。因为顾客是有心理预期的，如果你的东西很好，定价却定便宜了，顾客就会对你的产品产生怀疑，甚至根本不会选择，因为他要吃的就是高价值的东西。

6.高开低走定价法

如果一开始定低价，以后就很难涨价了。建议先高定价，在推广期打折优惠，让顾客感觉占便宜，即便以后再涨价顾客也可以接受。

7. 拆零定价法

拆零定价法就是通过将菜品售卖的单位拆解后进行定价的一种策略，如把大份改为中份或小份，每份价格进行拆零计算，但其实单位价格没变。这种定价方法既会让顾客觉得便宜，又不会造成浪费，有利于提升顾客体验。这与我们能接受28元一小块的提拉米苏蛋糕，但如果换作300多元一整份，估计就不太能接受是一样的道理。

第二周　确保菜品质量

厨房的出品质量，是整个餐饮店赖以生存的基础，菜品质量不稳定是经营失败的一大原因。所以，菜品质量就是餐饮店的生命线。

问题63：如何制定菜品质量控制标准？

制定标准，可统一生产规格，保证产品的标准化和规格化，从而保证菜品的质量。

1. 标准菜谱

标准菜谱是以菜谱的形式，列出用料配方，规定制作程序，明确装盘形式和盛器规格，指明菜品的质量标准，每份菜品的可用餐人数、成本、毛利率和售价。

标准菜谱的要求如图4-5所示。

要求一	形式和叙述简单易懂，便于阅读
要求二	原料名称确切，如醋应注明是白醋、香醋还是陈醋，原料多少要准确，易于操作，按使用顺序排列，说明因季节供应的原因需用替代品的配料
要求三	叙述用词准确，使用熟悉的术语，不熟悉或不普遍的术语应作详细说明
要求四	由于烹调的温度和时间对产品质量有直接的影响，制定标准菜谱应详细标明操作时的加热温度范围和时间范围，以及制作中产品应达到的标准
要求五	列出所用餐具的大小和规格，因为它也是影响烹饪产品成败的一个因素

| 要求六 | 说明产品的质量标准和上菜方式，言简意赅 |
| 要求七 | 任何影响质量的制作过程都要明确规范流程 |

图 4-5　标准菜谱的要求

2. 标量菜单

标量菜单是一种简单易行的控制工具，它是在菜单的菜名下面，分别列出每个菜品的用料配方，用它来作厨房备料、配份和烹调的依据。在使用标量菜单进行控制时，需另外制定加工规格来控制加工过程的生产，不然原料在加工过程中仍然有可能被浪费。

3. 生产规格

生产规格是指加工、配份、烹调三个流程的产品制作标准，具体如图 4-6 所示。

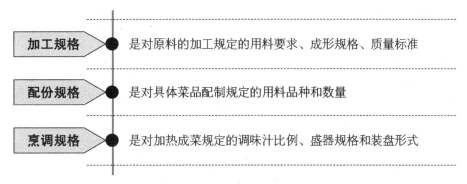

图中内容：

- **加工规格**：是对原料的加工规定的用料要求、成形规格、质量标准
- **配份规格**：是对具体菜品配制规定的用料品种和数量
- **烹调规格**：是对加热成菜规定的调味汁比例、盛器规格和装盘形式

图 4-6　菜品的生产规格

> **特别提示**
>
> 以上每一种规格就成为每个流程的工作标准，餐饮店可用文字制成表格，张贴在工作处随时对照执行，使每个参与制作的员工都明了自己的工作标准。

4. 其他形式

另外，还有各种形式的生产控制工具，如制备方法卡、制作程序卡、配份规格、分菜标准配方卡等。

问题64：如何做好质量检查与质量监督？

1. 强化"内部顾客"意识

"内部顾客"意识，即员工与员工之间是客户关系，每下一个生产岗位就是上一个生产岗位的客户，或者说是每上一个生产岗位就是下一个生产岗位的供应商。

比如，初加工厨师所加工的原料如果不符合规定的质量标准，那么切配岗位的厨师不会接受，其他岗位之间可以依此类推。

> **特别提示**
>
> 采用这种方法，可以有效控制每一个生产环节，将不合格"产品"消除，从而保证菜品的质量。

2. 建立质量经济责任制

将菜品质量的好坏、优劣与厨师报酬的高低直接联系在一起，以加强厨师菜品加工过程中的责任心。

比如，有的餐饮店规定，如果有被客人退回的不合格菜品，当事人不但要按照该菜品的销售价付款，还要接受等量款额的处罚，并且计入考核成绩。

问题65：如何有效控制异物的混入？

客人在进餐时，偶尔会在菜品中发现异物，一般属于严重的菜品质量问题。菜品中异物的混入往往会引起就餐的客人极大的不满，甚至会向餐饮店提出强烈的投诉，如果处理不当，就会严重影响门店的形象和声誉。

1. 常见的异物种类

常见的异物主要有以下几种：

（1）金属类异物，如清洁丝、螺丝钉、书钉等。

（2）头发、纸屑等。

（3）头发、动物毛。

（4）布条、线头、胶布、创可贴。

（5）杂草、木屑、竹刷棍等。

（6）碎玻璃碴、瓷片。

（7）骨头渣、鱼骨刺、鱼鳞。

（8）砂粒、石渣、泥土等。

（9）小型动物，如苍蝇、蚊子、蜘蛛等。

2. 控制异物的措施

菜品中混入杂物、异物，会造成菜品被有害物质污染。尽管有的异物可能不等于有害细菌，但给客人的感觉是反感的；有些异物在进餐中如果不小心的话，可能给客人造成直接肉体伤害，如碎玻璃碴、钢丝钉等。因此，餐饮店应采取图4-7所示的有效控制措施，避免菜品中混入杂物、异物。

图4-7　控制菜品中混入杂物、异物的措施

（1）提高全体人员卫生质量意识。提高全体人员卫生质量意识，是指强化菜品加工人员、传菜人员、服务人员（分餐人员）的个人卫生的管理，具体措施如图4-8所示。

措施一	厨房员工上班必须戴帽子，服务人员喷发胶等，通过这些预防措施，避免头发落入菜中
措施二	严格执行作业时的操作规程和卫生标准
措施三	原料初加工的过程，必须将杂物剔除干净，尤其是蔬菜类的拣选加工
措施四	切割好的原料放置在专用盒中，并加盖防护，避免落入异物
措施五	抹布的使用要特别注意，避免线头等混入菜料中
措施六	传菜过程中必须加盖
措施七	使用清洁丝洗涤器皿时，一定要认真仔细，避免有断下的钢丝混入菜中
措施八	后勤人员保养维护烹饪设备时要严禁将螺丝钉、电线头、玻璃碴等乱扔乱放

图4-8　提高全体人员卫生质量意识的措施

（2）加强对厨房、餐饮店废弃物的管理。加强对厨房、餐饮店内废弃物的管理，严禁员工随地乱扔、乱放、乱丢不使用的零散物品、下脚料及废弃物等，这也是防止异物混入菜品的卫生管理的重要内容之一。具体措施如图4-9所示。

措施一	所有废弃物必须使用专门设备存放，并且要加盖防护
措施二	有专人按时对垃圾桶进行清理
措施三	餐饮店内应设专门的隐藏式废弃物桶，严禁服务人员将废纸巾、牙签等乱扔，尤其要禁止将餐饮店内的废物与餐饮具混放在一起

图4-9　加强对厨房、餐饮店废弃物的管理措施

（3）加强对菜品卫生质量的监督检查。平常菜品中的异物都是对菜品的加工、传递过程缺少严格的监督与检查造成的。因此必须加强各个环节对菜品卫生质量的监督与检查，具体措施如图4-10所示。

措施一	建立专门的质检部门，并设专职的菜品卫生质量检查员
措施二	初加工、切配、打荷、烹制、划菜、传菜、上菜、分餐等环节的岗位员工，必须对原料或菜品成品认真检查，杜绝一切可能混入菜品中的杂物
措施三	每下一工序或环节对上一工序或环节的卫生质量进行监督，发现卫生问题，立即退回重新加工处理
措施四	实行卫生质量经济责任制，对菜品的异物混入事件进行严肃处理与处罚，以引起全体员工的重视

图4-10　加强对菜品卫生质量监督检查的措施

问题66：如何确保菜品质量的稳定？

厨房产品质量受多种因素影响，其变动较大。餐饮店长要想确保各类菜品质量的稳定和可靠，就要采取各种措施和有效的控制方法来保证厨房产品品质符合要求。

1.阶段控制法

（1）原料阶段控制。菜品原料阶段质量控制可从表4-1所示的三个方面来进行。

表 4-1　菜品原料阶段的质量控制措施

序号	控制点	具体措施
1	原料采购	要确保购进原料能最大限度地发挥其应有作用，使加工生产变得方便快捷。没有制定采购规格标准的一般原料，也应以保证菜品质量、按菜品的制作要求以及方便生产为前提，选购规格分量适当、质量上乘的原料，不得乱购残次品
2	原料验收	验收各类原料，要严格依据采购规格标准进行，对没有规定规格标准的采购原料或新上市的品种，对其质量把握不清楚的，要认真检查，从而保证验收质量
3	原料储存	严格区分原料性质，进行分类储藏。加强对储藏原料的食用周期检查，杜绝过期原料再加工现象。同时，应加强对储存再制原料的管理，如泡菜、泡辣椒等。如这类原料需求量大，必须派专人负责。厨房已领用的原料，也要加强检查，确保其质量可靠和卫生合格

（2）生产阶段控制。菜品生产阶段主要应控制菜品加工、配份和烹调的质量，具体如表 4-2 所示。

表 4-2　菜品生产阶段的质量控制措施

序号	控制点	具体措施
1	加工	（1）严格按计划领料，并检查各类原料的质量，确认符合要求才可加工生产 （2）对各类原料的加工和切割，一定要根据烹调的需要，制定原料加工规格标准，保证加工质量 （3）对各类浆、糊的调制建立标准，避免因人而异的盲目操作
2	配份	（1）准备一定数量的配菜小料即料头。对大量使用的菜品主、配料的控制，则要求配份人员严格按菜品配份标准，称量取用各类原料，以保证菜品风味 （2）随着菜品的翻新和菜品成本的变化，及时调整用量，修订配份标准，并督导执行
3	烹调	（1）开餐经营前，将经常使用的主要味型的调味汁，批量集中兑制，以便开餐烹调时各炉头随时取用，以减少因人而异时常出的偏差，保证菜品口味质量的一致性 （2）根据经营情况确定常用的主要味汁，并制定定量使用标准

（3）消费阶段控制。菜品消费阶段质量控制可从表 4-3 所示的两个方面进行。

表 4-3　菜品消费阶段的质量控制措施

序号	控制点	具体措施
1	备餐	备餐要为菜品配齐相应的佐料、食用和卫生器具及用品。一道菜品配一到两个味碟，一般由厨房自行按人数配制。对备餐也应建立相应规定和标准，督导服务，方便顾客

序号	控制点	具体措施
2	上菜	服务员上菜服务，要及时规范，主动报菜名。对食用方法独特的菜品，应对客人作适当介绍或提示

2. 岗位职责控制法

利用岗位分工，强化岗位职能，并施以检查督促，对厨房产品的质量也会有较好的控制效果。具体控制措施如表4-4所示。

表4-4　菜品质量岗位职责控制法

序号	控制方法	具体措施
1	所有工作均应落实	（1）厨房所有工作应明确划分，合理安排，毫无遗漏地分配至各加工生产岗位 （2）厨房各岗位应强调分工协作，每个岗位所承担的工作任务应该是本岗位能比较便利完成的，厨房岗位职责明确后，要强化各司其职、各尽其能的意识 （3）员工在各自的岗位上保质、保量、及时完成各项任务，其菜品质量控制便有了保障
2	岗位责任应有主次	（1）将一些价格昂贵、原料高档，或针对高规格、重要身份顾客的菜品的制作，以及技术难度较大的工作列入头炉、头砧等重要岗位职责内容，在充分发挥厨师技术潜能的同时，进一步明确责任 （2）对厨房菜品口味，以及对生产构成较大影响的工作，也应按规定让各工种的重要岗位完成。如配兑调味汁、调制点心馅料、涨发高档干货原料等 （3）员工要认真对待每一项工作，主动接受督导，积极配合、协助完成厨房生产的各项任务

3. 重点控制法

菜品质量重点控制法是指对重点岗位和环节、重点客情和任务、重大活动的控制，具体措施如表4-5所示。

表4-5　菜品质量重点控制法

序号	控制点	具体措施
1	重点岗位、环节控制	（1）对厨房生产运转进行全面细致的检查和考核 （2）对厨房生产和菜品质量的检查，可采取餐饮店自查的方式，使用顾客意见征求表或向就餐顾客征询意见等方法 （3）聘请有关专家、同行检查，进而通过分析，找出影响菜品质量问题的主要症结所在，并对此加以重点控制，改进工作从而提高菜品质量

续表

序号	控制点	具体措施
2	重点客情、重要任务控制	（1）从菜单制订开始就要有针对性，就要强调有针对性地在原料的选用到菜品的出品的全过程中，重点注意全过程的安全、卫生和质量控制 （2）餐饮店要加强每个岗位环节的生产督导和质量检查控制，尽可能安排技术好、心理素质好的厨师为其制作 （3）对于每一道菜品，尽可能做到设计构思新颖独特，安排专人跟踪负责，切不可与其他菜品交叉混放，以确保制作和出品万无一失 （4）在客人用餐后，还应主动征询意见，积累资料，以方便今后的工作
3	重大活动控制	（1）从菜单制订着手，充分考虑各种因素，开列一份（或若干）具有一定特色风味的菜单 （2）精心组织以及合理使用各种原料，适当调整安排厨房人手，计划使用时间和厨房设备，妥善及时地提供各类菜品 （3）厨房生产管理人员、主要技术骨干均应亲临第一线，从事主要岗位的烹饪制作，严格把好各阶段产品质量关 （4）有重大活动时，前后台配合十分重要，走菜与停菜要随时沟通，有效掌握出品节奏 （5）厨房内应由厨师长指挥负责，统一调度，确保出品次序 （6）重大活动期间，加强厨房内的安全、卫生控制检查，防止意外事故发生

▼

第三周　开发创新菜品

回归本质，餐饮的核心还是以美味的菜品吸引顾客。不断推陈出新，持续吸引顾客，才是餐饮经营的王道。如何在满足消费者不断变化的饮食及服务需求，从而提高餐饮店的竞争力和经营效益的同时进行菜品的开发和创新，是餐饮店不得不考虑的问题。

问题67：如何构思新菜品？

创新菜品的研发工作是一个从搜集各种构思开始，并将这些建议、设想转变为市场上成功的新菜品为止的前后连续的过程。构思是餐饮产品的研发与创新过程的第一步，是餐饮店根据市场需求情况和企业自身条件，充分考虑消费者的食用要求和竞争对手的动向等，有针对性地在一定范围内首次提出研发新菜品的设想。

构思实际上是寻求创意，构思的创意以及构思是否符合市场需求，对日后菜品开发能否顺利进行有重要影响。

1. 构思或创意的主要来源

构思或创意绝不能凭空臆想，而应到实践中去作深入的调查研究，与各类相关人员进行信息交流，再通过构思者或创意者艰苦的脑力加工而成。具体来说，新菜品的设想主要来自图4-11所示的几个方面。

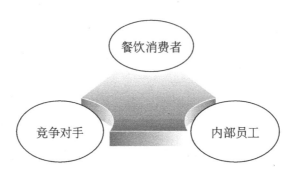

图 4-11　新菜品构思或创意的主要来源

（1）餐饮消费者。消费者是创新菜品的直接使用者，创新菜品的提供主要是为了满足消费需求。随着人们物质精神生活水平的不断提高，人们对于创新菜品的需求也在日益变化，并且更注重营养的搭配与吸收及原料的新鲜程度。

通过消费需求途径，餐饮店可以直接明了地掌握消费者对于创新菜品在各个方面提出的新的要求，可以更加清楚地把握市场中餐饮供给的空白点或薄弱环节。在此基础上提出的创意构思及推出的新菜品更容易为市场上的消费者所接受，也更容易成功。

> **特别提示**
>
> 调查显示，成功的新产品设想有 60% ～ 80% 来自用户的建议。

（2）内部员工。一方面，员工最了解餐饮店提供的产品；另一方面，一线员工直接对宾客服务，是与宾客接触最多的人员，宾客的各种意见包括正面意见和反面意见都是直接向服务人员表达出来的，因此员工是除宾客自身以外对顾客需求了解最多的人员，自然也就是菜品开发创意较好的来源之一。

（3）竞争对手。在激烈的市场竞争中，各餐饮店为了获取竞争优势，势必会不断地根据市场需求对产品组合推陈出新，这些餐饮新品是在认真的市场调研基础之上推出并能够满足消费者需求的，是经过市场考验之后才在市场中立足的。对此，餐饮店可以通过监视竞争对手的举动和菜品，对其进行调查分析，汲取经验，获取一些有关市场需求品比较受欢迎的新菜品的信息，并在此基础上提出新的构思，重新调整门店自身创新菜品种类及其组合。

> **特别提示**
>
> 　　这一途径是餐饮产品的研发与创新过程中获取创意的主要途径，特别是在餐饮店采用仿制策略、引进策略对菜品进行开发与创新时，竞争对手途径是菜品开发构思的主要来源。

2. 构思或寻求创意的主要方法

餐饮店在菜品研发创新时可以采取图 4-12 所示的方法来构思或寻求创意。

图 4-12　构思或寻求创意的主要方法

（1）排列法。将现有菜品按照其属性进行有序排列，便于快捷地找出应改进属性的类型、要求与方法，并以此为基础形成新的菜品构思或创意。

（2）组合法。先列举出若干具有不同功能、特性、用途、款型、规格等菜品，通过将其中的两种或多种菜品进行排列组合，从中产生新菜品构思或创意。

（3）多元法。构成菜品的要素有很多，该方法是把新菜品的重要因素抽象出来，然后对每一个具体特征进行分析，从中形成新菜品的构思或创意。

（4）专家法。围绕新菜品开发要求，组织由若干名有独特见解的专家、专业技术人员、发明家等聚集在一起进行相关专题讨论，在会前便向与会人员提出若干问题，给予他们充足的准备时间，对专家及有关人员提出的设想和建议进行综合归纳与分析，在此基础上形成新菜品的构思或创意。

（5）群辨法。这种方法是在广泛征集各类信息的基础上经分析整理、辨明真伪、择优转化所形成的新菜品构思或创意。其中除了征询专家、发明家和专业技术人员的意见以外，还通过调查问卷、召开座谈会等方式向消费者征求意见，询问各类专业人员看法，包括各类中间商、广告代理商、储运商等。在认真听取意见和建议的基础上对各种信息进行综合、分类与归纳，经辨析后形成的新菜品构思或创意，比较能切合市场的实际需求。

3. 构思筛选

构思筛选是新菜品研发组织从各种设想的方案中，根据新菜品开发的目标和所有实际开发能力进行挑选、择优的工作过程。经构思产生的新菜品方案是大量的。取得足够创意构思之后，必须要对这些创意加以评估，研究其可行性，淘汰掉那些不可行或可行性较低的菜品构思，并挑选出可行性较高的构思，进行可行性决策。

（1）筛选阶段的两个层次。新构思产生之后，需要综合研究以下几个问题：这种新菜品是否有适当的市场？它的潜在需求量有多大？使用的原料是否受到季节的限制？烹饪设备是否齐全？等等。

筛选阶段分两个层次，如图 4-13 所示。

要求做出迅速和正确的判断，判别新菜品构思是否符合企业的特点，权衡这款新菜品是否与单位的技术能力相适应，以剔除那些明显不合理和不可能的构思，保证资源不浪费。进行初步选择的目的是把有希望的方案和没希望的方案分开，避免在那些不成功的方案上花费人力和物力

要求进行更细致的审查，最终筛选是谨慎和关键的一步，因为被选中的方案就要用来进行新菜品的开发。因此，必须严肃对待最后的选择

图 4-13 筛选阶段的层次

（2）筛选要避免的两种偏差。筛选是新菜品设想方案实现的第一关，筛选阶段的目的不是接受或拒绝这一设想，而是在于说明这一设想是否与企业目标的表述相一致，是否具有足够的合理性，以保证有必要进行可行性分析。餐饮店进行新菜品筛选还要努力避免两种偏差，如图 4-14 所示。

不能把有开发前途的菜品设想放弃了，以致失去了成功的机会

偏差

不能把没有开发价值的菜品设想误选了，以致仓促生产，招致失败

图 4-14 筛选要避免的两种偏差

问题68：如何定位新菜品？

一道新菜品的构想通过创造性筛选后，应继续研究，使其进一步发展成菜品概念，对菜品概念进行测试，了解消费者的反应，从中创造性地选择最佳的菜品概念。

在市场调查的基础上，餐饮店才能界定出明确的菜品概念。恰当的菜品概念是菜品能否畅销、品牌能否建立的前提。就新菜品本身而言，竞争主要集中在其包含的特殊卖点上，没有独树一帜的特点，想杀出重围是很困难的。

菜品概念必须清晰体现出市场定位，既要体现出菜品在消费者心目中的认知层级，还要体现出菜品与竞品之间的差异性，具体来讲包括图4-15所示的内容。

图4-15　菜品概念包括的内容

当市场定位有效转化为具体的菜品结构时，新菜品本身就将体现出消费者的价值需求。新菜品的设计定位，直接影响到菜品的质量、功用、成本、效益等方面，进而影响到餐饮店菜品的竞争力。有关统计资料表明，产品的成功与否、质量好坏，60%～70%取决于产品设计工作的优劣。因而，菜品设计在新菜品研发的程序中占有十分重要的地位。

问题69：如何试制新菜品？

新菜品设计定位完成后就可以进行菜品试制。所谓试制，就是由厨师等技术人员根据构思采用新的原材料或烹饪方法，尝试着做在外观、口感等方面有所突破的新菜品。试制设计阶段是研发的主体阶段，是能否推出新菜品的关键时期，没有这一阶段，新菜品就不可能出现在市场中。

新菜品试制是为实现菜品供应的一种准备或实验性的工作，因而无论是烹饪原料、烹饪设施的准备，还是烹调工艺的组织、菜品的上桌服务，都要考虑实际操作的可能性。否则，新菜品试制出来了，也只能成为样品、展品，只会延误餐饮店菜品的开发。同时，新菜品试制也是对设计方案可行性的检验，一定要避免设计是一回事，而试制出来的菜品又是另一回事。不然，就会与新菜品研发的目标背道而驰，导致最终的失败。

在试制过程中，要注意实现在菜品外形、口感和营养方面的突破，给消费者以全新的菜品形象，使其有一种全新的感受。

1. 外形设计

菜品外形的研发与创新要在市场调研的基础上，在菜品的形、配比、量、色等方面下功夫，根据菜品目标市场的要求，对菜品外形有所突破，确定最合适的外观形式，功菜品造型上吸引消费者。在这一过程中，要注意图 4-16 所示的两点。

图 4-16　菜品外形设计的要点

2. 口感设计

菜品口感的研发与创新依然是通过以上所提的各种途径，使消费者对菜品在嗅觉和味觉上有一种新的独特的感受。每一种新菜品都会有异于已有菜品的风味和特色，体现在口感上的不同就是其中十分重要的一个方面，而且由于菜品的口感是吸引消费者的一个要点，因此在对新菜品进行研发时同样要特别关注口感方面的创新。

3. 营养设计

在研发新的菜品或对已有菜品进行改良时，除了菜品外形及口感之外，菜品营养质量的研发也不容忽略，即研发人员应充分运用有关质量参数指标（如营养卫生等），提高新研发菜品的质量。伴随着人们生活水平的不断提高，菜品的营养含量及其构成日益成为消费者选择菜品时考虑的关键要素，也是菜品价值实现过程中的新卖点，在这方面有所突破的餐饮店会受到一些对健康及营养较为关注的消费者的青睐。

在对菜品营养进行研发时，研发人员应注意图 4-17 所示的两个要点。

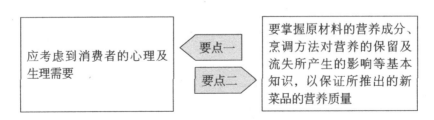

图 4-17　菜品营养设计的要点

 **相关链接**〈·········

新菜品研发七大原则

1. 老菜重做

人都有怀旧情结，那些曾备受追捧的传统老菜、乡土菜，几年不见，恐怕大家都会不自觉地怀念起曾经的味道。餐饮店不妨适时推出老菜，为顾客找回久违的味道，使老菜重新焕发魅力。

2. 素菜荤做

如今，人们健康饮食观念逐渐增强，加之追求瘦身的男女比例日益增多，因此以绿色食品为原料的素菜当之无愧地成为时下餐桌上的"流行元素"。而鉴于素菜的鲜美度和荤菜相比还是有很大距离，所以素菜荤做将会成为一种趋势。

"素菜荤做"是指以素菜为主要原料，在烹饪过程中添加一定的"荤菜元素"，最典型的做法就是用高汤为素菜加"味"提"鲜"。如小白菜老豆腐，采用素菜原料，烹制时却是将其放在肉汤里慢慢煨制而成，滋味鲜美却不油腻。

3. 粗菜细做

粗菜之"粗"，是指那些普通或者便宜的原材料。粗菜细做就是将这些普通家常原料通过选料，去粗取精，并运用适当的刀工和烹饪方法将普通的原料精品化。

比如炒芹菜，原是一道很普通的家常菜，但若在制作前将每根芹菜都做抽丝处理，口感自然完全不同。

菜品价格不同，其面向人群的消费水平也不同。高档原料烹制出的菜品价格昂贵，普通人群很少选择，"粗菜细做"不但在经济上符合了中层消费者的要求，在感官上和心理上也满足了他们尝鲜、尝新的需求。

粗菜细做的秘诀之一，是将粗菜改头换面，美化外形，使之看起来更加精致，从而加倍引起人们的食欲。二是改变传统烹饪方法，结合多种烹饪方法增加内在口味，再加上引进新工艺、新器具来美化口味和造型，从而提升菜品的档次。

4. 细菜精做

细菜加以精做，往往会成为餐桌上的一绝。比如川菜中的"极品菜"——开水白菜，就是细菜精做的典型代表。

细菜精做就是要将简单的细菜做得不简单，精中取精，一料多用。例如若要将豆芽菜做精，可以在每根豆芽里嵌入金华火腿，制成独特的豆芽菜。唯有在原料前期和后期处理中都以此思路去研究创新，才能真正将细菜做精。

5.精菜妙做

将店里较好的菜品通过巧妙的搭配组合，营造出不同的格调，最终成为餐饮店的招牌菜，这是餐饮店取得突破性市场效果的关键。

比如曾经轰动一时的"桑拿虾"，巧妙地运用烧烫了的卵石现场制作白焯基围虾，颇具观赏性，不仅给食客增添了美食之外的乐趣，还让顾客清楚地看到这是上等的活虾，而不是冻虾或死虾，成本虽低而售价却不低，在餐饮店销路相当好。

6.高档菜简单做

所谓高档菜，是指那些价格高昂的烹饪原料，如鱼翅、鲍鱼、燕窝、辽参等。话说"好菜简单做，粗菜要细做"，因此高档菜要尽量保持原形、原汁、原味，一上桌就让客人清楚这是知名的高档原料，以体现宴席的高档次。

高档菜品可以在器皿和装饰上下功夫，俗话说"红花配绿叶"，一道出色的高档菜不仅要有好的味道、色泽、盛器，还要有漂亮的盘饰相衬托。一来不需要做得太复杂，二来也不会因其他调味太多而掩盖其本色和本味。

7."四化"原则

（1）家常菜精细化，就是让喜爱吃家常菜的食客能够体验到精细料理，从家常菜中吃出档次。

（2）融合菜口味化，就是融合菜要既中看又中吃，好看也要有好味道。

（3）高档菜平民化，就是认识到有些高档菜品华而不实的缺点，将它们改良成价格不高，更容易被老百姓接受的菜品。

（4）特色菜标准化，即在保持自己研发的特色菜的特殊品味时，还要保证菜品的加工要标准化。

问题70：如何完善新菜品？

开发的菜品应从图4-18所示的几个方面来完善。

图4-18 菜品的完善

1. 菜品名称

菜品名称就如同一个人的名字、一个企业的名称一样，具有很重要的作用。菜品名称取得是否合理、贴切、名实相符，影响给人留下的第一印象。因此在为创新菜品取名时，要取一个既能反映菜品特点，又能具有某种意义的菜名，不是一件简单的事情。创新菜品命名的总体要求如图 4-19 所示。

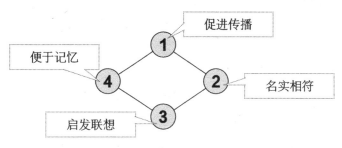

图 4-19 创新菜品命名的总体要求

2. 营养卫生

创新菜品要做到食物原料之间的搭配合理，在配置、成菜过程中符合营养原则，在加工和成菜中始终要保持清洁，包括原料处理干净，盛菜器皿、菜品卫生等。

3. 外观色泽

外观色泽是指创新菜品显示的颜色和光泽，它包括配色、汤色、原料色等。菜品色泽是否悦目、和谐，是菜品成功与否的重要指标。

菜品的色泽可以使人们产生某些奇特的感觉，这些感觉是通过视觉心理作用产生的。因此菜品的色彩与人的食欲、情绪等方面，存在着一定的内在联系。菜品色彩配置和谐得体，可以使人产生食欲；若胡乱搭配，没有规律和章法，则会使人产生厌恶之感。

热菜的色指主料、配料、调料、汤汁等通过烹调显示出来的色泽。主料、配料、调料、汤汁等相互之间的配色要色彩明快、自然、美观。

4. 嗅之香气

香气是指菜品的镀气香味，是不可忽视的一个因素。美好的香气，可产生巨大的诱惑力。

比如，有诗形容福建名菜"佛跳墙"，是"坛启荤香飘四邻，佛闻弃禅跳墙来"。

创新菜品对香气的要求不能忽视，嗅觉会影响人们的饮食心理和食欲。因此嗅之香气是辨别食物、认识食物的又一主观条件。

5. 品味感觉

菜品的滋味，包括菜品原料味、芡汁味、佐汁味等。味道是人们评价创新菜品的最重要的标准。

创新热菜的味，要求调味适当，口味纯正，主味突出，无邪味、煳味和腥膻味，不能过分口重、口轻，也不能过量使用味精以致失去原料的本质原味。

6. 成品造型

造型包括原料的刀工规格（如大小、厚薄、长短、粗细等）、菜品装盘造型等，即成品的外表形态。

中国烹调技艺精湛，花样品种繁多，在充分利用鲜活原料和特色原料的基础上，通过对包卷、捆扎、扣制、茸塑、裱绘、镶嵌、捏挤、拼摆、模塑、刀工美化等造型方法的运用，形成了一盘盘千姿百态的"厨艺杰作"。创新菜品的造型风格，的确会让人产生视觉上先入为主的印象，是值得去推敲和完善的。

对于菜品的造型，要求如图4-20所示。

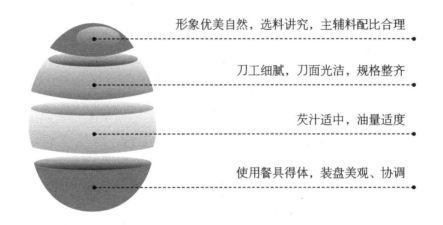

形象优美自然，选料讲究，主辅料配比合理

刀工细腻，刀面光洁，规格整齐

芡汁适中，油量适度

使用餐具得体，装盘美观、协调

图4-20 菜品造型的要求

菜品可以适当装饰，但不得搞花架子，喧宾夺主，因摆弄而影响菜品的质量。凡是装饰品，尽量使用可以吃的（如黄瓜、萝卜、香菜、生菜等），特殊装饰品要与菜品协调一致，并符合卫生要求，装饰时生、熟要分开，其汁水不能影响主菜。

7. 菜品质感

质感是指菜品的质地，是指菜品的成熟度、爽滑度、脆嫩度、酥软度等。它是菜品进入口腔后引起的口感，如软或硬、老或嫩、脆或韧等。

菜品进入口腔中产生物理的、温度的刺激所引起的口腔感觉，是创新菜品所要推敲的。尽管各地区人们对菜品的评判标准有异，但总体要求如图4-21所示。应使人们在咀嚼品尝时，产生可口舒适之感。

图 4-21 菜品质感要求

不同的菜品具有不同的质感，要求火候掌握得当，每一菜品都要符合各自应具有的质地特点。除特殊情况外，蔬菜一般要求爽口无生味，鱼、肉类要求断生，无邪味，不能由于火候掌握不当，而过火或欠火。

> **特别提示**
>
> 创造"质感之美"，需要从食品原料、加工、熟制等全过程中精心安排，合理操作，并要具备一定的制作技艺，才能达到预期的目的和要求。

8. 分量把握

菜品制成后，看一看菜品原料构成的数量，包括菜品主配料的搭配比例与数量，料头与芡汁的多寡等。原料过多，整个盘面臃肿、不清爽；原料不足，或个数较少，整个盘面干瘪，有欺骗顾客之嫌。

9. 盘饰包装

创新菜品研制以后需要适当的盘饰美化，这种包装美化，不是像一般的商品那样去精心美化和保护产品。菜品的包装盘饰，最终目的在于方便消费者，引起人们的注意，诱人食欲，从而尽快使菜品实现其价值。

所以需要对创新菜品进行必要的、简单明了的、恰如其分的装饰，其要求如图 4-22 所示。

1 要求寓意、内容优美健康，盘饰与造型协调，富有美感

2 反对过分装饰、以副压主、本末倒置

3 装饰应体现食用价值

图 4-22 菜品装饰的要求

问题71：如何命名新菜品？

菜品名称如果起得好，起得有意思，就能加深顾客对餐饮店有特色、有意思的认知，另一方面也能加深顾客对菜品的记忆，但命名应该遵循名副其实、清晰易懂的原则。毕竟顾客吃的不是菜名，而是菜本身。前期的新鲜感过了，留住顾客的就是味道。

常用的命名方法有以下几种：

（1）在主料前冠以调味方法。在主料前冠以调味方法命名是一种常见的命名方法，其特点是从菜名可反映其主料的口味、调味的方法，从而了解菜品的口味特点。

例如，"糖醋排骨""咖喱牛肉"等。

（2）在主料前冠以烹调方法。这是一种较为普遍的命名方法，菜品用这种方法命名，可使人们较容易地了解菜品的全貌和特点、菜名中既反映了构成菜品的主料，又反映了烹调方法。

例如，"扒海参"的主料是海参，烹调方法是"扒"。又如"红烧大裙翅"，主料是裙翅，使用红烧方法烹制。

（3）在主料前冠以主要调味品名称。

例如，"蚝油鸭脚"，就是在主料"鸭脚"前冠以主要调味品"蚝油"而构成菜名。

（4）在主料和主要调味品间标出烹调方法。

例如，"果汁煎鸽脯""豉汁蒸排骨"等。

（5）在主料前冠以人名、地名。

例如，"东坡肉"是在主料前冠以人名组成菜名，"北京烤鸭"则是在主料前冠以地名。

（6）在主料前冠以色、香、味、形、质地等特色。

例如，"五彩蛇丝"在主料蛇丝前冠以颜色特色"五彩"，"五香肚"反映菜品香的特色，"麻辣鸡"反映味的特色，"松子鱼"反映形的特色。

（7）以主辅料配合命名。

例如，"尖椒牛肉"的主料为牛肉，辅料为尖椒。又如"芥菜胆莲黄鸭"，鸭为主料，芥菜胆、莲子、蛋黄均为辅料。此外"洋葱鲭鱼""辣子鸡"等也都用此法命名。

（8）主辅料之间标出烹调方法。实际上许多菜品都用这种方法命名，从菜名可直接了解主辅料和所使用的烹调方法。

例如，"香辣笋炖牛腩"从菜名中可知，牛腩为主料，笋为辅料，烹调方法为炖。

（9）在主料前冠以烹制器皿的名称。

例如"瓦鸡"，主料为鸡，用瓦烹制。

（10）以形象寓意命名。

例如，"虎穴藏龙""桃花泛""雪里埋炭""凤凰串牡丹"等皆以形象寓意命名。

问题72：如何销售新菜品？

1. 新菜品的试销

新菜品试制成功以后，就需要投入市场，及时了解客人的反应。市场试销就是将开发出的新菜品投入某个餐饮店进行销售，以观察菜品的市场反应，通过餐饮店的试销得到反馈信息，供制作者参考、分析以不断完善菜品。

赞扬固然可以增强管理者与制作者的信心，批评更能帮助制作者改正缺点。对就餐顾客的评价信息需进行收集整理，好的方面可加以保留，不好的方面再加以修改，以期达到更加完美的效果。

经过试销市场反应良好的菜品，就可以正式生产和投放市场。试销中情况不大令人满意的菜品，达不到预定的市场销售目标就要及时撤退，以免造成更大的损失。当然，并不是所有新菜品都要经过试销阶段。国外有些企业为了减少新菜品的试销费用、避免试销泄露情报以战胜竞争者，采取了加速新菜品开发、越过试销阶段的策略，把力量集中于菜品的概念试销和样品试验等阶段。

2. 新菜品的正式上市

正式上市指将在试销阶段比较受顾客欢迎的菜品正式列入菜单之中，向外销售。创新菜品上市后应加强跟踪管理，观察统计新菜品的销售情况，通过不同渠道搜集信息和资料，根据销售态势及反馈的信息，分析存在的问题，不断完善新菜品。此时，餐饮店也可开始为下一批新菜品的开发而筹划。

第四周　控制菜品成本

从财务分析上看，餐饮店的日常经营消耗80%集中在菜品的原材料上，那么如何有效地降低原材料的成本和损耗，成为餐饮成本控制的关键。

问题73：粗加工环节如何控制成本？

粗加工在烹饪中也被称为初步加工，如活鸡、活鸭的宰杀，鱼的宰杀，菜的挑选、洗涤等都属于粗加工环节的工作。

1. 粗加工环节对成本的影响

粗加工过程是影响原料出材率的重要环节，有四个因素会影响原料出材率，如表4-6所示。

表4-6　影响原料出材率的四个因素

序号	因素	具体说明
1	原材料质量	以土豆为例，如果土豆个大、浑圆，用刮皮刀将外层土豆皮刮掉后，其出材率可以达到85%以上。如果原料个小或外观凹凸不平，其出材率可能就只有65%
2	粗加工厨师技术	粗加工厨师技术是很重要的影响因素。粗加工厨师的技术水准，即厨师对原料的特点、秉性的了解程度、操作熟练程度，也就是对原料的认知程度
3	加工工具优劣	刀和砧板是粗加工厨师使用的两个主要加工工具，其优劣如下： （1）砧板中间凹凸不平、周围破裂，刀不锋利等，都会给粗加工厨师造成很大麻烦，无论多么熟练的粗加工厨师，面对不尽如人意的工具，其技巧都很难得到发挥。 （2）加工刀具一定要锋利，长短、宽窄都要恰到好处，而且要根据宰杀对象的特征挑选合适的工具，使粗加工厨师使用起来得心应手
4	科学的加工方法	科学的加工方法是指预先规划好先从何处下手，到何处终结，中间需要几个步骤，做到下刀比例以及深浅程度都合适，从而实现加工完成后，不造成任何浪费。如剔一只鸡，应从鸡肋下手剔第一刀，最后一刀由腿骨收尾。加工方法对出材率的影响为25%

只有以上四种因素均达到最佳状态时，加工后的出材率才能达到最理想状态。

特别提示

根据实际经验，掌握好出材率可以将毛利点提高 5%，如果原本是月均 200 万元的总收入，可以提升 10 万元的毛利。

---

2. 保证粗加工的出材率

（1）蔬菜粗加工的出材率。粗加工厨师根据不同蔬菜种类和烹饪规定使用标准，对蔬菜进行择、削等处理，如择去干老叶子、削去皮根须、去除老帮等。对于一般蔬菜择除部分可按规定出材率进行。

（2）活禽粗加工的出材率。餐饮店应根据不同活禽类别、制作菜品的不同质量规格需求、活禽基本加工步骤来控制活禽粗加工的出材率。

（3）海产品粗加工的出材率。当天进购的海产原料，如需要解冻后再进行加工则先进行解冻；从海产冰箱中取出当天需要的原料，进行解冻；在夏季解冻原料应注意要浸在水中。

（4）干货原料粗加工的出材率。干货原料粗加工，主要指的是干货的涨发。由于干货原料品种多样，涨发方法也各不相同。掌握正确的涨发方法，可以大大提高干货出材率。粗加工厨师在对干货原料进行加工时，需要掌握其出材率。

3. 做好收台工作，减少浪费

粗加工厨师在收台时，应做好相应收台工作，以减少浪费、节约成本，收台的具体工作如表 4-7 所示。

表 4-7　收台工作

序号	工作事项	具体说明
1	整理货架	整理货架是指将用于陈列蔬菜加工品的货架，进行全面整理： （1）将货架上的所有原料、用具、盛具等取下，进行清扫清洁处理。 （2）对于剩余的无需保鲜处理原料，如南瓜、冬瓜等，应摆放在固定位置上，以便下餐使用。 （3）用于加工和盛放蔬菜的工具、盛具应摆放在货架的固定位置上，便于取用
2	余料处理	余料处理是指将剩余的加工好的蔬菜、肉类、水产品等原料，放置在专用料盒内，包上保鲜膜，放恒温箱内存放，留待下一餐再用

序号	工作事项	具体说明
3	清理台面	清理台面是指将料盒、刀、砧板等清洗干净，用干抹布擦干水，放回货架固定存放位置或储存柜内，然后将料理台的台面及其四周用抹布擦拭两遍后晾干
4	清洗水池	清洗水池是指先清除不锈钢水池内的污物杂质，用浸过餐洗净的抹布内外擦拭一遍，然后用清水冲洗干净，再用干抹布擦干

问题74：配份环节如何控制成本？

配份环节即厨房当中俗称的"配菜"，也被称为配膳。配菜就是将加工成形的各种原料加以适当配合，使其可烹制出一道完整菜品的过程。如为凉菜，即配合成可以直接食用的菜品，这个操作过程即为配份环节。

配菜是制作菜品过程中非常重要的中心环节，菜品量的大小，都取决于配菜师。主料、配料、调料成本这三个要素构成菜品成本。

例如，某餐饮店配菜师成本意识不强，在配鳝鱼丝时只用目测，每次配半盘用量。经称量每盘鳝鱼丝约为350克，经计算每道鳝鱼丝菜品的成本比售价高出8元，即餐饮店每销售出一盘鳝鱼丝要损失8元。

菜品成本与配菜具有直接联系。如鱼香肉丝的味道是以辣、甜、酸为基础的三种口味综合而成，制作工艺比较复杂，但制作出的菜品精美无比，且价格实惠。那么，鱼香肉丝的成本究竟有多高呢？这就需要配菜师来确定。

一家高级餐饮店的鱼香肉丝的标准用料是330克通脊丝，125克竹笋丝，50克香菇丝，配上明汁亮芡打红油，红油汪出菜边一个韭菜叶宽度，围着盘周一圈，价格38元/道。同样一道菜如果放在普通小餐饮店，则可能只售20元/道，其原料组成当然不同。在小餐饮店中使用的主料是125克肥瘦肉丝，一把胡萝卜丝，一把木耳，也没有明汁亮芡打红油。

所以菜品售价由成本而定，成本是根据配菜中加的原料而定，由原料成本、人工成本为基础确定其价格是最科学、最准确的。当然也需要考虑周围餐饮店的菜品价格，以便同运营挂钩。

问题75：烹调环节如何控制成本？

烹调环节是指通过加热和调制，将加工、切配好的原料熟制成菜品的加工过程。菜品的烹调,不但影响菜品质量,也与菜品成本控制密切相关。

1. 统一制汁节省成本

制作菜品时经常需要制作各种汤汁,如糖醋汁、西红柿汁、果汁等。为了节省成本,可采用统一制汁法,即每天早上由制汁厨师把汁制作好,然后统一分发给每位厨师,那么厨师就不用再制作所需的各种汁了。

2. 掌握过油技巧

餐饮店的食用油消耗量比较大,因为几乎每道菜都要使用食用油,所以厨师应注意节约食用油的使用,从而达到节约成本的目的,其技巧如表4-8所示。

表4-8　过油技巧

序号	技巧	具体说明
1	选用大豆油	选用大豆油是指餐饮店一般应选择大豆油,黄豆是素菜之宝,大豆油营养全面且价格较低
2	热油下锅	热油下锅是指厨师在下油时要注意油温,如炸茄子、炸馒头、炸豆腐等。有些厨师在炸豆腐时,油刚温就放原料,结果很多油被吸到豆腐里去了,吃豆腐时,油会从豆腐里往外冒。因此,在炸这些原料时,油温应高一些。油温可从常温一直上升到240℃,就可以放原料了
3	将调料中红油炒出来	将调料中红油炒出来是指厨师在炒制过程中,将调料中的红油炒出来,也是一门学问。如麻婆豆腐、鱼香肉丝、干烧鱼、回锅肉,这类菜品都需要有红油。炒红油的时候一定要使用小火,在几秒钟之内将调料里的红油炒出来,如麻婆豆腐,搁上汤烧,油比水轻,油在上面飘,水在下面,出锅时不用兑明油,红油就在上面飘着,可避免重新放红油的成本

3. 加强对厨师的监控

从烹调厨师的操作规范、制作数量、出菜速度、剩余食品等几个方面加强对厨师的监控,具体如表4-9所示。

表4-9　烹调过程控制

序号	类别	具体内容
1	操作规范	操作规范是指餐饮店长必须督导烹调厨师严格按操作规范工作,任何图方便的违规做法和影响菜品质量的做法都应立即加以制止
2	制作数量	制作数量是指厨师应严格控制每次烹调的生产量,这是保证菜品质量的基本条件,少量多次应成为烹调制作的原则

续表

序号	类别	具体内容
3	出菜速度	出菜速度是指在开餐时要对出菜的速度、菜品的温度、份量规格保持经常性的督导，阻止一切不合格的菜品出品
4	剩余食品	剩余食品在经营中被看作是一种浪费，即使被搭配到其他菜品中，或制成另一种菜

问题76：如何利用标准菜谱控制成本？

标准菜谱是指以菜谱形式，列出用料配方，制定制作程序，明确装盘形式和盛器规格，指明菜品的质量标准和每份菜品的可用餐人数、成本、毛利率和售价。

1. 标准菜谱的设计原则

餐饮店在设计标准菜谱时需要遵循的基本原则如图4-23所示。

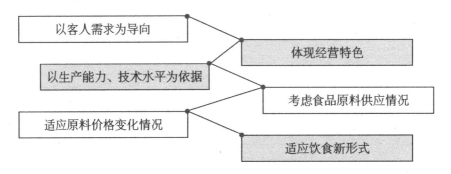

以客人需求为导向

以生产能力、技术水平为依据

适应原料价格变化情况

体现经营特色

考虑食品原料供应情况

适应饮食新形式

图4-23 标准菜谱的设计原则

（1）以客人需求为导向。餐饮店标准菜谱的内容是根据市场调查来确定的。标准菜谱的设计首先要以客人需求为导向。

餐饮店进行市场调查最简单的方法就是请客人填写调查问卷，以此来了解客人对菜品的需求。

（2）体现经营特色。餐饮店首先要根据经营方针来决定提供什么样的菜品，例如，是风味菜还是特色菜，是大众菜还是高档菜。餐饮店在设计标准菜谱时要尽可能多地选择本企业的特色菜品，并依据市场竞争情况，制定具体的质量标准，使菜品具有较强的竞争力。

（3）以生产能力、技术水平为依据。厨房生产设备的质量与齐备程度以及厨师的技术水平等都会对标准菜谱的设计产生直接影响。如果菜品的制作工艺复杂、所需工具设备独特，那么餐饮店长在设计标准菜谱之前一定要充分了解自身设备情况，不能盲目进行设计。

当然，厨师的技术水平也是标准菜谱设计的关键因素。如果设计出的菜品厨师不会烹制，或是厨师烹制出的菜品达不到质量要求，那么，标准菜谱对于生产来说就没有任何意义。

（4）考虑食品原料供应情况。食品原料的供应往往受到供求关系、运输条件、生产地区等因素的影响。

设计标准菜谱时，必须充分考虑食品原料的供应情况。假如一家餐饮店地处内陆，地理位置较偏远，交通也不是特别便利，如果设计内容包括海鲜，则会较难制作。因此，在设计标准菜谱时一定要考虑原料供应情况。

（5）适应原料价格变化情况。食品原料的价格会随供求关系的变化而变化。因此，在设计标准菜谱时要保持一定的灵活性，留有充分的变动余地，以适应市场变化，便于生产成本的控制与管理。

（6）适应饮食新形式。虽然标准菜谱不能经常变动，但是在设计时还是应当以求新求变为原则。

菜品要经常更换，从而给顾客以新鲜感。此外，餐饮店还要考虑季节因素，安排时令菜品，并考虑到客人对营养的不同需求以及客人的健康状况等。

2. 标准菜谱的设计内容

一般来说，标准菜谱的设计内容包括表4-10所示的几点。

表4-10　标准菜谱的设计内容

序号	项目	具体说明
1	基本信息	基本信息是指标准菜谱中的基本信息，主要包括菜点编号、生产方式、盛器规格、烹饪方法等。基本信息虽然不是标准菜谱的主要部分，但却是不可缺少的基本项目，而且必须在设计之初就设定好
2	标准配料及配料量	菜品的质量和价格很大程度上取决于烹调菜品所用的主料、配料和调味料等的种类与数量。标准菜谱在这方面作出了规定，为菜品实现质价相称、物有所值提供了基础
3	规范烹调程序	烹调程序全面地规定烹制某一菜品所用的炉灶、炊具、原料配份方法、投料次序、型坯处理方式、烹调方法、操作要求、烹制温度和时间、装盘造型、点缀装饰等，使烹制菜品的质量有了可靠保证
4	烹制份数和标准份额	厨房烹制的菜品多数是一份一份单独进行的，有的也是多份一起烹制的。标准菜谱对每种菜品的烹制份数都进行了规定，是以保证菜品质量为出发点的。如一般菜品为单份制作，也就是其生产方式是单件式
5	每份菜品的标准成本	对每份菜品的标准成本作出规定，就能对菜品生产进行有效的成本控制，最大限度地降低成本，提高菜品的市场竞争力。标准菜谱对配料量都有规定，由此可以计算出每份菜品的标准成本。由于食品原料市场价格不断变化，每份菜品的标准成本要及时做出调整

序号	项目	具体说明
6	成品质量要求与彩色图片	通过标准菜谱对用料、工艺等进行规范，保证成品质量，对成品的质量要求也做成了规定。因为菜品成品质量的有些项目难以量化，如口味轻重等，所以在设计时应制作一份标准菜品，拍成彩色图片，以便作为成品质量最直观的参照标准
7	食品原料质量标准	只有使用优质原料，才能加工烹制出好菜品。标准菜谱中对所有用料的质量都作出了规定，如食品原料的规格、数量、感官性状、产地、产时、品牌、包装要求、色泽、含水量等，以确保菜品质量达到最高标准

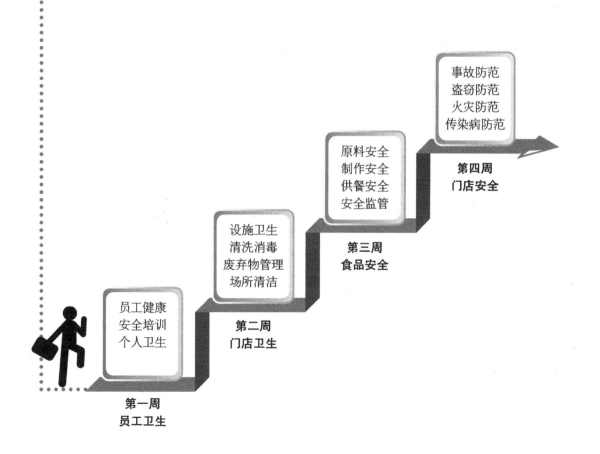

第五个月

餐饮卫生与安全管理

事故防范
盗窃防范
火灾防范
传染病防范

第四周
门店安全

原料安全
制作安全
供餐安全
安全监管

第三周
食品安全

设施卫生
清洗消毒
废弃物管理
场所清洁

第二周
门店卫生

员工健康
安全培训
个人卫生

第一周
员工卫生

第一周　员工卫生管理

餐饮业中近80%的食物中毒源于员工的个人不良卫生习惯、卫生责任心缺失。为了保障食品安全，餐饮店务必要做好餐饮从业人员的卫生管理。

问题77：如何做好员工健康管理？

1. 健康管理要求

对从业人员的健康管理要求如下：

（1）从事接触直接入口食品工作（清洁操作区内的加工制作及切菜、配菜、烹饪、传菜、餐饮具清洗消毒）的从业人员（包括新参加和临时参加工作的从业人员，下同）应取得健康证明后方可上岗，并每年进行健康检查取得健康证明，必要时应进行临时健康检查。

（2）食品安全管理人员应每天对从业人员上岗前的健康状况进行检查。患有发热、腹泻、咽部炎症等病症及皮肤有伤口或感染的从业人员，应主动向食品安全管理人员等报告，暂停从事接触直接入口食品的工作，必要时进行临时健康检查，待查明原因并将有碍食品安全的疾病治愈后方可重新上岗。

（3）手部有伤口的从业人员，使用的创可贴宜颜色鲜明，并及时更换。佩戴一次性手套后，可从事非接触直接入口食品的工作。

（4）患有霍乱、细菌性和阿米巴性痢疾、伤寒和副伤寒、病毒性肝炎（甲型、戊型）、活动性肺结核、化脓性或者渗出性皮肤病等国务院卫生行政部门规定的有碍食品安全疾病的人员，不得从事接触直接入口食品的工作。

2. 新进人员健康检查

对于新进人员，要求持有健康证，才可以予以录用。

（1）新员工健康检查的目的。要求新员工进行健康检查有图5-1所示的三个目的。

判断是否适合从事餐饮行业　依据身体状况分配适当的工作　作为日后健康管理的基本资料

图5-1　新员工健康检查的目的

（2）新员工健康检查的项目。健康检查中应检查诊断的项目有：以往病历及作业经历调查，自觉症状与其他症状检查；身高、体重、视力，色盲及听力检查；胸部X光检查；血压测量；血常规检查；粪便的细菌检查（必要时做寄生虫卵检查）。

> **特别提示**
>
> 　　如患有出疹、脓疮、外伤、结核病等可能造成食品污染的疾病，则不得从事与食品接触的工作。在进行员工招聘时，一定要特别注意。

3. 定期健康检查

对于在职员工，餐饮店要做好定期健康检查，便于提早发现问题，解决问题。因为有的带菌者本身并没有疾病症状，所以健康检查有助于早期发现疾病并给予适当治疗，同时可帮助受检者了解本身的健康状态及变化。定期健康检查每年至少一次。

问题78：如何加强员工食品安全培训?

餐饮店应每年对其从业人员进行一次食品安全培训考核，连锁餐饮店应每半年对其从业人员进行一次食品安全培训考核。

（1）培训考核内容为餐饮食品安全的法律法规知识、基础知识及本单位的食品安全管理制度、加工制作规程等。

（2）培训可采用专题讲座、实际操作、现场演示等方式。考核可采用询问、观察实际操作、答题等方式。

（3）对培训考核及时评估效果，完善内容，改进方式。

（4）从业人员在食品安全培训考核合格后方可上岗。

问题79：如何监管员工个人卫生?

1. 个人卫生要求

从业人员应保持良好的个人卫生，具体要求如下：

（1）从业人员不得留长指甲、涂指甲油。工作时，应穿清洁的工作服，不得披散头发，佩戴的手表、手镯、手链、手串、戒指、耳环等饰物不得外露。

（2）食品处理区内的从业人员不宜化妆，应戴清洁的工作帽，工作帽应能将头发全部遮盖住。

（3）进入食品处理区的非加工制作人员，应符合从业人员卫生要求。

（4）专间的从业人员应佩戴清洁的口罩。

（5）专用操作区内从事下列活动的从业人员必须佩戴清洁的口罩：

① 现榨果蔬汁加工制作；

② 果蔬拼盘加工制作；

③ 加工制作植物性冷食类食品（不含非发酵豆制品）；

④ 对预包装食品进行拆封、装盘、调味等简单加工制作后即供应的；

⑤ 调制供消费者直接食用的调味料；

⑥ 备餐。

（6）专用操作区内从事其他加工制作的从业人员，宜佩戴清洁的口罩。

（7）其他接触直接入口食品的从业人员，宜佩戴清洁的口罩。

（8）如佩戴手套，佩戴前应对手部进行清洗消毒。手套应清洁、无破损，符合食品安全要求。手套使用过程中，应定时更换手套，如果重新洗手消毒后，应更换手套。手套应存放在清洁卫生的位置，避免受到污染。

2. 手部清洗消毒

手部清洗消毒应达到以下要求：

（1）从业人员在加工制作食品前，应洗净手部，手部清洗宜符合《餐饮服务从业人员洗手消毒方法》。

（2）加工制作过程中，应保持手部清洁。出现图5-2所示的情形时，应重新洗净手部。

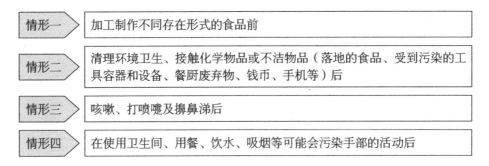

图5-2 需重新洗净手部的情形

（3）加工制作不同类型的食品原料前，宜重新洗净手部。

（4）从事接触直接入口食品工作的从业人员，加工制作食品前应洗净手部并进行手部消毒，手部清洗消毒应符合《餐饮服务从业人员洗手消毒方法》。加工制作过程中，应保持手部清洁。出现图5-3所示的情形时，也应重新洗净手部并消毒。

| 1 | 接触非直接入口食品后 |

| 2 | 触摸头发、耳朵、鼻子、面部、口腔或身体其他部位后 |

| 3 | 图5-2中要求的应重新洗净手部的情形 |

图5-3 应重新洗净手部并消毒的情形

3.厨房员工工作服管理

对于厨房员工的工作服，应按以下要求进行管理：

（1）工作服宜为白色或浅色，应定点存放，定期清洗更换。从事接触直接入口食品工作的从业人员，其工作服宜每天清洗更换。

（2）食品处理区内加工制作食品的从业人员使用卫生间前，应更换工作服。

（3）工作服受到污染后，应及时更换。

（4）待清洗的工作服不得存放在食品处理区。

（5）清洁操作区与其他操作区从业人员的工作服应有明显的颜色或标识区分。

（6）专间内从业人员离开专间时，应脱去专间专用工作服。

第二周 门店卫生管理

饮食卫生是餐饮店提供饮食服务非常重要的组成部分，餐饮店必须提供给客人安全、卫生的饮食，这点非常重要。它不仅关系到餐饮店的服务和信誉，更重要的是直接影响顾客的健康。因此，餐饮店应严把卫生关，为顾客提供安全的饮食，创造良好的用餐环境。

问题80：如何加强设施设备卫生管理？

餐饮店应加强店内设施设备的卫生管理，以达到餐饮服务食品安全操作规范的要求。

1.供水设施

供水设施应达到以下要求：

（1）食品加工制作用水的管道系统应引自生活饮用水主管道，与非饮用水（如冷却水、污水或废水等）的管道系统完全分离，不得有逆流或相互交接现象。

（2）供水设施中使用的涉及饮用水卫生安全的产品应符合国家相关规定。

2.排水设施

排水设施应达到以下要求：

（1）排水设施应通畅，便于清洁、维护。

（2）需经常冲洗的场所和排水沟要有一定的排水坡度。排水沟内不得设置其他管路，侧面和底面接合处宜有一定弧度，并设有可拆卸的装置。

（3）排水的流向宜由高清洁操作区流向低清洁操作区，并能防止污水逆流。

（4）排水沟出口安装的箅子宜使用金属材料制成，箅子缝隙间距或网眼应小于10毫米，防止有害生物侵入。

3.清洗、消毒、保洁设施

清洗、消毒、保洁设施应达到以下要求：

（1）清洗、消毒、保洁设施应放置在专用区域，数量应能满足加工制作和供餐需要。

（2）食品工用具的清洗水池应与食品原料、清洁用具的清洗水池分开。采用化学消毒方法的，应设置接触直接入口食品的工用具的专用消毒水池。

（3）各类水池应使用不透水材料（如不锈钢、陶瓷等）制成，不易积垢，易于清洁，并以明显标识标明其用途。

（4）应设置存放消毒后餐用具的专用保洁设施，标识明显，易于清洁。

4.个人卫生设施和卫生间

个人卫生设施和卫生间应达到表5-1所示的要求。

表5-1 个人卫生设施和卫生间要求

序号	卫生设施	卫生要求
1	洗手设施	（1）食品处理区应设置足够数量的洗手设施，就餐区宜设置洗手设施 （2）洗手池应不透水，易清洁 （3）水龙头宜采用脚踏式、肘动式、感应式等非手触动式开关。宜设置热水器，提供温水 （4）洗手设施附近配备洗手液（皂）、消毒液、擦手纸、干手器等。从业人员专用洗手设施附近应有洗手方法标识 （5）洗手设施的排水设施设有防止逆流、有害生物侵入及臭味产生的装置

续表

序号	卫生设施	卫生要求
2	卫生间	（1）卫生间不得设置在食品处理区内。卫生间出入口不应直对食品处理区，不宜直对就餐区。卫生间与外界直接相通的门能自动关闭 （2）设置独立的排风装置，有照明；与外界直接相通的窗户设有易拆洗、不易生锈的防蝇纱网；墙壁、地面等的材料不吸水、不易积垢、易清洁；应设置冲水式便池，配备便刷 （3）应在出口附近设置达到如上述卫生要求的洗手设施 （4）排污管道与食品处理区排水管道分设，且设置有防臭气水封。排污口位于餐饮服务场所外
3	更衣区	（1）与食品处理区处于同一建筑物内，宜设为独立隔间且位于食品处理区入口处 （2）设有足够大的更衣空间、足够数量的更衣设施（如更衣柜、挂钩、衣架等）

5. 照明设施

照明设施应达到以下要求：

（1）食品处理区应有充足的自然采光或人工照明，工作面的光照强度不得低于220勒克斯，光源不得改变食品的感官颜色。其他场所的光照强度不宜低于110勒克斯。

（2）安装在暴露食品正上方的照明灯应有防护装置，避免照明灯爆裂后污染食品。

（3）冷冻（藏）库应使用防爆灯。

6. 通风排烟设施

通风排烟设施应达到以下要求：

（1）食品处理区（冷冻库、冷藏库除外）和就餐区应保持空气流通。专间应设立独立的空调设施。应定期清洁消毒空调及通风设施。

（2）产生油烟的设备上方，设置机械排风及油烟过滤装置，过滤器应便于清洁、更换。

（3）产生大量蒸汽的设备上方，设置机械排风排汽装置，并做好凝结水的引泄。

（4）排气口设有易清洗、耐腐蚀并与外界直接相通的通风口、换气窗，还应加装不小于16目的防虫筛网，防止有害生物侵入。

7. 库房及冷冻（藏）设施

库房及冷冻（藏）设施应达到以下要求：

（1）根据食品储存条件，设置相应的食品库房或存放场所，必要时设置冷冻库、冷藏库。

（2）冷冻柜、冷藏柜有明显的区分标识。冷冻、冷藏柜（库）设有可正确显示内部温度的温度计，宜设置外显式温度计。

（3）库房应设有通风、防潮及防止有害生物侵入的装置。

（4）同一库房内储存不同类别食品和非食品（如食品包装材料等），应分设存放区域，不同区域有明显的区分标识。

（5）库房内应设置足够数量的存放架，其结构及位置能使储存的食品和物品离墙离地，距离地面应在10厘米以上，距离墙壁宜在10厘米以上。

（6）设有存放清洗消毒工具和洗涤剂、消毒剂等物品的独立隔间或区域。

8. 加工制作设备设施

加工制作设备设施应达到以下要求：

（1）根据加工制作食品的需要，配备相应的设施、设备、容器、工具等。不得将加工制作食品的设施、设备、容器、工具用于与加工制作食品无关的用途。

（2）设备的摆放位置，应利于操作、清洁、维护和减少交叉污染。固定安装的设备设施应安装牢固，与地面、墙壁无缝隙，或保留足够的清洁、维护空间。

（3）设备、容器和工具与食品的接触面应平滑、无凹陷或裂缝，内部角落部位避免有尖角，便于清洁，防止聚积食品碎屑、污垢等。

问题81：如何加强清洗消毒管理？

1. 餐用具清洗消毒

餐用具清洗消毒应达到以下要求：

（1）餐用具使用后应及时洗净，餐用具、盛放或接触直接入口食品的容器和工具使用前应消毒。

（2）清洗消毒宜采用蒸汽等物理方法，因材料、大小等原因无法采用的除外。

（3）餐用具消毒设备（如自动消毒碗柜等）应连接电源，正常运转。定期检查餐用具消毒设备或设施的运行状态。采用化学消毒的，消毒液应现用现配，并定时测量消毒液的浓度。

（4）从业人员佩戴手套清洗消毒餐用具的，接触消毒后的餐用具前应更换手套。手套宜用颜色区分。

（5）消毒后的餐用具、盛放或接触直接入口食品的容器和工具，应符合相关国家标准和规定。

（6）宜沥干、烘干清洗消毒后的餐用具。使用抹布擦干的，抹布应专用，并经清洗消毒后方可使用。

（7）不得重复使用一次性餐用具。

2. 餐用具保洁

餐用具保洁应达到以下要求：

（1）餐用具清洗或消毒后宜沥干、烘干。使用抹布擦干的，抹布应专用，并经清洗消毒方可使用，防止餐用具受到污染。

（2）消毒后的餐用具、盛放或接触直接入口食品的容器和工具，应定位存放在专用的密闭保洁设施内，保持清洁。

（3）保洁设施应正常运转，有明显的区分标识。

（4）定期清洁保洁设施，防止清洗消毒后的餐用具受到污染。

3. 洗涤剂、消毒剂

洗涤剂、消毒剂的使用应达到以下要求：

（1）使用的洗涤剂、消毒剂应符合相关食品安全国家标准和规定。

（2）严格按照洗涤剂、消毒剂的使用说明进行操作。

问题82：如何做好废弃物管理？

餐饮店内各类废弃物的及时、正确处理，是保证环境卫生的重要工作。

1. 废弃物存放容器与设施

废弃物存放容器与设施应达到以下要求：

（1）食品处理区内可能产生废弃物的区域，应设置废弃物存放容器。废弃物存放容器与食品加工制作容器应有明显的区分标识。

（2）废弃物存放容器应配有盖子，防止有害生物侵入、不良气味逸出或污水外溢，防止污染食品、水源、地面、食品接触面（包括接触食品的工作台面、工具、容器、包装材料等）。废弃物存放容器的内壁光滑，易于清洁。

（3）在餐饮服务场所外适宜地点，宜设置结构密闭的废弃物临时集中存放设施。

2. 废弃物处置

废弃物处置应达到以下要求：

（1）餐厨废弃物应分类放置、及时清理，不得溢出存放容器。餐厨废弃物的存放容器应及时清洁，必要时进行消毒。

（2）应索取并留存餐厨废弃物收运者的资质证明复印件（需加盖收运者公章或由收运者签字），并与其签订收运合同，明确各自的食品安全责任和义务。

（3）应建立餐厨废弃物处置台账，详细记录餐厨废弃物的处置时间、种类、数量、收运者等信息。

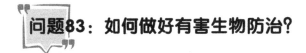

问题83：如何做好有害生物防治？

餐饮店内苍蝇、蟑螂、老鼠等有害生物能传播细菌、病毒，污染食物、炊具、餐具，杜绝病媒生物是保证环境卫生的重要工作。

1. 防治基本要求

有害生物防治的基本如下：

（1）有害生物防治应遵循物理防治（粘鼠板、灭蝇灯等）优先，化学防治（滞留喷洒等）有条件使用的原则，保障食品安全和人身安全。

（2）餐饮店的墙壁、地板无缝隙，天花板修葺完整。所有管道（供水、排水、供热、燃气、空调等）与外界或天花板连接处应封闭，所有管、线穿越而产生的孔洞，选用水泥、不锈钢隔板、钢丝封堵材料、防火泥等封堵，孔洞填充牢固，无缝隙。使用水封式地漏。

（3）所有线槽、配电箱（柜）封闭良好。

（4）人员、货物进出通道应设有防鼠板，门的缝隙应小于6毫米。

2. 设施设备的使用与维护

对防治有害生物的设施设备应有正确的使用方法并进行正常的维护，具体要求如表5-2所示。

表5-2　防治有害生物设施设备的使用与维护

序号	设施设备	具体要求
1	灭蝇灯	（1）食品处理区、就餐区宜安装粘捕式灭蝇灯。使用电击式灭蝇灯的，灭蝇灯不得悬挂在食品加工制作或储存区域的上方，防止电击后的虫害碎屑污染食品 （2）应根据餐饮店的布局、面积及灭蝇灯使用技术要求，确定灭蝇灯的安装位置和数量
2	鼠类诱捕设施	（1）餐饮店内应使用粘鼠板、捕鼠笼、机械式捕鼠器等装置，不得使用杀鼠剂 （2）餐饮店外可使用抗干预型鼠饵站，鼠饵站和鼠饵必须固定安装
3	排水管道出水口	排水管道出水口安装的篦子宜使用金属材料制成，篦子缝隙间距或网眼应小于10毫米
4	通风口	与外界直接相通的通风口、换气窗外，应加装不小于16目的防虫筛网
5	防蝇胶帘及风幕机	（1）使用防蝇胶帘的，防蝇胶帘应覆盖整个门框，底部离地距离小于2厘米，相邻胶帘条的重叠部分不少于2厘米 （2）使用风幕机的，风幕应完整覆盖出入通道

3.防治过程要求

在对有害生物防治的过程中，应达到以下要求：

（1）收取货物时，应检查运输工具和货物包装是否有有害生物活动迹象（如鼠粪、鼠咬痕等鼠迹，蟑尸、蟑粪、卵鞘等蟑迹），防止有害生物入侵。

（2）定期检查食品库房或食品储存区域、固定设施设备背面及其他阴暗、潮湿区域是否存在有害生物活动迹象。发现有害生物，应尽快将其杀灭，并查找和消除其来源途径。

（3）防治过程中应采取有效措施，防止食品、食品接触面及包装材料等受到污染。

4.卫生杀虫剂和杀鼠剂的管理

卫生杀虫剂和杀鼠剂的管理应按表5-3所示的要求进行。

表5-3　卫生杀虫剂和杀鼠剂的管理要求

序号	管理类别	具体要求
1	卫生杀虫剂和杀鼠剂的选择	（1）选择的卫生杀虫剂和杀鼠剂，应标签信息齐全（农药登记证、农药生产许可证、农药标准）并在有效期内。不得将不同的卫生杀虫剂混配 （2）应使用低毒或微毒的卫生杀虫剂和杀鼠剂
2	卫生杀虫剂和杀鼠剂的使用要求	（1）使用卫生杀虫剂和杀鼠剂的人员应经过有害生物防治专业培训 （2）应针对不同的作业环境，选择适宜的种类和剂型，并严格根据卫生杀虫剂和杀鼠剂的技术要求确定使用剂量和位置，设置警示标识
3	卫生杀虫剂和杀鼠剂的存放要求	不得在食品处理区和就餐场所存放卫生杀虫剂和杀鼠剂产品。应设置单独、固定的卫生杀虫剂和杀鼠剂产品存放场所，存放场所具备防火、防盗、通风条件，由专人负责

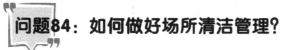

问题84：如何做好场所清洁管理？

餐饮店各场所清洁要求如表5-4所示。

表5-4　餐饮店各场所清洁要求

序号	场所	清洁要求
1	食品处理区	（1）定期清洁食品处理区设施、设备 （2）保持地面无垃圾、无积水、无油渍，墙壁和门窗无污渍、无灰尘，天花板无霉斑、无灰尘
2	就餐区	（1）定期清洁就餐区的空调、排风扇、地毯等设施或物品，保持空调、排风扇洁净，地毯无污渍 （2）营业期间，应开启包间等就餐场所的排风装置，包间内无异味

续表

序号	场所	清洁要求
3	卫生间	（1）定时清洁卫生间的设施、设备，并做好记录和展示 （2）保持卫生间地面、洗手池及台面无积水、无污物、无垃圾，便池内外无污物、无积垢，冲水良好，卫生纸充足 （3）营业期间，应开启卫生间的排风装置，卫生间内无异味

第三周　食品安全管理

身为餐饮店长，需要懂得专业的食品安全知识，并且拥有食品安全管理能力，对店铺内的食品安全进行全面的监督管理。

问题85：如何加强食品原料安全管理？

餐饮店应从采购、运输、查验、储存四个方面来加强对原料的管理，以达到食品安全的要求。

1. 原料采购

原料采购应达到图5-4所示的要求。

要求一	选择的供货者应具有相关合法资质
要求二	建立供货者评价和退出机制，对供货者的食品安全状况等进行评价，将符合食品安全管理要求的列入供货者名录，及时更换不符合要求的供货者
要求三	有条件的餐饮店，可自行或委托第三方机构定期对供货者食品安全状况进行现场评价
要求四	建立固定的供货渠道，与固定供货者签订供货协议，明确各自的食品安全责任和义务。根据每种原料的安全特性、风险高低及预期用途，确定对其供货者的管控力度

图5-4　原料采购应达到的要求

2. 原料运输

原料在运输过程中，应达到图5-5所示的要求。

要求一 运输前,对运输车辆或容器进行清洁,防止食品受到污染。运输过程中, 做好防尘、防水,食品与非食品、不同类型的食品原料（动物性食品、植物性食品、水产品）应分隔,食品包装完整、清洁,防止食品受到污染

要求二 运输食品的温度、湿度应符合相关食品安全要求

要求三 不得将食品与有毒有害物品混装运输,运输食品和运输有毒有害物品的车辆不得混用

图 5-5 原料运输应达到的要求

3. 进货查验

进货查验包括随货证明文件查验、食品外观查验和温度查验,具体要求如表5-5所示。

表 5-5 进货查验的要求

序号	查验类别	具体要求
1	随货证明文件查验	（1）从食品生产者处采购食品的,查验其食品生产许可证和产品合格证明文件等；采购食品添加剂、食品相关产品的,查验其营业执照和产品合格证明文件等 （2）从食品销售者（商场、超市、便利店等）处采购食品的,查验其食品经营许可证等；采购食品添加剂、食品相关产品的,查验其营业执照等 （3）从食用农产品个体生产者处直接采购食用农产品的,查验其有效身份证明 （4）从食用农产品生产企业和农民专业合作经济组织处采购食用农产品的,查验其社会信用代码和产品合格证明文件 （5）从集中交易市场采购食用农产品的,索取并留存市场管理部门或经营者加盖公章（或负责人签字）的购货凭证 （6）采购畜禽肉类的,还应查验动物产品检疫合格证明；采购猪肉的,还应查验肉品品质检验合格证明 （7）实行统一配送经营方式的,可由企业总部统一查验供货者的相关资质证明及产品合格证明文件,留存每笔购物或送货凭证。各门店能及时查询、获取相关证明文件复印件或凭证 （8）采购食品、食品添加剂、食品相关产品的,应留存每笔购物或送货凭证
2	食品外观查验	（1）预包装食品的包装完整、清洁、无破损,标识与内容物一致 （2）冷冻食品无解冻后再次冷冻情形 （3）具有正常的感官性状 （4）食品标签标识符合相关要求 （5）食品在保质期内

序号	查验类别	具体要求
3	温度查验	（1）查验期间，尽可能减少食品的温度变化。冷藏食品表面温度与标签标识的温度要求不得超过 3℃，冷冻食品表面温度不宜高于 −9℃。 （2）无具体要求且需冷冻或冷藏的食品，其温度可参考《餐饮服务业食品原料建议存储温度》的相关温度要求

4. 原料储存

原料储存应达到以下要求：

（1）分区、分架、分类、离墙、离地存放食品。

（2）分隔或分离储存不同类型的食品原料。

（3）在散装食品（食用农产品除外）储存位置，应标明食品的名称、生产日期或者生产批号、使用期限等内容，宜使用密闭容器储存。

（4）按照食品安全要求储存原料。有明确的保存条件和保质期的，应按照保存条件和保质期储存。保存条件、保质期不明确的及开封后的，应根据食品品种、加工制作方式、包装形式等有针对性地确定适宜的保存条件（需冷藏冷冻的食品原料建议可参照《餐饮服务业食品原料建议存储温度》确定保存温度）和保存期限，并应建立严格的记录制度来保证不存放和使用超期食品或原料，防止食品腐败变质。

（5）及时冷冻（藏）储存采购的冷冻（藏）食品，减少食品的温度变化。

（6）冷冻储存食品前，宜分割食品，避免使用时反复解冻、冷冻。

（7）冷冻（藏）储存食品时，不宜堆积、挤压食品。

（8）遵循先进先出、先进先用的原则，使用食品原料、食品添加剂、食品相关产品。及时清理腐败变质等感官性状异常、超过保质期等的食品原料、食品添加剂、食品相关产品。

问题86：如何加强食品制作安全管理？

1. 加工制作基本要求

厨房在加工制作过程中，应达到以下基本要求：

（1）加工制作的食品品种、数量与场所、设施、设备等条件相匹配。

（2）加工制作食品过程中，应采取图 5-6 所示的措施，避免食品受到交叉污染。

措施一	不同类型的食品原料、不同存在形式的食品（原料、半成品、成品）分开存放，其盛放容器和加工制作工具分类管理、分开使用，定位存放
措施二	接触食品的容器和工具不得直接放置在地面上或者接触不洁物
措施三	食品处理区内不得从事可能污染食品的活动
措施四	不得在辅助区（如卫生间、更衣区等）内加工制作食品、清洗消毒餐用具
措施五	餐饮服务场所内不得饲养和宰杀禽、畜等动物

图5-6 避免食品受到交叉污染的措施

（3）加工制作食品过程中，不得存在图5-7所示的行为。

行为一	使用非食品原料加工制作食品
行为二	在食品中添加食品添加剂以外的化学物质和其他可能危害人体健康的物质
行为三	使用回收食品作为原料，再次加工制作食品
行为四	使用超过保质期的食品、食品添加剂
行为五	超范围、超限量使用食品添加剂
行为六	使用腐败变质、油脂酸败、霉变生虫、污秽不洁、混有异物、掺假掺杂或者感官性状异常的食品、食品添加剂
行为七	使用被包装材料、容器、运输工具等污染的食品、食品添加剂
行为八	使用无标签的预包装食品、食品添加剂
行为九	使用国家为防病等特殊需要明令禁止经营的食品（如织纹螺等）
行为十	在食品中添加药品（按照传统既是食品又是中药材的物质除外）
行为十一	法律法规禁止的其他加工制作行为

图5-7 加工制作食品过程中不得存在的行为

（4）对国家法律法规明令禁止的食品及原料，应拒绝加工制作。

2. 粗加工制作与切配

在粗加工制作与切配环节，应达到以下要求：

（1）冷冻（藏）食品出库后，应及时加工制作。冷冻食品原料不宜反复解冻、冷冻。

（2）宜使用冷藏解冻或冷水解冻方法进行解冻，解冻时合理防护，避免受到污染。使用微波解冻方法的，解冻后的食品原料应被立即加工制作。

（3）应缩短解冻后的高危易腐食品原料在常温下的存放时间，食品原料的表面温度不宜超过8℃。

（4）食品原料应洗净后使用。盛放或加工制作不同类型食品原料的工具和容器应分开使用。盛放或加工制作畜肉类原料、禽肉类原料及蛋类原料的工具和容器宜分开使用。

（5）使用禽蛋前，应清洗禽蛋的外壳，必要时消毒外壳。破蛋后应单独存放在暂存容器内，确认禽蛋未变质后再合并存放。

（6）应及时使用或冷冻（藏）储存切配好的半成品。

3. 专间内加工制作

专间内加工制作要求如下：

（1）专间内温度不得高于25℃。

（2）每餐（或每次）使用专间前，应对专间空气进行消毒。消毒方法应遵循消毒设施使用说明书要求。使用紫外线灯消毒的，应在无人加工制作时开启紫外线灯30分钟以上并做好记录。

（3）由专人加工制作，非专间加工制作人员不得擅自进入专间。进入专间前，加工制作人员应更换专用的工作衣帽并佩戴口罩。加工制作人员在加工制作前应严格清洗消毒手部，加工制作过程中适时清洗消毒手部。

（4）应使用专用的工具、容器、设备，使用前使用专用清洗消毒设施进行清洗消毒并保持清洁。

（5）及时关闭专间的门和食品传递窗口。

（6）蔬菜、水果、生食的海产品等食品原料应清洗处理干净后，方可传递进专间。预包装食品和一次性餐用具应去除外层包装并保持最小包装清洁后，方可传递进专间。

（7）在专用冷冻或冷藏设备中存放食品时，宜将食品放置在密闭容器内或使用保鲜膜等进行无污染覆盖。

（8）加工制作生食海产品，应在专间外剔除海产品的非食用部分，并将其洗净后，方可传递进专间。加工制作时，应避免海产品可食用部分受到污染。加工制作后，应将海产品放置在密闭容器内冷藏保存，或放置在食用冰中保存并用保鲜膜分隔。放置在食用冰中保存的，加工制作后至食用前的间隔时间不得超过1小时。

（9）加工制作裱花蛋糕，裱浆和经清洗消毒的新鲜水果应当天加工制作、当天使用。蛋糕坯应存放在专用冷冻或冷藏设备中。打发好的奶油应尽快使用完毕。

（10）加工制作好的成品宜当餐供应。

（11）不得在专间内从事非清洁操作区的加工制作活动。

4. 专用操作区内加工制作

专用操作区内加工制作要求如下：

（1）由专人加工制作。加工制作人员应穿戴专用的工作衣帽并佩戴口罩。加工制作人员在加工制作前应严格清洗消毒手部，加工制作过程中适时清洗消毒手部。

（2）应使用专用的工具、容器、设备，使用前进行消毒，使用后洗净并保持清洁。

（3）在专用冷冻或冷藏设备中存放食品时，宜将食品放置在密闭容器内或使用保鲜膜等进行无污染覆盖。

（4）加工制作的水果、蔬菜等，应清洗干净后方可使用。

（5）加工制作好的成品应当餐供应。

（6）现调、冲泡、分装饮品可不在专用操作区内进行。

（7）不得在专用操作区内从事非专用操作区的加工制作活动。

5. 烹饪区内加工制作

烹饪区内加工制作的一般要求如下：

（1）烹饪食品的温度和时间应能保证食品安全。

（2）需要烧熟煮透的食品，加工制作时食品的中心温度应达到70℃以上。对特殊加工制作工艺，中心温度低于70℃的食品，餐饮服务提供者应严格控制原料质量安全状态，确保经过特殊加工制作工艺的成品的食品安全。

（3）盛放调味料的容器应保持清洁，使用后加盖存放，宜标注预包装调味料标签上标注的生产日期、保质期等内容及开封日期。

（4）宜采用有效的设备或方法，避免或减少食品在烹饪过程中产生有害物质。

而对于不同的加工类别，其制作要求又各不相同，具体如表5-6所示。

表5-6　烹饪区内加工制作要求

序号	加工类别	加工制作要求
1	油炸类食品	（1）选择热稳定性好、适合油炸的食用油脂 （2）与炸油直接接触的设备、工具表面应为耐腐蚀、耐高温的材质（如不锈钢等），易清洁、维护 （3）油炸食品前，应尽可能减少食品表面的多余水分。油炸食品时，油温不宜超过190℃。油量不足时，应及时添加新油。定期过滤在用油，去除食物残渣。定期拆卸油炸设备，进行清洁维护
2	烧烤类食品	（1）烧烤场所应具有良好的排烟系统 （2）烤制食品的温度和时间应能使食品被烤熟 （3）烤制食品时，应避免食品直接接触火焰或烤制温度过高，减少有害物质产生

序号	加工类别	加工制作要求
3	火锅类食品	（1）不得重复使用火锅底料 （2）使用醇基燃料（如酒精等）时，应在没有明火的情况下添加燃料。使用炭火或煤气时，应通风良好，防止一氧化碳中毒
4	糕点类食品	（1）使用烘焙包装用纸时，应考虑颜色可能对产品的迁移，并控制有害物质的迁移量，不应使用有荧光增白剂的烘烤纸 （2）使用自制蛋液的，应冷藏保存蛋液，防止蛋液变质
5	自制饮品	（1）加工制作现榨果蔬汁、食用冰等的用水，应为预包装饮用水、使用符合相关规定的水净化设备或设施处理后的直饮水、煮沸冷却后的生活饮用水 （2）自制饮品所用的原料乳，宜为预包装乳制品 （3）煮沸生豆浆时，应将上涌泡沫除净，煮沸后保持沸腾状态5分钟以上

6. 食品添加剂使用

对于食品添加剂使用，应按以下要求进行操作：

（1）使用食品添加剂的，应在技术上确有必要，并在达到预期效果的前提下尽可能减少使用量。

（2）按照 GB 2760—2014《食品安全国家标准　食品添加剂使用标准》规定的食品添加剂品种、使用范围、使用量，使用食品添加剂。不得采购、储存、使用亚硝酸盐（包括亚硝酸钠、亚硝酸钾）。

（3）专柜（位）存放食品添加剂，并标注"食品添加剂"字样。使用容器盛放拆包后的食品添加剂的，应在盛放容器上标明食品添加剂名称，并保留原包装。

（4）应专册记录使用的食品添加剂名称、生产日期或批号、添加的食品品种、添加量、添加时间、操作人员等信息，GB 2760—2014《食品安全国家标准　食品添加剂使用标准》规定按生产需要适量使用的食品添加剂除外。使用有 GB 2760—2014《食品安全国家标准　食品添加剂使用标准》"最大使用量"规定的食品添加剂，应精准称量使用。

7. 食品相关产品使用

食品相关产品使用，应按以下要求进行：

（1）各类工具和容器应有明显的区分标识，可使用颜色、材料、形状、文字等方式进行区分。

（2）工具、容器和设备，宜使用不锈钢材料，不宜使用木质材料。必须使用木质材料时，应避免对食品造成污染。盛放热食类食品的容器不宜使用塑料材料。

（3）添加邻苯二甲酸酯类物质制成的塑料制品不得盛装、接触油脂类食品和乙醇含量高于20%的食品。

（4）不得重复使用一次性用品。

8. 高危易腐食品冷却

高危易腐食品冷却应按以下要求进行：

（1）需要冷冻（藏）的熟制半成品或成品，应在熟制后立即冷却。

（2）应在清洁操作区内进行熟制成品的冷却，并在盛放容器上标注加工制作时间等。

（3）冷却时，可采用将食品切成小块、搅拌、冷水浴等措施或者使用专用速冷设备，使食品的中心温度在 2 小时内从 60℃降至 21℃，再经 2 小时或更短时间降至 8℃。

9. 食品再加热

食品再加热应达到以下要求：

（1）高危易腐食品熟制后，在 8 ~ 60℃条件下存放 2 小时以上且未发生感官性状变化的，食用前应进行再加热。

（2）再加热时，食品的中心温度应达到 70℃以上。

问题87：如何做好供餐、用餐与配送安全管理？

1. 供餐管理

餐饮店供餐管理应达到以下要求：

（1）分派菜肴、整理造型的工具使用前应清洗消毒。

（2）加工制作围边、盘花等的材料应符合食品安全要求，使用前应清洗消毒。

（3）在烹饪后至食用前需要较长时间（超过 2 小时）存放的高危易腐食品，应在高于 60℃或低于 8℃的条件下存放。在 8 ~ 60℃条件下存放超过 2 小时，且未发生感官性状变化的，应再加热后方可供餐。

（4）宜按照标签标注的温度等条件，供应预包装食品。食品的温度不得超过标签标注的温度 3℃。

（5）供餐过程中，应对食品采取有效防护措施，避免食品受到污染。使用传递设施（如升降笼、食梯、滑道等）的，应保持传递设施清洁。

（6）供餐过程中，应使用清洁的托盘等工具，避免从业人员的手部直接接触食品（预包装食品除外）。

2. 用餐服务

餐饮店的用餐服务应达到以下要求：

（1）垫纸、垫布、餐具托、口布等与餐用具直接接触的物品应一客一换。撤换下的物品，应及时清洗消毒（一次性用品除外）。

（2）消费者就餐时，就餐区应避免从事引起扬尘的活动（如扫地、施工等）。

3. 外卖配送服务

餐饮店的外卖配送服务应达到以下要求：

（1）送餐人员应保持个人卫生。外卖箱（包）应保持清洁，并定期消毒。

（2）使用符合食品安全规定的容器、包装材料盛放食品，避免食品受到污染。

（3）配送高危易腐食品应冷藏配送，并与热食类食品分开存放。

（4）从烧熟至食用的间隔时间（食用时限）应符合以下要求：烧熟后2小时，食品的中心温度保持在60℃以上（热藏）的，其食用时限为烧熟后4小时。

（5）宜在食品盛放容器或者包装上，标注食品加工制作时间和食用时限，并提醒消费者收到后尽快食用。

（6）宜对食品盛放容器或者包装进行封签。

（7）使用一次性容器、餐用具的，应选用符合食品安全要求的材料制成的容器、餐用具，宜采用可降解材料制成的容器、餐用具。

问题88：如何做好食品安全监管？

1. 设立食品安全管理机构和配备人员

（1）餐饮店应配备专职或兼职食品安全管理人员，宜设立食品安全管理机构。

（2）中央厨房、集体用餐配送单位、连锁餐饮企业总部、网络餐饮服务第三方平台提供者应设立食品安全管理机构，配备专职食品安全管理人员。其他特定餐饮服务提供者应配备专职食品安全管理人员，宜设立食品安全管理机构。

（3）食品安全管理人员应按规定参加食品安全培训。

2. 建立食品安全管理制度

（1）餐饮店应建立从业人员健康管理制度、食品安全自查制度、食品进货查验记录制度、原料控制要求、过程控制要求、食品安全事故处置方案等。

（2）餐饮店宜根据自身业态、经营项目、供餐对象、供餐数量等，建立如下食品安全管理制度：

① 食品安全管理人员制度；

② 从业人员培训考核制度；

③ 场所及设施设备（如卫生间、空调及通风设施、制冰机等）定期清洗消毒、维护、校验制度；

④ 食品添加剂使用制度；

⑤ 餐厨废弃物处置制度；

⑥ 有害生物防治制度。

（3）餐饮店应定期修订完善各项食品安全管理制度，及时对从业人员进行培训考核，并督促其落实。

3. 进行食品安全自查

餐饮店应结合经营实际，全面分析经营过程中的食品安全危害因素和风险点，确定食品安全自查项目和要求，建立自查清单，制订自查计划。

餐饮店可根据食品安全法律法规和相关规范，自行或者委托第三方专业机构开展食品安全自查，及时发现并消除食品安全隐患，防止发生食品安全事故。

食品安全自查包括制度自查、定期自查和专项自查，如图5-8所示。

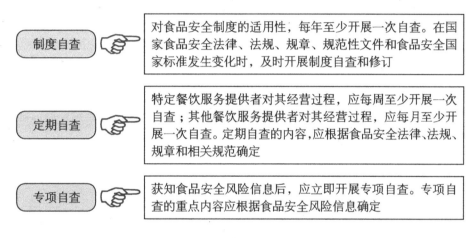

图 5-8　食品安全自查

> **特别提示**
>
> 　　餐饮店对自查中发现的问题食品，应立即停止使用，存放在加贴醒目、牢固标识的专门区域，避免被误用，并采取退货、销毁等处理措施。对自查中发现的其他食品安全风险，应根据具体情况采取有效措施，防止对消费者造成伤害。

4. 投诉处置

餐饮店对食品安全投诉应按以下要求处置：

（1）对消费者提出的投诉，应立即核实，妥善处理，留存记录。

（2）接到消费者投诉食品感官性状异常时，应及时核实。经核实确有异常的，应及时撤换，告知备餐人员做出相应处理，并对同类食品进行检查。

（3）在就餐区公布投诉举报电话。

5. 食品安全事故处置

对于食品安全事故，餐饮店应按以下要求处置：

（1）发生食品安全事故的，应立即采取措施，防止事故扩大。

（2）发现其经营的食品属于不安全食品的，应立即停止经营，采取公告或通知的方式告知消费者停止食用、相关供货者停止生产经营。

（3）发现有食品安全事故潜在风险，以及发生食品安全事故的，应按规定报告。

6. 公示

餐饮经营者应按以下要求进行公示：

（1）将食品经营许可证、餐饮服务食品安全等级标识、日常监督检查结果记录表等公示在就餐区醒目位置。

（2）网络餐饮服务第三方平台提供者和入网餐饮服务提供者应在网上公示餐饮服务提供者的名称、地址、餐饮服务食品安全等级信息、食品经营许可证。

（3）入网餐饮服务提供者应在网上公示菜品名称和主要原料名称。

（4）宜在食谱上或食品盛取区、展示区，公示食品的主要原料及其来源、加工制作中添加的食品添加剂等。

（5）宜采用"明厨亮灶"方式，公开加工制作过程。

问题89：如何预防食物中毒？

1. 采购源头控制

在预防食物中毒方面要注意的地方有很多，但其中一点在于采购源头控制。具体来看有：

（1）禁止采购不能出售的食物，如河豚，野生蘑菇，新鲜木耳，新鲜黄花菜，病死或死因不明的禽畜肉、水产品等。

（2）所有采购的粮食、油料、干货等食品的包装要有 QS（企业食品生产许可）标志。

（3）所有采购畜禽等生食品要索取卫生部门及检验部门颁发的检验检疫证明。

（4）蔬菜购买要索取农药残留证件。

（5）购买豆制品要索取国家质量标准证件。

（6）决不采购"三无产品"。

2. 细菌性食物中毒的预防

（1）减少或杜绝各种有害细菌对食物的污染。

（2）凡容器、切肉刀板只要接触过生肉、生内脏的都应及时清洗，严格做到生熟用具分开，冷藏设备分开，加工人员分开，加工场所分开。

（3）生熟动物性食品及其制品都应尽量在低温条件下保存，暂时缺乏冷藏设备时，应及时将食品放于阴凉通风处。

（4）严禁食用病死或病后屠宰的家禽畜，对肉类等动物性食品，在烹调时应注意充分加热。

（5）禁止家禽、家畜及宠物进入厨房或食品加工室，彻底消灭厨房、储存室、大厅等处的老鼠、蟑螂、苍蝇等。

3. 化学性食物中毒的预防

（1）禁止使用装过含砷、有机磷等农药的容器盛放粮食和其他食品，不用镀锌容器盛放、煮制、加工酸性食物。

（2）严格遵守食品卫生标准，凡食材中镉与汞含量超过国家规定标准的一律不进行菜品加工。

（3）控制食材及添加剂中的含铅量，使用添加剂时要严格按国家标准执行。

（4）蔬菜、水果食用前需清洗、浸泡或削皮，以降低有机磷农药在食物中的残留量。

4. 有毒动、植物食物中毒的预防

（1）不加工出售有毒或腐败变质的鱼类食品，尤其是青皮红肉鱼类，对含组胺较多的鱼类，应注意烹调方法，减轻其毒性。

（2）加工前应对菌类进行鉴别，对于未能识别有毒或无毒的菌种类，应该把样品送有关部门进行鉴定，确认无毒后方可食用。

（3）马铃薯应在低温、无阳光直射的场所储存，发芽较重及变黑变绿的马铃薯不得加工食用。

（4）食用芸豆时应充分熟透，避免食用沸水焯过和旺火快炒的芸豆菜肴。

（5）加工杏仁时应充分加热，敞开锅盖使其失去毒性。

（6）木薯不能生吃，加工要去皮、水浸、煮熟，新鲜木薯要剥去内皮后再进行加工，浸泡木薯的水及薯汤不宜弃于池塘内。

5. 真菌毒素食物中毒的预防

（1）防霉变。控制温度和湿度，粮食储存要清洁干燥、低温，储存处要装有通风设备，根据粮温、库温及湿度采取降温、降湿措施。

（2）清毒素。如果粮食已被黄曲霉菌污染并产生毒素后，应设法将毒素清除或破坏，可采用挑选霉粒法、碾轧加工法、加碱去毒法、物理吸附法、加水搓洗法等方法。

6. 食物中毒的处理

（1）顾客在用餐时，突发不明疾病晕倒或出现其他不良症状，离患者最近的服务员

应立即上前将其扶到座位上，请人照看，及时向大厅主管报告，同时迅速告知行政总厨赶到现场。

（2）当班主管应在第一时间安排一位员工陪同送往就近医院进行抢救，紧急情况要拨打急救电话"120"，同时向上级管理者通报情况。

（3）若出现第二例以上症状病人，应立即停止售卖工作，做好现场保护工作，同时通知上级管理者，听取处理意见，必要时拨打急救电话"120"，并通知食品卫生监督部门人员到场，配合调查处理。

（4）保存好出售食品的留样，以备相关部门化验检查。

第四周　门店安全管理

安全的经营环境是餐饮店正常工作的前提保证，安全的消费环境是消费者前来消费的先决条件。因此，餐饮店的安全管理工作绝对不能放松。

问题90：如何防范安全事故？

1. 切、割伤防范

对烹饪员工来说，刀具随时都有危险，员工在使用砍刀、切刀或类似的工具时必须注意安全。

（1）使用各种刀具时，注意力要集中，方法要正确操作，不得用刀指东画西，不得将刀随意乱放，更不能拿着刀边走路边甩动胳膊，以免刀口伤着别人。

（2）一定要把切的食品放在桌上或砧板上，切的时候要从切者的身体方向向外切，并抓紧被切的食品，然后用力朝下切，切食品时，要用另一只手拿着食品，然后把刀刃对准食品切下去。

（3）刀把松动的菜刀应该及时修理，菜刀用完后应放回原处，而不要放在操作台边上，避免菜刀跌落掉到脚上。

（4）千万不要试图去接住坠落的菜刀，更不要把菜刀当玩具，也不要把菜刀当作替代工具来开启酒瓶、罐头和纸箱，而应使用合适的开启工具。

（5）清洗菜刀和其他利器注意力要集中。清洗刀具时，要一件件进行，切不可将刀具浸没在放满水的洗涤池中，绝不能把菜刀或其他利器放在有肥皂水的清洁盆里，要小心清洗所有的利器，用叠得厚厚的布小心谨慎地从刀身向刀刃方向清洗。清洗机械刀片时一定要清洗其刀身，拔掉插头，查阅生产商提供的操作维修手册，按照清洗说明进行清洗。

（6）厨房加工时尽量不要使用玻璃器皿以避免被玻璃片割伤。一旦玻璃器皿被打破，应立即用扫把和簸箕打扫，千万不要用手清理玻璃碎片。如果玻璃器皿是在洗碟机里被打破的，应放掉洗碟机里的水，再用湿布垫着把玻璃器皿和打破的玻璃碎片拿出来，然后放进标注有不能再次使用的标记的盒子里。

（7）把各类刀、锯以及其他的利器放在专用架子上，不使用时放入专门的抽屉。

（8）使用设备配备的安全保护工具，遵循设备要求的安全措施。

（9）使用研磨机的时候要小心，应用进料器或捣棒帮助进料，不要直接用手进料。

（10）操作磨刀器械时一定要使用保护手指的工具。

（11）在清洗设备时，要先切断电源再清洗，清洁锐利的刀片时要格外谨慎，洗擦时要将抹布折叠到一定的厚度，由里向外擦。

（12）发现工作区域有暴露的铁皮角、金属丝头、铁钉之类的东西，要及时敲掉或取下，以免划伤。

2. 跌伤防范

实际上，摔倒引发的跌伤比其他种类事故导致受伤的人数更多，大多数摔倒者并非从高处摔下，而是在平地滑倒或绊倒的。预防摔倒有以下几种做法：

（1）始终保持地面干净干燥，有溅出物时要立即拖干净。在工作区域建议挂上"注意安全"或"防止滑倒"的警示牌。

（2）要确保出入口干净安全，冬季的下雪天要注意，要注意经常清理台阶及其他区域的雪和冰，保证路面干净不滑。工作区域门前的踏垫要保持干净，随时注意踏垫的摆放位置。

（3）危险的用具放在远离工作区域的地方。

（4）及时维修破损楼梯台阶，一旦发现有松动的或已翻起来的地板砖，应立即换掉。

（5）工作区域的员工要穿平跟防滑鞋，勿穿薄底鞋、高跟鞋、网球鞋和塑料鞋。鞋跟和鞋尖部分不能有开口，绑紧鞋带，防止绊倒。

（6）建议餐饮店工作人员靠一定的方向走，过摇摆门时，不要跑过去，应留意前方是否有工作人员，避免发生碰撞。

（7）不要把较重的箱子、盒子或砖块等放在高处以防砸伤人。

（8）如果要爬到高处做事或取东西，要使用牢固的梯子，并尽量找其他工作人员配合。

（9）所有通道和工作区域内应没有障碍物，橱柜的抽屉和柜门应时刻保持关闭。

3. 烫伤防范

烫伤是发生在餐饮店的常见事故，以下是预防烫伤的一些方法：

（1）无论使用何种厨具或燃气设备，都应遵循操作规程。

（2）移动热锅时要特别注意，在移动之前，应把放热锅的地方预备好。

（3）用干燥的端锅垫端锅，湿的锅垫会导致蒸汽烫伤。绝不能使用围裙、毛巾、洗碗布来端锅。

（4）瓦罐熬汤要防止瓦罐湿底脱落，不要使用把柄松动的平底锅（以防突然翻转跌落），不要使用圆底锅（以防倾斜）。

（5）不要把水壶装得太满，打开锅盖时应小心提起锅盖，以免被蒸汽烫伤。

（6）烤炉的操作要注意，千万不要将手伸进烤炉，要使用专用工具。

（7）在使用燃气灶时，应先开引风机和鼓风机，然后点火，再开燃气阀。

（8）使用蒸汽设备，严禁蒸汽管对人，严禁在未关汽时打开设备蒸盖，严禁身体直接接触蒸汽设备。

（9）灶具的清洗要注意时机，要把设备先放置一段时间待其冷却后再清洗。

（10）搅动热油或滚烫汤时，要用长柄用具，操作时穿长袖工作服，以防被溅出来的油、滚烫汤烫伤。

（11）搬动开水、热汤、热油的容器时，要小心慢行，以防跌翻烫伤，同时提醒通道上的员工。

（12）油炸食品时，油不许超过油锅的2/3，油温不宜过高（达到300℃，容易起火）。

4. 扭伤防范

扭伤也是餐饮店较常见的一种事故，多数是搬运超重的货物或搬运方法不恰当而造成的。具体预防措施是：

（1）搬运重物前首先要估计自己是否能搬动，搬不动应请人帮忙或使用搬运工具，绝对不要勉强或逞能。

（2）抬举重物时，背部要挺直，膝盖弯曲，要用腿力来支撑，而不能用背力。

（3）举重物时要缓缓举起，使所举物件紧靠身体，不要骤然一下猛举。

5. 电击伤防范

电击伤的产生主要是由于员工违反安全操作规程或设备出现故障。其主要预防措施如下：

（1）电器设备，均要接好地线，要配有漏电保护装置。只许经培训合格的人员操作，确定具体使用人，严禁其他人动用。

（2）向设备内添加原料时，必须借助于专业的器械，不许直接用手去添料。

（3）电器设备使用完毕后要及时关闭电源，拔去插座或关闭总闸。

（4）清洁电器设备时要完全断电，如果手上沾有水时，不要去触摸电源插头、开关等部件。

（5）设备使用过程中如发现有冒烟、焦味、电火花等异常现象时，应立即停止使用，申报维修，不得强行继续使用。

（6）电器如出现着火事故，要先断电，再救火，严禁用水扑救带电的电器设备。

（7）电器设备发生故障时必须请专业人员维修，严禁使用人私自乱拆。

6. 设备事故防范

设备事故也是员工在餐饮店工作中容易出现的安全问题。其主要预防措施如下：

（1）各种机器设备均由专人操作、专人保养、专人管理。操作人员上岗前，必须经严格的岗前培训，熟悉机器性能，能正确操作机器。

（2）设备安装调试合格后，方可接收使用。

（3）安装防护罩。操作处贴出防触电标志和操作规程，强调操作时不许撤除防护罩。

（4）设备必须在其额定条件下使用，不能超负荷、长时间使用。

（5）设备启动时，负荷较大的要先点动，再运行。

（6）机械设备运转时要留人在场监控，不能出现空场的情况。

（7）操作者在使用设备时，如果发现机器有异常声响或其他异常的现象，要立即停机，请专业技术人员维修，不要带故障操作。

（8）设备用完后，关闭电源，拔下电源插座或关闭电闸。

（9）清洗电器设备前一定要关掉电源，手湿或站在有水地板上不能触摸金属插座和电器设备。设备的电机部位严禁用水冲洗。

（10）设备的日常保养由操作者负责，定期保养由专业技术人员负责，加润滑油或食用油。

问题91：如何防范盗窃行为？

餐饮店内有大量财产和物品，如果出现了偷盗及滥用现象，就意味着餐饮店遭受损失。餐饮店在运营过程中为了提供一定的物质基础，需要在店内保留数目可观的现金，另外还有很多的原料和酒水，这些物品如果不严加保管，一旦遭遇盗窃行为，就会给餐饮店造成重大损失。因此，在餐饮店安全管理中，应制定周密的防盗措施，以保证餐饮店财产及物资的安全。

1. 运营安全管理

先到餐饮店工作的人员，在工作之前应先检查店面四周有没有异常，看门、窗是否开着。一旦发现被盗现象应马上报警，然后仔细检查餐饮店内都丢失了哪些物品，并保护好现场。

晚间关门前，餐饮店内的管理人员应对餐饮店的各个角落做一遍检查，以确保所有顾客和员工都离开了，同时还要保证所有门窗均已关好。

2. 做好内部人员盗窃的预防工作

餐饮店员工在工作过程中会直接接触餐饮店的财产和物品，因此，为了预防员工偷盗，餐饮店就要采取一定的预防措施。

（1）要严把用人关，在应聘过程中，对应聘者的各项素质要严格考核，如发现其曾有过一些不良行为，则不考虑录用。

（2）在平时工作中，要经常性地进行教育培训活动。

（3）现金和支票都要锁在保险柜内。

（4）要制定严格的奖惩制度，一旦发现员工有偷窃行为，则应立即处理，绝不留情。

3. 预防外人偷窃

餐饮店内每天大量流入流出的现金以及库存的大量原材料，是一些不法分子偷窃的目标。因此，餐饮店要预防不法分子的偷窃行为。具体可以采取以下措施：

（1）餐饮店内要保持照明充足，不给不法分子可乘之机。

（2）要经常对门窗进行检查，看玻璃有无破损情况，门窗上的螺丝是否有脱落或松动情况，如果有要及时修理。

（3）餐饮店的钥匙仅限于经理、副经理及开店、打烊的人员拥有，并加强对钥匙的管理工作。

（4）库房必须上锁。

（5）对餐饮店入口、楼层走道及其他公共场所，要严加控制，以防外来不法分子作案。

（6）尽量不将有价值的物品置于公共场所内。

（7）送货人员、修理人员及其他外来人员一律使用员工通道，并且需在值班人员的许可下才能入内；离开时也必须用员工通道，保安人员要注意他们身上携带的物品。

（8）餐饮店设备、用具、物品等，如果需要去外面修理，必须经过相关部门领导的签名，并由值班人员登记后方可出去修理。

问题92：如何确保消防安全？

厨房是经常用火的地方，自古以来便是"小心火烛"的重点部位。近年来，随着我国经济的发展，酒楼、餐饮店呈现出一片繁荣的景象。但是，由于其经营水平不一，厨房设施和厨房环境差异很大，存在液化石油气管道、柴油灶、煤炉灶并存的情况。而厨房设施的不断更新，用火方式的变化，都增加了火灾的危险性。因此，厨房的防火安全更不容忽视。

1. 厨房的火灾危害性

在火灾发生的事故中，厨房是公共场所发生火灾的主要地点，因厨房着火引起的火灾造成了大量的财产损失、人员伤亡，并对企业品牌形象造成不可挽回的负面影响。归纳其起火原因，主要有以下几点：

（1）燃料多。厨房是使用明火进行作业的场所，所用的燃料一般有液化石油气、煤气、天然气、炭等，若操作不当，很容易引起泄漏、燃烧、爆炸。

（2）油烟重。厨房长年与煤炭、气火打交道，场所环境一般比较潮湿，在这种条件下，燃料燃烧过程中产生的不均匀燃烧物及油气蒸发产生的油烟很容易积聚下来，形成一定厚度的可燃物油层和粉层附着在墙壁、烟道和抽油烟机的表面，如不及时清洗，就有引起油烟火灾的可能。

（3）电器线路隐患大。餐饮行业厨房的使用空间一般都比较紧凑，各种大型厨房设备种类繁多，用火用电设备集中，相互连接，错乱的各种电线、插排，极易虚接、打火。

（4）用油不当会起火。厨房用油大致分为两种，一是燃料用油，二是食用油。燃料用油指柴油、煤油，大型宾馆和饭店主要用柴油。柴油的闪点较低，在使用过程中，因调火、放置不当等原因很容易引起火灾。有的地方将柴油放置在烟道旁，烟道起火时就会同时引发柴油起火。食用油主要指油锅烹调食物用的油，因油温过高起火或操作不当使热油溅出油锅碰到火源引起油锅起火是常有的现象，如扑救不得法就会引发火灾。

2. 预防厨房火灾的基本对策

（1）加大对厨房员工的消防安全教育，定期或不定期地对其进行培训，并制定相应的消防安全管理制度。

（2）减少使用柴油等容易积累油污的燃料。厨房中的气瓶应集中在一起管理，距明火或高温物体要有足够的间距，以防高温烤爆气瓶，引起可燃气体泄漏，造成火灾。

（3）厨房中的灶具应安装在不燃材料上，与可燃物有足够的间距，以防烤燃可燃物。对厨房内的燃气燃油管道、法兰接头、阀门必须定期检查，防止泄漏。如发现燃气燃油泄漏，首先应关闭阀门，及时通风，并严禁使用任何明火和启动电源开关。

（4）厨房内使用的电器开关、插座等，以封闭式为佳，防止水从外面渗入，并应安装在远离煤气、液化气灶具的地方，以免开启时产生火花引起外泄的煤气或液化气燃烧。厨房内运行的各种机械设备不得超负荷用电，并应时刻注意在使用过程中防止电器设备和线路受潮。

（5）厨房灶具旁的墙壁、抽油烟罩等容易污染处应天天清洗，油烟管道至少应每半年清洗一次。

（6）配置灭火设施。厨房内应配备一些湿棉被和石棉毯，用来扑灭各类油锅火灾。另外，厨房内还应该配置一定量的 ABC 干粉灭火器设施，并应放置在明显部位，以备所需。

特别提示

在配备充足的消防器材设施的同时，要定期组织模拟训练和灭火训练，不断提高餐饮店内部的自防自救能力，一旦发生火灾能够迅速灭火，以减少不必要的损失。

---

3. 火灾发生时如何疏散、引导顾客

餐饮店发生火灾时，在疏散、引导顾客时应遵循以下要领：

（1）利用广播向客人告知火灾地点。

（2）最靠近火灾处的顾客优先疏散。

（3）老弱妇孺优先疏散。

（4）疏散当中如遇浓烟迫近时要使用湿手帕、湿毛巾将鼻、口掩住，必要时使用室内消火栓射水援护。

（5）疏散时不可使用电梯。

（6）将火灾楼层下面的顾客，引导至各安全（门）楼梯向下层疏散。

（7）将火灾楼层的顾客，引导至火灾地点反方向安全（门）楼梯向下面楼层疏散。

（8）将火灾楼层上面的顾客，如安全（门）楼梯间无烟火冒出时，引导向下面楼层

疏散；如遇烟火时，则改由反方向的安全（门）楼梯向下面楼层疏散。

（9）引导疏散时要注意安全，不可混乱，而且必须大声呼叫、指示。

（10）一旦疏散至安全地带后，禁止顾客返回取物。

（11）关闭火灾区域的防火门，在此之前要先确认有无未疏散人员。

（12）检查厕所、餐饮店内是否还有人。

问题93：如何防范传染病？

餐饮行业是人口流动大且聚集的行业，餐饮店应提升自身防控意识，做好防控工作，提升应对突发性公共卫生事件的处置能力，为广大消费者提供一个安全、有序的餐饮消费环境。

1. 强化从业人员健康管理

餐饮店长要严格落实本单位传染病防控第一责任人职责，制定本单位防控工作方案和应急预案。加强传染病防控知识的宣传普及，做好员工健康监测和防护保障。

（1）落实日常管理，从业人员工作期间按要求正确佩戴一次性口罩，养成洗手、消毒等良好卫生习惯。

（2）做好从业人员疫苗接种工作，建立人群免疫屏障，确保从业人员身体健康，增强员工自我保护意识，提高自我防护能力。

2. 强化堂食就餐过程管理

餐饮店要按属地传染病防控部门要求，严格控制承接宴会规模和人数，采取减少桌椅摆放、加大间隔、错位就餐等防控措施；提供"一菜一公筷、一汤一公勺"或者"一人一公筷、一人一公勺"服务，公筷公勺宜采用不同颜色、材质或突出标识等醒目的方式进行区分，防止交叉传染；采取网上预约及通知、非接触扫码结账等措施，减少人员聚集。

3. 做好场所清洁和通风消毒

每天对经营场地、设备设施、人员通道、电梯间、卫生间等场所设施进行清洁消毒；保持经营场所良好通风和卫生清洁，定期对空气过滤装置进行清洁消毒；严格餐具卫生管理，用餐完毕后对所有餐具进行全方位的清洁和消毒。

4. 做好进口冷链食品管理

落实采购进口冷链食品管控措施，明确原料采购、加工等环节控制措施。

5. 加强餐品外卖管理

开展外卖服务的餐饮店，要做好食品生产、制作、包装环节的健康安全管控。提倡使用外卖封签等方式，做好餐品运输环节的密封防护管理，自配送单位及外卖平台做好配送人员的管理，送餐时要佩戴并及时更换口罩，配送人员每天上岗前做好健康检查，确保外卖箱等配送工具每天清洁消毒。

第六个月

餐饮营销与市场推广

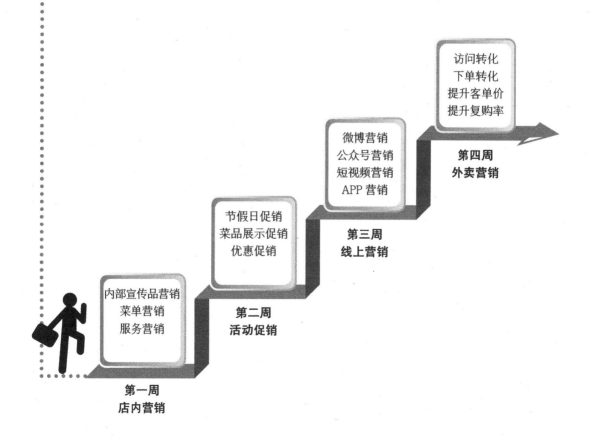

访问转化
下单转化
提升客单价
提升复购率

第四周
外卖营销

微博营销
公众号营销
短视频营销
APP 营销

第三周
线上营销

节假日促销
菜品展示促销
优惠促销

第二周
活动促销

内部宣传品营销
菜单营销
服务营销

第二周
活动促销

第一周
店内营销

第一周　助力店内营销

餐饮店在门店内有许多可以利用的营销载体（如内部宣传品营销、菜单营销、服务营销等），将其运用好了，同样可以产生极好的营销效果。

问题94：如何借助内部宣传品营销？

餐饮店使用各种宣传品、印刷品和小礼品进行营销是必不可少的营销手段。常见的内部宣传品有节目单、打火机和小礼品等。

1. 节目单

餐饮店可以将本周、本月的各种餐饮活动和文娱活动信息印刷成节目单，放在餐饮店门口或电梯口、总台。餐饮店印刷和使用这种节目单时要注意图6-1所示的事项。

事项一 节目单的印刷质量和制作工艺要与餐饮店的档次保持一致，不能粗制滥造

事项二 一旦确定了活动就不能随意更改和变动。餐饮店在节目单上一定要写清时间、地点和电话号码，并印上餐饮店的标志，以强化促销效果

图6-1　制作及使用节目单的注意事项

2. 餐巾纸

大多数餐饮店会在用餐过程中向顾客提供餐巾纸，有的是免费提供，有的则是收费的。餐饮店可以在餐巾纸上印上企业名称、地址、标志、电话等信息，以达到促销和宣传的目的。

3. 打火机

餐饮店可以将印有本店名称、地址、标志和电话等信息的打火机送给顾客，以达到宣传的目的。打火机可定制成各种规格、外形、档次，只要符合企业自身的实际情况即可。

4. 小礼品

餐饮店可以在一些特别的节日和活动期间，向用餐的顾客赠送一些小礼品。常见的小礼品有生肖卡、印有餐饮店广告和菜单的折扇、小盒茶叶、巧克力、鲜花、口布（餐巾）和精制筷子等。

> **特别提示**
>
> 　　餐饮店要精心设计小礼品，如果能根据不同的场合和对象有针对性地赠送，效果会更理想。

5. 告示牌

餐饮店可以在门口张贴诸如菜品特选、特别套餐、节日菜单和新服务项目等的告示牌。告示牌的规格和制作工艺要与餐饮店的形象保持一致，措辞要考虑顾客的感受。

"本店晚上十点打烊，明天上午八点再见"比"营业结束"的表达方式会让顾客觉得更亲切，"本店转播世界杯足球赛"的告示远没有"欢迎观赏大屏幕世界杯足球赛实况转播，餐饮不加价"的促销效果好。

问题95：如何利用菜单营销?

菜单是餐饮店向顾客介绍商品的目录单，也是指挥、安排和组织餐饮店生产与服务的计划任务书。

1. 菜单设计

既然菜单是餐饮店宣传和促销的利器，其设计就要符合餐饮店的形象：外形要凸显餐饮店的主题，颜色和字体要能搭配餐饮店的装潢与气氛，内容要能反映服务的方式。

完成菜品筛选、定价等步骤后，餐饮店就必须对菜单进行规划和设计，包括外形、尺寸、质感、颜色、字体和印刷方式等。设计菜单时应注意图6-2所示的事项。

事项一	干净且有效地运用空间，一般以50%的留白最为理想
事项二	封面设计需具有吸引力，并能与餐饮店的室内装潢相互辉映
事项三	根据上菜顺序、配置时间等考量菜单的整体顺序

图6-2

事项四	菜名需清楚易懂，如果是外文的菜名，则需附注翻译或加以描述
事项五	可适时地加入文字或插页来推销特定的食物及饮料
事项六	一定要在醒目位置写明地址、联系电话及营业时间，以加深顾客对餐饮店的印象
事项七	不可涂掉菜名或旧价格而填上别的菜品或价格，如有修改一定要重新印制新菜单，以免引起顾客的猜疑或不满

图 6-2　设计菜单时应注意的事项

2. 菜单评估修正

餐饮店设计好菜单后，应随时留意顾客的反应，根据顾客的意见和建议适时修正菜单。

（1）定期开展口味调查。餐饮店可以通过问卷调查的方式定期开展口味调查，了解消费者的口味及喜好，以便及时更换菜单上的菜品。问卷的内容主要包括口味、分量、热度等几项。调查的频率以半年或一年一次最为理想，注意事项如表 6-1 所示。

表 6-1　口味调查注意事项

注意事项	说明
经常与同业开展口味比较	为了使比较的结果更具参考性，餐饮店在比较口味时必须坚持"模拟"的原则。例如，一家中型的粤菜餐厅就应与其他中型粤菜餐厅做比较。口味比较可先从同地区做起，然后逐渐扩展到其他区域
简化菜单，淘汰不受欢迎的菜品	在调整菜单时，餐饮店应将无人问津或极少卖出的冷门菜剔除。这样不仅可以避免材料浪费，也可避免第一次上门的顾客点到这些菜时产生不良的印象
合理运用套餐	套餐是指将多种不同的店内菜品打包组合形成套餐模式进行售卖。它对老顾客来说是个划算的选择；对第一次上门的新顾客则有促销的作用
多推出季节性的菜品	大多数海鲜、蔬果类的食品都有一定的季节性，应季时这些食品不但品质佳，价格也比较便宜；反季时，不但其数量少、品质差，价格也比较贵

（2）分析每日销售情形。餐饮店可使用"每日菜单销售情形表"正确记录菜品的消耗情况，如此一来，餐饮店长就知道什么菜该保留、什么菜该剔除。在剔除菜品的同时，也要注意菜单的完整性，若把所有不受欢迎且获利低的菜品全部剔除，菜单可能会变得支离破碎，餐饮店的特色也就不复存在了。

问题96：如何通过服务营销？

1.知识性服务营销

餐饮店可以在门店里放置报纸、杂志、书籍等供顾客阅读，或在门店放置电视播放新闻、体育比赛等节目。这样会让顾客感到服务周到细心，同时还会消除顾客等待时的无趣。

 实例

在一家不足300平方米的茶餐厅里，墙上贴满了3000多张老报纸。顺着楼梯上到二层，人们仿佛走进了时光隧道。墙上贴的都是各个时期的老报纸，有中国成立之初的，也有20世纪80年代改革开放时期的。3000多张老报纸由宏观到微观、从政治经济到民情民生，全方位、多角度地展示了中国的沧桑巨变，每位读者都能从中清晰地感受到中国的发展壮大。

这些报纸带来的文化气息与茶餐厅古香古色的内部装潢相得益彰，前来消费的顾客都能体会到该餐厅的高雅品位。

2.附加服务营销

在午茶服务时，送给客人一份小蛋糕；晚餐用毕后，送给女士一枝鲜花等；服务员一旦发现客人感冒了要及时告诉厨房，为客人熬一碗姜汤……虽然这是很小的礼物，但是客人会很感激你，觉得你在为他着想，正所谓"礼轻情意重"。这就是一种有效的附加服务营销。

比如，给客人倒茶时，服务员可以说"您的茶水，请慢用，祝您用餐愉快"；在客人点菊花茶的时候，可以告诉客人"菊花能清热降火，冰糖能温胃止咳，常喝菊花茶有益养生"；顾客过生日的时候，如果服务员只是为他端上一碗面条，会让他觉得很普通，如果端上去后轻轻挑出来一根搭在碗边上，并说上一句"长寿面，长出来。祝您福如东海、寿比南山"，会让顾客觉得很有新意（心意），这碗面就变得很特别了。

3.娱乐表演服务营销

很多餐饮店在门店大厅里举行多种形式的表演，如民族风情表演、川剧变脸表演、舞蹈表演、"二人转"等，这是商家为吸引消费者而提供的一项免费服务。

第二周　各种活动促销

餐饮促销是指餐饮店向目标顾客介绍食品和服务项目及配套设施，促使顾客前来消费的市场营销活动。餐饮店应通过各式各样的促销活动加强与消费者的互动，提高门店的知名度和顾客的满意度。

问题97：如何做好节假日促销？

节假日期间吸引消费者的注意、做大做活节假日市场，已成为各大餐饮店每年促销计划中的重中之重。如果能够真正把握节假日消费市场的热点和需求变化趋势，制定符合目标市场的策划方案，餐饮店必能获得可观的回报。

1. 全年主要促销节日

节日促销就是指在节日期间，餐饮店利用消费者的消费心理，综合运用广告、公演、现场售卖等营销手段进行的产品、品牌的推介活动，旨在促进产品销售，提升品牌形象。

通过图6-3所示的节日循环图，可以看到每个季节主要的节日。

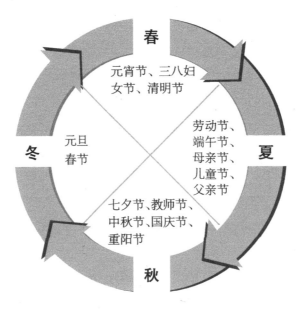

图6-3　节日循环图

2.节假日营销的要点

节假日促销与一般的促销意义不同，节假日受传统文化的影响较大，所以更需注意节假日的各种风俗、礼仪、习惯等。

（1）快餐食品受欢迎。节假日餐饮是以普通百姓为主体的市场，特点是人员多，流动量大。普通消费者的经济承受力决定了中低档方便食品经营自然是节假日经济中的主导方向。

（2）追求绿色餐饮成为时尚。如今的节假日消费者更注重和向往营养、卫生、方便、实惠、健康的食品。所以，餐饮店可以根据人们新的饮食需求，开拓新的饮食空间。

（3）未雨绸缪做好节前准备。根据节假日的风格特色，餐饮店应尽量营造欢乐的节假日气氛。从菜品、宴席的调整创新以及着力推广饮食文化服务来增加休闲性，以此来吸引消费。

（4）加强营销策划。根据节假日特点，借节假日推广的营销手段也是行之有效的。节假日期间，可开展特色营销，如推出传统名菜、名点；推出特色鲜明的创新菜点、宴席；推出一些名而不贵、特色突出的大众菜点，开发适应节假日消费的套餐、便捷食品；推出具有本店特色的婚庆、喜寿宴席等。

（5）努力营造节假日氛围。针对当前节假日经营特征以及不断变化的餐饮市场，不同的门店会制定各自对策迎接节假日经营高潮。每个门店都有自身的优势和特色。在节前策划中，店长都应根据餐饮店的实际情况，充分发挥自身优势，只有制定和实施有特色的节假日营销策略，才能在节假日经营的激烈竞争中不断扩大市场份额。

问题98：如何做好菜品展示促销？

促销是为了激起消费者的购买欲望。餐饮店可以利用菜品展示进行促销，这样既不会增加成本，又能达到促进销售的目的。一般来说，餐饮店利用菜品展示进行促销主要有图6-4所示的几种方法。

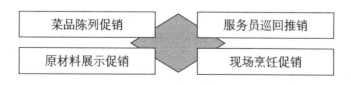

图6-4　菜品展示促销的方法

1. 菜品陈列促销

餐饮店可将制作得十分精美的菜品展示在陈列柜里。这种方法的局限性也很明显：不是所有菜品都适合陈列促销。许多菜品放置后会失去新鲜的颜色，这样的陈列促销会起到反作用。一般来说，菜品陈列促销方法比较适合凉菜、甜点、沙拉菜等。

2. 原材料展示促销

一些经营海产品的餐饮店可以通过原材料展示进行促销。"鲜""活"的原材料展示，可以让消费者感觉到本餐饮店使用的原材料都是新鲜的。

餐饮店可以在店门口用透明玻璃鱼缸养一些鲜鱼活虾，任消费者挑选，厨房按消费者的要求加工烹调。当然，也不是所有的海产品都适用于这种方法。

原材料展示促销的关键是必须保证原材料的质量。有的餐饮店鱼缸里的鱼身上伤痕累累，鱼鳍被咬掉一半，多处已露出红肉，消费者不但不会点这样的鱼，还会对这家餐饮店失去好感。

3. 服务员巡回推销

有一些餐饮店采取服务员巡回推销的方式供应凉菜或点心。这种方法的关键就在于，部分菜品被放在推车上的器具里，由服务员往来于座位之间向消费者推销。有时消费者点的菜不够充足，又怕再点菜等待时间过久，在这种情况下，推车服务既方便了消费者，又增加了餐饮店收入。巡回推销的好处还在于，车上的许多菜不一定是消费者非买不可的菜品，消费者如果看不见这些菜品，不一定会有购买动机，但看见后便可能会产生冲动性购买行为。

如果餐饮店档次较高，除了推销凉菜或点心之外，还可以在小车上配备一碗碗刚刚出锅的馄饨。馄饨被盛在精致的小汤碗里，下衬漂亮的餐垫和精致的衬碟，馄饨里有碧绿的香菜和可口的蘑菇作点缀，在餐具和装饰品的衬托下，这碗馄饨的外观非常诱人，可以使它在消费者心目中的价格倍增。这样，原本一道成本不高的菜品，就可以卖出一个合适的价格。

4. 现场烹饪促销

很多消费者都见过像"印度抛饼"这样的现场制作场面。通常，这种带有表演性质的现场烹饪，都会使消费者产生兴趣。

这种促销方法的优势是使消费者现场目睹菜品的烹饪过程，当场品尝该菜品的味道，会感觉味道更加鲜美；餐饮店还能利用食品烹调过程中散发的香味刺激消费者的食欲。需要特别注意的是，进行现场烹饪促销时，厨师一定要选择外观新鲜漂亮的菜品，烹调时无难闻气味、速度快而且简单，如烧烤类的菜品。另外，烹调的器具一定要清洁光亮，否则消费者会对餐饮店产生一种不干净的误解。

比如,俏江南餐厅强调把菜品制作过程当成一种让客人参与体验的表演。在制作"摇滚沙拉"和"江石滚肥牛"等招牌菜品时,服务员一边表演菜品制作,一边介绍菜品的寓意或来历等,使消费者产生深度的参与感,并获得全新的消费体验。

> **特别提示**
>
> 　　现场烹饪促销要求餐厅有宽敞的空间和良好的排气装置,以免油烟污染餐厅或影响客人就餐。

问题99：如何做好优惠促销?

讲到促销,可能映入大家脑海中的第一个词就是优惠。的确,优惠是促销的最佳手段之一。一般来说,优惠促销主要包括即时优惠、延期优惠等。

1.即时优惠活动

即时优惠是伴随购买行为自动生效的各种优惠,如现场抽奖、现场打折、赠送礼品等。通常来说,即时优惠活动的形式主要有图6-5所示的几种。

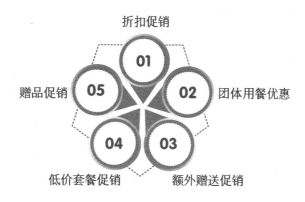

图6-5　即时优惠活动的形式

（1）折扣促销。折扣促销能得到众多餐饮店的欢迎,就是因为这种方法不但可以根据消费者的消费额确定折扣率,而且可以在餐饮销售的淡季和非营业高峰期间,实行半价优惠和买一送一等优惠活动。

使用折扣促销方法时,餐饮店一定要突出灵活、新奇的特点。

比如,某餐饮店推出的"用餐付费自摸折扣"活动,就充分利用了人们的侥幸心理,从而掀起了一股消费高潮。

（2）团体用餐优惠。在某些季节内，由于成本因素，餐饮店很难对个人消费打折，但对团体消费，还是应该采取适当的优惠措施，如会议就餐、旅游团队包餐等。会议和团队就餐通常按每人包价收费，餐饮店按包价提供各色菜品。

（3）额外赠送促销。除了折扣促销方式以外，餐饮店还可利用额外赠送的方式进行促销。餐饮店可以给消费者赠送一些小礼品，包括餐后的水果拼盘、带有餐饮店标志的打火机、儿童玩具、菜单日历等。

如果就餐当天恰巧是消费者的生日，餐饮店可以给过生日的消费者打折或赠送蛋糕；在特殊的节日给某些特殊的消费者节日优惠，如在母亲节给母亲优惠，在重阳节给老人半价优惠，在儿童节为儿童送小蛋糕等。

（4）低价套餐促销。餐饮店可将若干种菜品组合成一种套餐，以较低价格出售，以此吸引消费者，增加整体收入。

特别提示

低价套餐比较适合周末家庭消费和节假日消费，这样更能吸引消费者的眼球。

（5）赠品促销。当餐饮店研发出了新的菜品时，可将菜品样品送给某些消费者品尝，了解他们是否喜欢这种菜品，同时欢迎消费者再次光顾。当新菜品得到了消费者的认可后，餐饮店可将其列入菜单。有的餐饮店允许消费者在购买新菜品时可先尝后买，这样既能取得消费者的认可，又能使消费者放心。

2. 延期优惠活动

延期优惠是指消费者在下次消费时才能享受的各种优惠。延期优惠活动主要有图6-6所示的两种形式。

图6-6 延期优惠活动的形式

（1）积分奖励。对于那些经常来本店就餐的消费者，门店可以给予他们积分奖励，提高他们对门店的忠诚度。门店可按照消费额的大小计算消费者的分数，累加后形成总积分。然后根据消费者的积分多少，制定和实施不同档次的奖励办法，如给予较高的折扣优惠、免收服务费、免费消费等。

（2）发放赠券。在经营淡季，餐饮店可更多地利用赠券形式进行优惠促销。赠券的发放方式比较灵活，餐饮店可以在消费者结账时向消费者提供等价赠券，其下次就餐时可按相应币值计算。

3. 其他优惠促销

优惠促销的方式还有很多种，除了即时优惠和延期优惠两种方式外，下面两种方式同样属于优惠促销。它们与常规方式相比更具针对性和合作性。

（1）淡季折扣促销。每家门店都有自己的旺淡季，在淡季期间，餐饮店可举办各种促销活动来提高销售额。

比如，可以开展"买一送一"的饮料促销活动，同时可以加入适当的演出活动。

淡季折扣促销可以在一定程度上提升销量，但并不是每项折价政策都能提高经济效益。餐饮店需要详细记录折价前后的就餐人数和销售额等数据，分析实际销售额能否达到通过开展促销应达到的水平。如果不能达到，就要立即采取改进措施或取消这项促销活动。

（2）联合促销。餐饮店可以同邻近商家开展联合促销，以某种双方都能够接受的形式与运作手段共同推销菜品。

比如，某餐饮店邻家是啤酒经销商，双方可以共同举办"啤酒节"。促销期间，啤酒经销商提供折扣啤酒，餐饮店提供折扣菜品。消费者为了得到优惠而前来就餐，提升了菜品和啤酒的销量。

如果餐饮店能与其他餐饮同行优势互补，就可采取这种联合促销方法。

▼

第三周　参与线上营销

微信、微博、大众点评、抖音等互联网社交工具为餐饮业带来了很多新的机会。餐饮线上营销就是要打通各种形式，找到不同的线上营销推广渠道。

问题100：如何做好微博营销？

在互联网快速发展的时代，微博凭借高效的即时性、交互性及操作便捷，已成为国内最受欢迎的社交平台之一，拥有了数亿的用户资源，商业价值凸显。在这个微博当道的时代，餐饮店应把握机遇，适时开展微博营销。

1. 微博账号的功能定位

餐饮店可以注册多个微博账号，每个账号各司其职。一个微博账号可能承担相对单一的功能，也可以承担多个功能。如果企业比较大，那么在一个专门的公共关系微博账号外，建立多个部门微博账号是可取的。如果企业的产品比较单一，那么整个企业建立一个微博账号就可以了。

> **特别提示**
>
> 一般来说，一个微博账号可以具备新产品信息发布、品牌活动推广、事件营销、产品客服、接收产品用户建议与反馈、危机公关等多项功能。

2. 微博形象设计

微博形象包括头像、昵称、简介、背景、活动模块等。其设计要求如图6-7所示。

1 微博形象设计要体现出亲切感，要能够吸引目标消费者。比如，在活动模块板块，要配以图片和视频，以增加可视化和形象性

2 要全面展示自身的特色。比如，餐饮店可以用自己的LOGO（标志）或者招牌菜作为头像，同时在简介中对自身的特色进行简明扼要的阐述，让人很快就能了解这是一家什么样的餐饮店

3 要让消费者容易找到。餐饮店要将所在的地理位置放入昵称中，并在简介中写出具体的地址，同时给出电话号码等联系方式

图6-7 餐饮店微博形象设计要求

比如，巴奴火锅是火锅业较早开通微博的企业。为做好微博营销，巴奴火锅专门创造了"小巴"这个人物形象，她是巴奴的服务员，勤劳、乐观、开朗、略带"萌"。发布一系列"小巴"在店内服务时听到、看到的段子，深受微博粉丝们喜爱。

3. 创造有价值的内容

有价值的内容就是对微博用户"有用"的内容，能够激发微博用户阅读、参与互动交流的热情。餐饮店微博的内容可以集中在图6-8所示的几个方面。

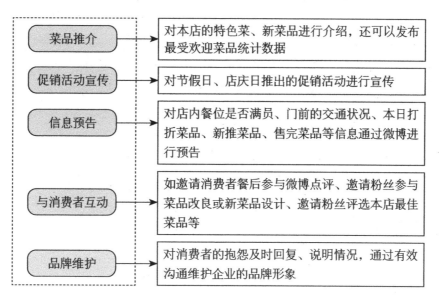

图 6-8　微博营销的内容

4. 开展互动营销游戏

在微博上开展活动真正符合微博拟人化互动的本质特征。只要产品有价值,没人能拒绝真正的"免费""打折"等促销信息,很少有人会讨厌此类信息。常见的微博互动活动形态,有图 6-9 所示的几种。

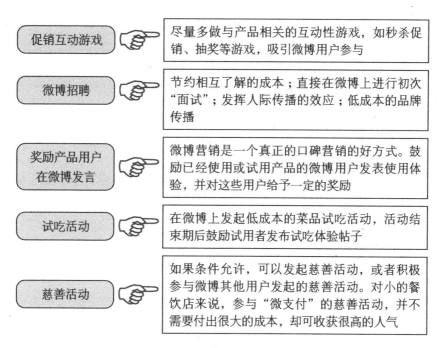

图 6-9　微博互动活动形态

5. 掌握微博营销的技巧

每逢节假日，不少酒店、餐饮店都策划了精彩纷呈的活动、情侣套餐等。然而，在微博营销方面，不少餐饮店的微博营销方式单一，缺乏新意，效果并不理想。那么，餐饮店如何做好微博营销呢？可参考图6-10所示的技巧。

图6-10　微博营销的技巧

（1）主页美观要先行。微博的核心是"关系""互动"，因此，切勿将企业微博仅当作一个官方发布消息的窗口，让人感觉冷冰冰的。要让人感觉企业微博像一个人，有感情，有思考，有回应，有自己的特点与个性。

微博网络账号的主页，一定要做好，美观、有设计感、符合品牌定位，这是最为基本的要求。

比如，在情人节来临之前，可以编辑一些与情人节相关的文章，用专题板块发布原创内容，可以更加醒目，吸引用户关注。也可以制作与情人节相关的网站对联、爆笑弹窗、搞笑FLASH动画、搞笑小视频等。如果条件成熟，可以考虑使用CSS制作节日相关背景，让顾客能感受到节日的温馨气息。

（2）莫让折扣遮蔽眼。很多餐饮店会存在一个误区，认为网络营销就是打折打折再打折，认为打折就可以提高销量。而事实上，网络营销过程中，情感的价值远远超过折扣。用户沉浸在节日的气氛中，沉浸在浪漫的气息中，而所有这些因素都不是由价格来主导的。此时，餐饮店要考虑的是如何让产品承载感情。因此，餐饮店要做的不是一味地打折，而是挖掘产品的内涵，让它承载更多情感成分。

（3）推出便捷服务。为了方便消费者，餐饮店可以推出微博订座、微博团购等便捷服务，并在官方微博和店内的显眼位置告知消费者本店已推出该项服务。这样，消费者有需要时，即可发私信给餐饮店确定订座人数、到店时间和大致消费金额等内容。餐饮店再根据当日整体订座情况在微博里向消费者发布订座详情，诸如几号台、哪个包间和领班经理的名字等。

特别提示

　　餐饮店可以向通过微博私信订座者提供适当的打折优惠、赠送菜品等，促使消费者使用微博订座服务。同时，餐饮店也可定期推出微博团购活动，吸引更多的消费者前来消费。

　　（4）提供信息推送。当餐饮店拥有一定数量的粉丝以后，适当地给粉丝推送一些信息就成为可能。餐饮店可以通过微博去了解消费者的相关信息，这些信息包括人口统计信息，如年龄、生日、性别、职业等，还包括粉丝的心理偏好信息，如兴趣、爱好等。了解到这些信息以后，就可以推送给他们个性化的信息，包括温情关怀（生日、节日祝福等）、促销预告、友情提醒（路况、点评提醒等）等。

　　（5）营销文案需要个性化。微博用户都是以休闲的心态来使用微博的，因此，餐饮店微博营销的内容应尽量轻松幽默，给人很有趣的感觉，比如语言上尽量诙谐幽默，回复生动有趣。这样让粉丝本能地愿意去关注餐饮店的微博，对增加品牌的亲和力也很重要。总之，抓住人性的特点和交流的技巧，才可以让餐饮店的微博更受欢迎。

　　现在微博内容虽然不限制字数，但是枯燥的内容越少越好，10个字能说清楚的问题就不要拖长到11个字。同时，配以图片和视频也是化解枯燥乏味的好办法，人们本能地对视觉图像有兴趣，因此，餐饮店在进行微博营销时配上对应的图片或视频更容易吸引粉丝的关注。

 相关链接 ···

微博文案撰写技巧

　　餐饮店利用微博进行营销能够取得非常好的效果，并且已经成为很多餐饮店展开营销的重要手段之一，而微博营销要想取得良好的效果，就要写好微博文案。文案的写作技巧主要有以下几种。

　　1.篇幅上要做到简短

　　现在发微博虽然对于字数没有限制，但微博文案还是要做到简短。每条消息最合适是100～120字。这主要是因为少有消费者喜欢读长篇大论的东西，简短的文字更能让消费者喜欢。

　　2.内容要利于互动

　　餐饮微博文案的内容要利于互动，这样才能提高转发率。

比如：

（1）通过手机微博，当场成为本店粉丝，可赠送面巾纸一包。

（2）餐后参与微博点评，可获得代金券一张。

（3）微博提前预定餐位，可获得特价菜一份。

诸如此类的参与和互动，都可以随时随地展开，并通过微博直播，达到充分的互动效果。

3. 活动文案要以情动人

餐饮店如果利用微博文案给粉丝搭建一个情感倾诉的平台，更可能会让粉丝在自己的微博圈内转发。

比如：

（1）"感恩节，送围脖"××天气老耍酷，不是降温就起雾。感恩节，和×先生一起感恩送温暖吧。无论你现在多忙，给自己一分钟，闭上眼睛，回忆那些值得你感恩的人、那些温暖和幸福，你想到了谁？转发此微博并"@"你想到的那个人。感恩节当天，×先生抽取五位感恩博友，给你和你"@"的好友各送一条围脖，一份温暖。

（2）不要独自吃饭！赶快上新浪微博，"@"几个好友，一起吃吃饭，聊聊天，还能享受店家优惠。有多久没见你的朋友，发条微博邀请他吃饭吧！

诸如此类的文案能够以情动人，在让用户在感受温情的同时积极转发，并会以此来感动更多的人，引来更多的转发。

4. 文案要有趣

餐饮微博文案应该做到有趣，有趣的文案会吸引消费者的目光，不但能促进消费，还能提高转发率。

比如：

（1）我猜，水下20米的海底餐厅，很难借到火吧。

（2）爱分享，不爱独食。爱吃肉，也爱啤酒。爱红酒，也爱喝汤。我是谁？我就是标准"吃货"，一个懂分享、有态度的"吃货"。

（3）大块吃肉，大碗喝酒。其他的都统统靠边站，爱吃才是正经事儿！吃着火锅发微博，这才是最惬意的生活！

诸如此类有趣的文案，能够赢来用户的会心一笑，同时能最大限度地感染他们，从而提高他们转发的积极性。

5. 文案要能够激发欲望

文案还要做到的一点是能够激发消费者的欲望，所以餐饮店要依靠微博文案向消费者传达经营理念。除此之外，文案还要能满足用户的某项需求，激发他们内心深处的欲望，用户才会积极了解你的餐饮店，踊跃参加餐饮店活动。

比如：

（1）凡是来门店用餐者，对本店的服务态度、卫生、饭菜质量一切都感到满意而提不出意见者，加收3元，若能提出意见，则奖励3元。

（2）我们是自助餐厅，这里有近20个食盘分两排摆列着。我们是最特殊的自助，饭每人1元随便吃，奇特的是菜只讲重量，15元100克，不讲人数，不讲荤素。

诸如此类的文案能够告知品牌特点和经营特色，以引起消费者的兴趣和好感，使消费者改变或建立消费观念，激发其购买欲望，进而促成其购买行动。

6. 做好链接

不管是何种形式的微博文案，都要设置好页面链接。无论是照片视频，或者是门店宣传页面的定位，链接是你将有用的内容分享给粉丝的途径。而研究也证明，带链接的微博比不带的转发率高3倍。所以，在撰写微博软文的时候，不要忘记把门店宣传页的链接附上去。并且文字链接最好是在微博开头1/4的位置，因为你讲了1/4以后，读者开始有兴趣，有兴趣以后，如果他想知道这个内容，就会点链接了；如果讲完以后，再放链接，而用户觉得这个内容他已经知道了，就不愿意点这个链接了。

问题101：如何做好微信公众号营销？

无论是在哪个城市，无论是在哪个餐饮店，微信公众号营销都是提高客单量的有效手段，而且微信的即时通信、准确定位可以简化线上预约、点餐等环节，实现高转化率。

1. 公众号的创建

（1）公众号类型的选择。微信公众号分为公众平台服务号和公众平台订阅号，两者的区别如表6-2所示。

表6-2　订阅号与服务号的区别

项目	订阅号	服务号
服务模式	为媒体和个人提供一种新的信息传播方式，构建与读者之间更好的沟通与管理模式	给企业和组织提供更强大的业务服务与用户管理能力，帮助企业快速实现全新的公众号服务平台
适用范围	适用于个人和组织	不适用于个人

续表

项目		订阅号	服务号
基本功能	群发消息	1条／天	4条／月
	消息显示位置	订阅号列表	会话列表
	基础消息接口	有	有
	自定义菜单	有	有
	微信支付	无	可申请

注：服务号还具备高级接口能力。

从表6-2可以看出，订阅号与服务号还是有很大区别的，那么，餐饮行业创建微信公众号是选择订阅号还是服务号呢？

对于餐饮店来说，创建微信公众号的主要目的是通过推广餐饮店产品，提升餐饮店实际收益，树立企业品牌形象。餐饮行业的企业官微（官方微信）实际上是侧重"用户运营"的一个渠道。因此，大多数媒体的企业官微都是订阅号。这是因为媒体需要实时推送最新的资讯，粉丝之所以关注也是希望可以获取实时资讯，所以类型和粉丝的需求是匹配的。但是作为服务行业的餐饮店，其官微应该更加注重"用户服务和管理"，而不是一直推送餐饮店单方面想要推送的资讯，换句话来说，餐饮店官微的粉丝的需求更加偏重"服务交互"，比如获取餐饮店的趣味体验机会、特价产品等，所以餐饮行业在选择官微注册的时候，大多会选择"服务号"。

（2）头像的选择。选择头像时，识别度越强越好。

比如，提起麦当劳，马上就能让人想起"M"字样。

对于餐饮店来说，微信公众号的头像可以选择品牌卡通人物，可以放公司LOGO，具体放什么可根据企业品牌推广需求而定。

（3）公众号的命名。"人如其名"是形容人的姓名跟人的整体形象相匹配，对于企业，能从名字当中透露出餐饮店自身的调性也很关键。这个名称决定了顾客对关注这个餐饮店之后获取信息的所有想象。所以名称要精简，精简便于记忆，建议采取"品牌名＋产品品类"的办法。

比如，"一品红川菜"，很清晰地告诉粉丝，我是"一品红"，我做的是川菜。

（4）公众号功能介绍。粉丝扫描二维码或者搜索公众号进来，看到的第一个页面很关键，功能介绍上面要清晰地表述公众号的目的和定位。

比如，"食尚湘菜，打造更湘、更辣、更地道的湖南菜"，就很清晰地向粉丝传递出餐饮店的特色与定位，喜欢湘菜的、爱吃辣的顾客就会多加关注了。

2. 公众号线上推广

餐饮店可以采取图6-11所示的措施来做好微信公众号的线上推广。

邀请当地美食大号进行推荐	☞	餐饮店经营初期，微信公众平台也才搭建起来，在完全没有顾客基础的情况下，可以先邀请其他有大量粉丝基础的美食大号进行推荐，宣传餐饮店美食及优惠活动信息等，用于初期聚集人气
用各种活动吸引用户	☞	餐饮店可借助第三方平台开展活动，比如发红包、各种抽奖游戏，不但可以激活老用户，还可以让他们分享到朋友圈带来部分新用户
参与其他平台团购	☞	餐饮店在其他平台做团购是为了用低成本从其中心化平台吸引目标客户，并且留住他们，而不是为了卖东西，要建立品牌口碑，为吸引回头客做准备，这种措施特别适合新店

图 6-11　微信公众号线上推广措施

> **特别提示**
>
> 　　在完成最初的粉丝积累后，餐饮店通过对微信公众号的日常维护，可以将优惠信息推送给顾客，刺激顾客二次消费；也可以通过公众号和粉丝互动，提升顾客活跃度；或者是推送文章通过软性的营销手段塑造企业品牌形象，提升品牌在顾客心中的形象。

3. 公众号线下推广

餐饮店可以采取图6-12所示的措施来做好微信公众号的线下推广。

图 6-12　微信公众号线下推广措施

（1）店内推广。店面是充分发挥微信营销优势的重要场地。可在菜单的设计中添加二维码并采用会员制或者优惠的方式，鼓励到店消费的顾客使用手机扫描。一来可以为公众号增加精准的粉丝，二来也积累了一大批实际消费者，这对后期微信营销的顺利开展至关重要。

店面能够使用的宣传推广材料都可以附上二维码，包括墙壁、餐桌、收银台、吧台、易拉宝等，但不是仅仅放一个二维码那么简单，而是要告诉用户，扫二维码后他们可以获得什么，需要给用户一个关注的理由，甚至所有工作人员都要口头提醒用户，比如可以有：

① 别处所不能买到的团购套餐；

② 特别的优惠；

③ 送饮料、菜或锅底；

④ 某个受欢迎的菜品只有关注公众号的用户才能点，甚至是只能通过微信平台点；

⑤ 通过微信点餐和支付可以享受打折、满减、送券等优惠。

> **特别提示**
>
> 　　店内的推广，除了为了利用服务差异化吸引用户关注微信公众号外，还为了培养用户使用微信公众号完成点餐和消费的习惯。

（2）和智能硬件结合。餐饮店可以将公众号与路由器关联，用户只有关注了公众号才能享受 Wi-Fi 服务；也可与照片打印机关联，用户只有关注了公众号才能打印照片，如果怕成本过高可以设置免费打印 1 ~ 3 张。

（3）店外推广。地推的方式是最传统的，不过现在发传单很少有人仔细看，所以要用相关的微信活动来吸引用户关注公众号，并且参与里面的活动，而不是简单地介绍几个菜谱和优惠活动。你的目的是吸引用户，并且使用户通过微信深入地了解店铺。

餐饮店可以搭建自己的活动场地。无论在店外还是人流集中的广场，可以通过线上线下结合的活动、游戏等，还有吸引眼球的海报来吸引用户关注。

4. 公众号内容推送

餐饮店在自己的公众号上推送餐饮店动态、美食、服务信息或打折优惠信息，就像餐饮店的宣传海报，通过微信与用户沟通交流最新讯息，方便快捷、成本低。

（1）推送时间。根据有关统计显示，一天之中有这么几个推送阅读高峰期：上午 9 点到 10 点，中午 13 点，下午 17 点，晚上 21 点和 23 点。其中，又以晚上 21 点和 23 点的访问量最大。在这些时间段读者有足够的时间来阅读推送的内容，适合做产品的促销。

（2）推送频率。餐饮店可以选择一天一条单图文信息；或隔天一条多图文信息。推送得太频繁，会引起顾客的反感。

（3）推送内容。公众号的推送内容应注意图 6-13 所示的要点。

1 发布文章不一定要长篇大论，一定要能引发读者的思考，一般内容在300～500字

2 文章的标题要有特点。尽可能要吸引读者来阅读。毕竟现在用户订阅的公众账号很多，竞争很激烈。再好的文章，读者不点进来看也没有用

3 不要每天推送大量的内容给潜在顾客。创造可以跟读者沟通的话题，要知道所有价值都来自沟通，推送再好的内容，不如跟读者沟通一次

4 字号要尽可能大一点，因为用手机屏读文章已经够吃力了，字号小了眼睛会累

5 段落排版上，每一段尽可能短一点。尽量避免出现大段的文字，如果有，也要拆分成小段落，以使读者有更好的阅读体验

6 在每篇文章的最后，要附带上版权信息。因为微信的内容可能会被分享到各种地方，带上自己的版权信息就为读者增加了一个入口。（图片上也要带上自己的版权信息）

7 尽量写图文消息，而不要只推送文字消息。附带上一张图，阅读体验会好很多。如果不是特别需要，尽量不要在文章里插入过多的图片，尤其是大图一定要经过压缩

图6-13　公众号推送内容的要点

> **特别提示**
>
> 　　向微信粉丝频繁地推送消息可以提高餐饮店的曝光率，也可能会招致粉丝的反感，使粉丝取消关注。所以在推送内容的选择上需要经过仔细选择。及时分析微信数据，根据数据调整微信推送的内容。

 相关链接

餐饮公众号"套路"粉丝的技巧

1.新品推荐

主要目的：宣传新品，激发消费者购买欲。

对于需要经常推出新品的餐饮店来说，微信公众号无疑是非常高效率、高性价比的宣传方式。新品推送的名目可以根据自己的产品不断变化，比如招牌单品回归、升级，季节限定，节日礼盒等。

而无论面对新顾客还是常客，当公众号发布新品上市的消息时，都能够有效地起到激发粉丝购买欲的作用。

2. 紧迫热点

主要目的：推出节日限定款或周边；借机打折促销。

对于餐饮店来说，全民热点也是上新、促销的良机。从传统的节日，到国外的感恩节、圣诞节，再到"5·20""6·18"这样的新"节日"，都可以成为公众号发布活动的主题。

比如，端午节之际，每年推出特色粽子的星巴克、85度C、味多美，端午期间都在公众号上提供了在线购买服务；"汉堡王中国"则通过端午节套餐优享的方式，发布新的优惠活动。

3. 花式优惠，实力"宠粉"

主要目的：留住粉丝；提高活跃度；鼓励消费。

除了上述功能外，公众号最"吸粉"的一点就是各种优惠活动了，并且由于微信功能的多样性，优惠方式也花样繁多。

比如，麦当劳公众号在一些文章的结尾，会发放能够直接领取到微信卡包的优惠券，或者提供"微信扫码点餐满减"等微信专享优惠。而在使用微信付款后，顾客也将获得相应的积分，当积分达到一定数量，就可以在积分商城兑换到新的优惠券和免费商品。

除了直接领取的方式以外，一些公众号还会设置与粉丝的互动环节，如在推送的文章中留言、集赞、每天签到打卡等，粉丝可获得奖品或优惠券，这样有效地维持了粉丝的活跃度和顾客黏性，还能借机宣传自家的单品。

4. 推出服务功能

主要目的：增加线上营收；提高点单效率。

除了推广产品、发布优惠信息以外，餐饮店还可以基于微信的社交功能，推出赠送礼品卡、开通线上商城、自助点单、外卖等。

礼品卡主要分为两种形式，一种是直接赠送选定的商品，另一种则是相应金额的代金券。

而线上商城的购买形式也比较多样，分为直接线上支付消费、积分＋线上支付，以及在积分商城兑换优惠券三种。礼品卡和微信商城的存在，丰富了餐饮店的线上消费，而用积分抵现金或者兑换优惠券的形式，有助于提高顾客的复购率。

比如，肯德基、麦当劳和汉堡王这些经常会出现排队点单的快餐店，在公众号上提供了"自助点单"的服务，在减少顾客等候时间的同时，还能减轻员工的负担，提高门店整体效率。

5. 品牌形象塑造

主要目的：产生共鸣；吸引、巩固粉丝。

（1）代言人

面对作为消费主流群体的年轻人，快餐行业在代言人的选择上，一直偏爱"当红流量小生"，既能吸引和讨好年轻粉丝，又能给人留下青春活力的品牌印象。

肯德基就是一个非常典型的例子，从其推送的头条封面到文中的内容，都使用了大量的代言人海报和视频广告。而代言人的粉丝们也十分"买账"，文章底部经常会出现支持偶像的留言。

（2）联名跨界

面对各行各业都在流行的跨界，餐饮品牌也不甘落后。

在选择合作方上，企业会结合自身品牌的调性及近期热点，来寻找合适的联名伙伴。

比如：走"高格调"路线的瑞幸咖啡，就与"腾讯新闻"联手，将大家名言印到了小蓝杯上；必胜客则携手虚拟偶像洛天依，为高考考生送上祝福，并推出了8折优惠；而在世界杯期间，卖炸鸡的肯德基与百威啤酒也联手跨界，非常"应景"。

问题102：如何做好短视频营销？

所谓的短视频营销，就是将品牌或者产品融入视频中，通过剧情和段子的形式将其演绎出来，类似于广告，但又不是广告，关键在于在用户看的过程中，能不知不觉将产品推荐给用户，使用户产生共鸣并主动下单和传播分享，从而达到裂变引流的目的。

近年以抖音、快手为代表的短视频APP营销凭借独特的趣味性、传播性成为当下流行的营销方式，这对餐饮店宣传至关重要，线上视频营销可以帮你把整个城市上千万人引流到线下，由短视频带动的收益是相当高的。

1. 短视频营销的方法

目前的消费主流是80后、90后和00后，他们不仅是个性化的，而且追求交互和共享，短视频可以满足这一特点。短视频营销不仅打破了餐饮店传统的促销模式，而且打破了餐饮经营者固有的思维模式。那么，餐饮店如何使短视频引人注目呢？可采取图6-14所示的方法。

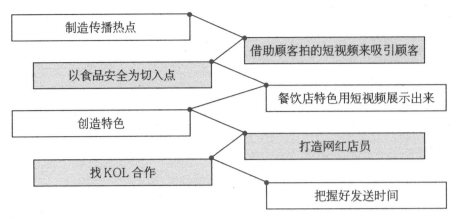

图 6-14　餐饮短视频营销的方法

（1）制造传播热点。短视频平台的用户互动性极高，因此特别适合营销活动的传播和扩散。一旦制造一个传播热点出来，就会引起疯狂的转发和传播。

比如，爆红的海底捞"神秘吃法"，视频内容就是一位网友在抖音上传了一个自己是如何吃"海底捞番茄牛肉饭"的视频。视频一经发布，这种"神秘吃法"立刻就成了网红吃法，引起很多人去海底捞的线下门店消费，甚至有人到海底捞直接跟服务员说要吃网红饭。

从那之后，越来越多的海底捞吃法被创意十足的网友开发了出来，各种充满参与感和创意的餐饮消费模式也容易被模仿，所以抖音一下子就为海底捞带来了海量的线下转化的流量。

又如，一个"摔碗酒"视频直接带火了西安永兴坊特色美食商业街。这就是典型的一个传播热点带火一个品牌的成功案例。

（2）借助顾客拍的短视频来吸引顾客。仔细研究那些爆火的餐饮品牌，我们不难发现，大多数被短视频"捧红"的产品，都是由顾客自发录制转载的，而并非餐饮店主动策划。这也符合绝大部分视频内容走向，都好像是临时起意，突发奇想，没有计划……而正是这样的短视频，才让人感觉更加真实，更加可信，顾客才会心甘情愿地接受广告的"安利"，不觉反感，反而乐在其中。

因此，餐饮店想要借助短视频吸引客流，不妨从顾客着手，鼓励他们在门店拍视频。

比如，顾客在门店就餐时拍抖音，获得相应数量的"小心心"，就可以享受打折或赠送礼品、菜肴等优惠。

特别提示

餐饮店要设置一些适合录视频的有趣的点，比如西安的喝酒摔碗，西塘的拉客小哥等，让顾客有内容可拍。

（3）以食品安全为切入点。当代人对食品安全是非常重视的。

比如，南京有一家名为"友达"的面馆，就是以此作为切入点，在抖音上发布了一个将食品的制作工艺透明化的视频。从鱼肉的精挑细选，到蔬菜的清洗，再到餐具的消毒，甚至于后厨的整理，全部以短视频的形式展现给消费者，打消了消费者食品安全方面的顾虑，在塑造品牌形象的同时，提高了线下顾客的到店率。

（4）餐饮店特色用短视频展示出来。如果你是一家特色餐厅，你可以试试短视频营销。一个能拍短视频的餐厅，对顾客很有吸引力。

独特的环境、新鲜的菜肴、贴心的服务，甚至个性化的菜单都可以作为餐饮店的独特卖点。我们可以从顾客的角度把这些特点制作成有趣的视频，并把它们拍出来，以此吸引眼球。

（5）创造特色。有的餐饮店可能会觉得自己的门店没有特色，不适合短视频营销。如果这样想，就大错特错了。没有特色，我们可以创造特色。

短视频用户大体可分为三类，分别是内容生产者、内容模仿者和普通群众。"短视频爆品"的产生，往往是网红、"达人"创作了精彩作品之后，随之出现一大批的模仿者，从而使得原创内容产生裂变式传播，全方位触达更多的普通群众，普通群众再通过亲身体验，成为新一轮的模仿者，这个过程不断重复，最终导致爆款产品大红大紫。

因此，餐饮店可以充分发挥人民群众的力量，创造各种神奇吃法玩法。

比如，海底捞的番茄牛肉饭和鸡蛋虾滑塞面筋，CoCo都可的"焦糖奶茶＋青稞＋布丁＋少冰＋无糖"的网红奶茶，江小白的抖音喝法，星巴克的隐藏菜单等，广大"吃货"的力量是无穷无尽的，餐饮店只要给他们空间和鼓励就好了。

这种突破菜单、边玩边吃的形式，让顾客自己动手创造，不仅趣味十足，互动感更强，而且操作简单，易于模仿，网友们能够立刻进店尝试，随之带来海量的线下转化，尤其是对于连锁餐饮店，门店遍布大街小巷，更是为网友模仿体验创造了"天时地利"，短视频带来的品牌宣传效果难以估量。

（6）打造网红店员。

比如，西贝鼓励员工以个人名义在抖音上进行品牌传播，账号为"光哥"的西贝员工在抖音发布自己在店里熟练搓面的视频，该视频获得了61万的点赞量，积累了22多万粉丝，让超过61万用户对西贝产生了深刻印象，无形中提升了品牌形象。

自从这个短视频火了之后，有不少中小型餐饮商家开始打造网红店员，通过展示店员的专业技能、颜值和才艺，吸引关注，为餐饮店带来可观的客流量。

总之，在短视频盛行的时代，餐饮店可以根据自家餐厅情况，抓住短视频营销这个红利期，找准视频中想要突出的"点"，如：提供有趣、好玩的内容，或介绍独具一格的特色；展示餐厅的场景、社交特色，或诱人的产品卖相；展示店员的才艺，或店员独特的操作技法……只要找准打动用户的点并配上互动性较强的文案，就会有效果。

（7）找KOL（关键意见领袖）合作。什么是KOL？KOL即拥有更多、更准确的产品信息，且为相关群体所接受或信任，并对该群体的购买行为有较大影响力的人。KOL自带流量，寻找到与自身品牌契合度高的KOL来做短视频宣传，效果事半功倍。通过KOL来植入广告有图6-15所示的几个好处。

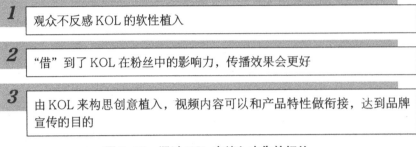

图 6-15　通过 KOL 来植入广告的好处

> **特别提示**
>
> 对于小餐饮店来说，与其请费用较高的KOL，不如花点心思自己做视频。如果视频足够吸引人，不需要请KOL也能获得不错的流量。

（8）把握好发送时间。在短视频发布频次和时间上，餐饮店每周至少发布一次，能发布两次更好，而中午12点左右或晚饭以后是相对合适的发送时机。

2. 短视频拍摄技巧

（1）拍摄受欢迎的内容。判断一条短视频内容是否受欢迎，主要看图6-16所示的五个小指标。

图 6-16　判断一条短视频内容受欢迎程度的指标

许多餐饮店只关注短视频的浏览量、评论量、点赞量和转发量。实际上，许多人不知道的是，完播量同样是重要指标，它是视频完整播放数量的统计，体现了视频是否有足够亮点的内容，并非仅仅是个"标题党"。

（2）拍摄有亮点的内容。什么内容有亮点？有亮点的内容被分为五大类，如图6-17所示。

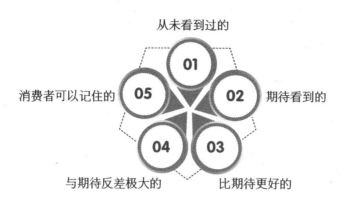

从未看到过的

消费者可以记住的　期待看到的

与期待反差极大的　比期待更好的

图6-17　有亮点的短视频内容

（3）拍摄有记忆点的内容。拍摄一条有记忆点的内容离不开主角，而漂亮精致的外表、热情开朗的性格、"萌"宠或"萌"物都能吸引用户。

比如，"黑河腰子姐"操着一口正宗东北话、带着朴实爽朗的笑容，用一句"来了老弟"为她的门店带来了超过140万的粉丝，近1000万的点赞数。

有人可能会觉得帅哥美女能吸引注意力，实际上，一个"不可貌相的内在"同样具有魅力。

比如，有家大排档的老板因为幽默风趣的性格、熟练开启瓶盖的动作，成了抖音上的网红，门店里的活招牌。

（4）画面忌讳"从头到尾都是人"。如果过度依赖人物拍摄，"整个画面从头到尾几乎全是人"，效果会适得其反，最终只能是餐饮店自娱自乐。

（5）内容要和产品结合。拍摄的短视频内容要和产品结合，在任何平台上做营销，都不能脱离产品。奇特的产品就是不错的传播点。

比如，在杭州，有一家店叫作"老纪蚝宅"，主打高压锅蒸生蚝，这家店里的服务员会直接端着高压锅上桌，在顾客面前，将冒着腾腾蒸汽的锅盖打开露出生蚝，顾客需要用专用的小刀将生蚝撬开，蘸料吃。

该店在短视频平台的火爆直接带来了生意的火爆：这家店每晚都在排队，而且在短短两个月内，"老纪蚝宅"就冲进了"杭州夜宵四强"。

（6）运用好拍摄手法。好的拍摄手法可以提升用户感官体验，也会为短视频增加不少亮点。如果条件允许的话，餐饮店在拍摄短视频时不妨灵活运镜，多用转场、特效等手法来美化视频。

3.短视频内容创作技巧

餐饮店在短视频内容创作上，可参考图6-18所示的技巧。

图 6-18　短视频内容创作技巧

（1）了解用户喜欢什么。短视频平台的用户喜欢什么类型的视频？四个字：趣、酷、爱和美，即有趣的、酷炫的、有情感共鸣的、颜值高的。如果餐饮店想要运营自己的短视频账号，就要找出你擅长的、平台用户喜欢的风格，然后朝着这个风格去经营。

（2）前5秒非常重要。前5秒是短视频的黄金时间，餐饮店需要在前5秒抓住大家的眼球，否则他们就会流失。所以前5秒必须出现亮点，比如颜值、猎奇、卖"萌"等，如果前5秒没有亮点，还可以巧妙使用文字引导。

（3）内容创作3S原则。内容制作应该和平台的产品特点相适配。要想用短暂的短视频，传达完整的品牌故事，太考验制作水平。但在限有的时间中，内容制作的原则可以概括为3个S，分别如图6-19所示。

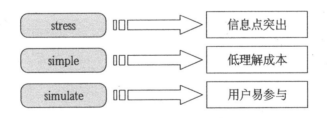

图 6-19　内容创作 3S 原则

相关链接

热搜视频的基础数据分析

一个视频怎样才能上热搜，主要看以下数据：

1.点赞率

点赞率＝点赞数／播放量

点赞率大于5.5%就可能上热搜，但要注意的是，如果不是自然来的流量对于数据评测是没有效果的，比如定向邀请、朋友来点赞或者购买水军等，这是平台为了避免恶意刷赞的一种风险规避。

那如果视频发出去播放量很低怎么办？

（1）仔细对比社区自律公约，查看是否有违规行为。

（2）查看视频是否过长，导致审核时间过长。

（3）看字幕中是否有敏感词汇，个别可以用拼音代替。

（4）如果长时间播放量为0，说明视频没通过审核，只有自己能看到。

2. 评论率

评论率＝评论数／播放量

评论率大于1%，也容易上热搜。

3. 转发率

转发率＝转发数／播放量

转发率大于1%，也容易上热搜。但有的人说，我的视频点赞率、评论率、转发率都不高，那我这个视频还能上热搜吗？其实也还是可以的，只要你能有较高的完播率（完整播放视频数占总播放量的比例）的话，也是很容易上热搜的。

4. 复播率

当观看者愿意反复观看时，那你这个视频就是成功的，而反复观看也可以提高视频的复播率。视频的高复播率不但可以增加账号的权重，还能直接拉升视频的播放量。换句话说，你的视频如果被人反复观看，哪怕点赞率是2%，也是能上热搜的。

那如何提高账号权重呢？自媒体运营人都知道，任何一个平台都有权重问题，权重越高账号的排名就越高，所以运营平台权重也是我们必须要注意的问题。那么在短视频平台，我们应该如何提高账号权重呢？

（1）完善账户资料，当然是越详细越好，而且资料里不要打广告，完整的资料也让你的企业更透明化、更真实化，消费者在平台上就能直接看到企业的信息，对企业的信任度就会更高。

（2）作品必须原创，不能抄袭。自媒体运营人都应该知道，原创度越高，越能提高账号的权重。这里必须要提一点的是：如果只是合理借鉴，但你用自己的形式展示、拍摄出来，这种是没问题的。

（3）视频时常最好在7～12秒，最少不能低于7秒，因为低于7秒的视频很难被推荐，如果你的视频有一定的曝光量，可以考虑做直播，直播是增加权重和流量一个很好的辅助。

（4）持续更新，保持活跃度。

问题103：如何做好APP营销？

APP营销是通过手机、社区、SNS等平台上运行的应用程序来开展营销活动。APP营销是品牌与用户之间形成消费关系的重要渠道，也是连接线上线下的天然枢纽。

1. 餐饮APP的功能

随着互联网的快速发展，餐饮APP已经成为人们生活中不可缺少的工具，现在人们喜欢在用餐前预定，提前了解一些相关信息。餐饮APP一般具有表6-3所示的功能。

表6-3　餐饮APP的功能

序号	功能	具体说明
1	餐厅介绍	餐饮APP对本餐厅的创立者、创立历史故事、创意来源、餐厅设计理念、餐厅服务理念等进行详细的介绍，使消费者了解餐厅的文化，能有效提升餐厅的形象
2	美食展示	将餐厅的每一道菜展示到餐饮APP里，高清显示每一道经过精心烹饪的美食，只需要点击菜式便能加入购物车，无需服务员也能轻松点餐
3	服务提醒	营业高峰时餐厅服务员百呼不应，真的很影响就餐体验。现在只要点一下按键，服务员便过来为你效劳。或者编辑好需求，例如打包、结账等发送到前台，很快有专人为你服务，大大减少餐厅服务流程
4	订位点餐	有了订位点餐功能，客人只需要在手机APP里面下单预定餐厅位子，以及订好当天就餐品类。用手机APP下单，方便快捷，为客人解决了预定餐厅位子难、缺材料等问题
5	餐后点评	在餐饮APP上还可以进行详细的点评以及商客互动，点评作为反馈信息回馈给餐厅，餐饮店能够根据客人的点评改善餐厅运营情况，促进企业亲民形象，拉动口碑营销
6	优惠推送	商家菜品全面展现，实时更新商家菜价调整、优惠、打折信息。定期发布优惠信息，并且推送给每个餐饮APP用户
7	资讯导航	在餐饮APP手机客户端上能够设置资讯导航栏目，在等待上菜的期间，让客人轻松找到自己感兴趣的资讯

特别提示

一个成功的餐饮**APP**不仅有完美的界面与丰富的功能，还必须构建一套完善、灵活、富有创造力的后台管理系统，这才是餐饮**APP**持久发展的关键。

2. 餐饮 APP 的推广模式

APP 营销对餐饮业来说已是大势所趋，它是一种全新的精准营销方式。当我们拥有了一款用户体验感极佳的 APP 后，如何更高效地推广自己的 APP，吸引用户下载，得到用户喜爱，这又是 APP 营销中急需解决的难题。目前餐饮 APP 的推广模式主要有图 6-20 所示的几种。

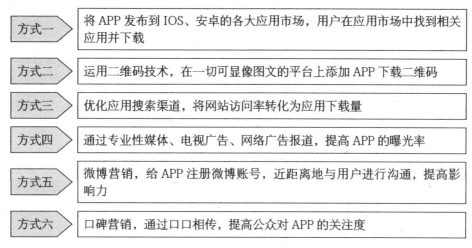

方式一	将 APP 发布到 IOS、安卓的各大应用市场，用户在应用市场中找到相关应用并下载
方式二	运用二维码技术，在一切可显像图文的平台上添加 APP 下载二维码
方式三	优化应用搜索渠道，将网站访问率转化为应用下载量
方式四	通过专业性媒体、电视广告、网络广告报道，提高 APP 的曝光率
方式五	微博营销，给 APP 注册微博账号，近距离地与用户进行沟通，提高影响力
方式六	口碑营销，通过口口相传，提高公众对 APP 的关注度

图 6-20　APP 营销推广方式

3. 餐饮 APP 的营销技巧

APP 的优点在于切合了目前流行的无线应用、虚拟社区等，而消费者的时间日趋碎片化，它能每时每刻、无孔不入地将"植入"进行到底，无形地伴随手机、无线终端等深入消费者生活的分分秒秒。因此，餐饮店要做好 APP 营销，也要讲究一定的技巧，具体如图 6-21 所示。

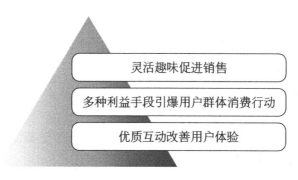

灵活趣味促进销售

多种利益手段引爆用户群体消费行动

优质互动改善用户体验

图 6-21　APP 营销的技巧

（1）灵活趣味促进销售。餐饮店所属品牌的APP就像是一个迷你版的官网，产品信息、企业信息、动态信息、预约功能、积分查询等内容都可以在APP上得到完美展现，被誉为餐饮店"自营销"的重要阵地。在这个灵活丰富的平台上，可以实现图6-22所示的销售流程，促进餐饮店销售转化。

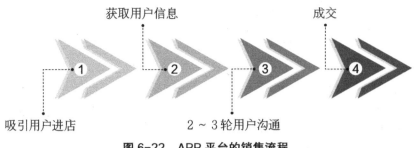

图 6-22　APP 平台的销售流程

（2）多种利益手段引爆用户群体消费行动。餐饮APP作为餐饮店品牌嫁接移动营销，覆盖智能手机桌面，实时地为目标消费群体进行一对一的品牌、产品及活动推送，对消费者进行利益刺激和引导，通过餐饮APP，商家将有效把握目标用户，广告的曝光率、到达率将更为精准。

根据餐饮店所属品牌的消费人群设定具体的利益刺激方式，可以是实实在在的物质利益刺激，比如优惠促销、诱人的奖品、丰厚的酬劳回报等；也可以从情感利益的诉求入手，比如乐趣、成就感等。通过餐饮 APP 对目标用户进行利益刺激，从而留住更多目标用户，提高销售转化率。

（3）优质互动改善用户体验。在互联网中有一个概念叫作"互动"，在手机移动网络中同样适用。良好的互动不仅为品牌的提升带来了巨大的效果，还可以大大改善用户获取终端服务店服务的体验。

餐饮店的 APP 客户端本身就是一个良好的互动平台，既可以免费将各种信息推送给用户，用户又能直接通过手机实现订餐预约服务。

> **特别提示**
>
> 　　餐饮店的 **APP** 客户端可以解决传统电话预约的诸多问题，提升服务的及时性，避免客户的流失，还可以减少人工成本，让餐饮店的服务重心转移到对现场宾客的关注上，是真正的多赢。

4. 餐饮 APP 的营销关键

发展到如今，餐饮 APP 已成为不少餐饮店营销的重要渠道。那么，餐饮店进行 APP 营销有哪些关键点呢？具体如图 6-23 所示。

图 6-23　餐饮 APP 营销的关键点

（1）消费者心理需求。餐饮店在做 APP 营销的时候，应先对消费者的心理需求进行充分了解和把握。基于这一关键点，餐饮店在进行营销时应注意从图 6-24 所示的两个方面着手。

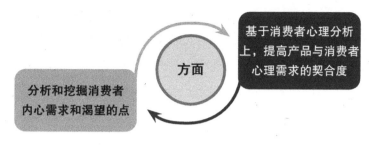

图6-24　消费者心理需求的了解和把握

也就是说，在营销运营前期，应该分析消费者的心理需求，使消费者心理需求与产品贴合。

（2）产品创意的塑造。餐饮店想要进行成功的 APP 营销，那么绝对少不了创意。

从餐饮行业的营销角度而言，其明显的要求是实用性强，能为消费者提供良好的生活服务。因此，在开发 APP 时，应该从实用性出发，对聚焦产品，在 APP 与产品之间寻求一个有创意的贴合的关键点。

（3）推广方式的选择。餐饮店在做 APP 营销时，千万不要因为是"免费"的方式，就胡乱推广，那样很有可能既没有盈利，还破坏了餐饮品牌印象。因此，餐饮店应该找准自己产品的定位，选择适合自己的推广方式，那样将便于口碑和品牌形象的传播。

第四周　提升外卖销量

随着外卖市场越来越成熟，外卖已经不再是餐饮市场的一个补充，而是一个全新的、急需商家抢占的市场。对于餐饮店来说，想要提升外卖订单销量，宣传和推广是必不可少的。下面主要介绍商家如何在第三方外卖平台上提高店铺订单的销量。

问题104：如何提升店铺曝光量？

一家外卖店的曝光量主要来自店铺排名、搜索功能、订单流量、优选、优惠专区等流量入口。其中店铺排名是带来最多曝光的,占总曝光量的 60% 左右;其次是搜索功能,占总曝光量的 20% ~ 30%。想解决曝光问题，商家需从图 6-25 所示的两个方面入手。

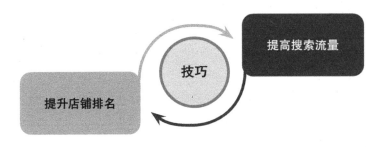

图 6-25　提升店铺曝光率的技巧

1. 提升店铺排名

店铺排名是由一系列复杂因素计算得出的，商家可从以下几个方面入手来提升店铺的排名。

（1）延长营业时间。当其他各因素都相同时，如果一家店的营业时长为 12 小时，而另一家店的营业时长为 8 小时，那么前者的排名会比后者高。

（2）起送价不能太高。如果你是自配送商家，你可以自由设定自己的起送价，一般来说起送价越低，排序靠前的可能性就越大。

（3）确认你的主营品类有无错误。如果你的主营品类为夜宵，那么你的店铺排名会在夜宵时段高于专做早餐的商家；而在早餐时段，你的店铺排名会低于早餐商家。如果你的主营品类是麻辣烫，当用户搜索"麻辣烫"时，你的店铺排名会比主营品类为冒菜、烤串的店铺高。所以，请确保主营品类的选择无误，如果有错误可以在后台自行修改。

（4）常做店铺活动。经常性地举办店铺活动、参与平台活动会在店铺排名上有一定优势。举办活动的数量、活动的力度也会影响店铺排名。

比如，做满减活动时，A 商家满 50 元减 10 元，B 商家满 50 元减 15 元，因为后者的活动力度更大，B 商家的店铺排名会比 A 商家靠前。

（5）确保销售额足够高。销售额越高的店铺，排名越靠前。销售额 = 订单数量 × 订单均价，其中，销售额是指减去满减等优惠后商家实际得到的金额。

比如：

A 商家一天有 500 单，每单的均价为 30 元，总优惠金额为 1500 元，销售额 = 500 × 30 − 1500 = 13500（元）；

B 商家一天有 600 单，每单的均价为 20 元，总优惠金额为 3000 元，销售额 = 600 × 20 − 3000 = 9000（元）。

这种情况下，A 商家的店铺排名会比 B 商家的排名高。

另外，系统在给店铺排名时，会考虑时间的影响。时间越近的销售额，权重越大。

比如，A商家昨天的销售额为1万元，前天为2000元；而B商家昨天销售额为2000元，前天为1万元。虽然总的销售额是同样的，但是因为时间的原因，A商家的排名会比B商家的高。

（6）提高店铺评分。差评多，会导致店铺评分降低，从而拉低排名，减少店铺曝光。不过，真正能够影响店铺评分的并不是单个差评，而是一星差评率，也就是一星评价数占总评价数的比值。如果店铺的好评、中评足够多，偶尔有几个一星差评并不会带来负面影响。除此以外，系统考察的是过去一段时间内的评价，很久以前的差评并不会被纳入计算。

> **特别提示**
>
> 想要提高店铺评分，最简单直接的方法是鼓励用户给好评，商家可以在外卖包装里塞小纸条，或者是在菜单中向顾客求好评。

2. 提高搜索流量

用户搜索菜品一般是三种情况：

第一种：直接输入店铺名称，找到店铺；

第二种：输入品类名称，比如"酸辣粉"，选择一家店；

第三种：点击搜索框查看"热门搜索"的推荐，选择一家店。

对于大多数店铺来说，最常遇到的情况是第二种。因此，想要让自己的店铺更容易被用户搜到，需要做好图6-26所示的几点。

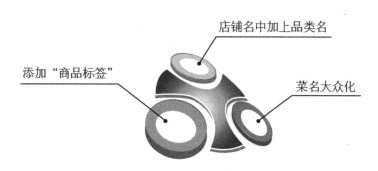

图6-26　提高搜索流量的措施

（1）店铺名中加上品类名。最经典的外卖店铺名是"品牌名称+品类名称"的形式。由于店名中包含着用户搜索的品类名称，所以更加容易被搜到。大多品牌店都使用这种命名方式。

比如，味极得煲仔饭、柳城记螺蛳粉、华莱士炸鸡汉堡等。

（2）菜名大众化。商家可以通过优化菜品名增加被搜索到的概率。优化的规则很简单：清晰易懂，是常见菜名。

比如，豆腐汤就叫"豆腐汤"，而不是"滋润营养汤"，那么被顾客搜到的可能性会大得多。如果觉得"豆腐汤"太普通，也可以叫"暖胃豆腐汤""荟萃豆腐汤"，只要加上关键词就行。

特别提示

如果菜品是套餐，命名可以采用"菜品名＋一人餐／双人餐"的形式。

（3）添加"商品标签"。填写"商品标签"是最容易提升搜索排名的方法之一。通过给每道菜品添加食材、做法、口味等标签，用户在搜索的时候，就算他搜索的词不包含在你的店名、菜名里，只要商品标签里有，就都能搜到。

相关链接

店铺如何优化搜索，让用户更容易找到

有数据显示，每五个订单中，就有一个是通过搜索功能完成下单的。所以，优化搜索是让用户能找到店铺的一个重要途径，能给店铺带来更多的曝光，提升店铺的订单量。

那么，具体应该如何来优化搜索？

1. 菜品取名要用常见且完整的词汇

一般用户如果搜索菜品名称，就表明他已经想好了要吃什么，下单目的性就非常明确。

比如，一个顾客想吃皮蛋瘦肉粥，那么他会直接在搜索框中输入"皮蛋瘦肉粥"，然后按排名顺序依次浏览进行选择。而其中，菜品名称越符合顾客搜索的内容的商家，其排名越靠前。

但是有一些外卖商家没有意识到这一点，把菜品名称写成"皮蛋粥"或"瘦肉粥"，虽然用户进店之后，也能明白具体是什么菜品，但是在搜索的时候，就没有办法出现在搜索结果的列表上，就白白流失了这一部分的流量。

2.店铺名称要加上主打品类或商圈名

首先，优化店铺名称的关键是要突出主打品类，因为顾客在搜索菜品的时候，搜索结果会显示与搜索词一致或者近似的店铺，这样顾客才能在搜索时，发现并找到你的店铺。比如搜索"饺子"的时候，品牌名带"饺子"的店铺就会出现在搜索界面上。

其次，优化店铺名称的时候，可以将具体的商圈的名字加在后面，比如"金百万烤鸭（方恒购物中心店）"，肯定就会比"金百万烤鸭（望京店）"更合适，因为具体到商圈，更容易让用户辨别位置。

3.制定标准化的LOGO，让用户有记忆点

在外卖竞争激烈的当下，用户的选择太多，所以对于外卖品牌来说，一定要具备高度的自我识别性，那么一个足够吸睛和标准化的LOGO，正好能够实现这一点。

之所以要标准化，是因为只要用户在下过一次单之后，下一次再看到LOGO就能有印象，能够想起来，这是我下过单的门店，所以一个标准化的LOGO能够从潜意识里加深用户的印象。

4.美化菜品图片，让用户有点开的欲望

用户从平台选择外卖的时候，会首先看到菜品图片。那么，用户有没有点开看的欲望，就在于菜品图片的颜值高不高，够不够吸睛。

尤其外卖的核心人群是相对年轻化的一类人群，这类人群需要不断地给予其刺激。如果店铺菜品介绍或者是菜品图片长期固定，长期不更新，品牌的渗透率通常不会很高，同时难以满足顾客的心理预期，所以对菜品图的投入是非常有必要的。

比如，某粥店的做法是，在整体的菜品图片的规划中，会定期更换图片，保证用户在看到图片的时候，有新鲜感，有点开的欲望。

5.菜品做精细化分类，让用户购买更便捷

门店菜品需要做精细化的分类，一方面能够让用户购买起来更加便捷，另一方面，也是组合整体菜品的一种手段，可以通过这种方式，来把所有的热销菜品或者主推菜品放在前面。

比如，某餐饮店里第一个是热销产品，第二个是折扣产品，后面才是营销类型的产品。这样用户能在第一时间看到这些产品，从而产生购买行为。

问题105：如何提升访问转化率？

访问转化率是指进店人数占店铺曝光人数的比值。访问转化率低，意味着很多用户划动过你的店铺，但是并没有点击进去。影响店铺访问转化率的因素有图6-27所示的几点。

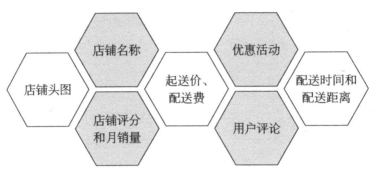

图6-27 影响店铺访问转化率的因素

1. 店铺头图

想提高访问转化率，店铺头图非常重要。很多商家不重视这个小图片，对审美和设计不屑一顾。他们觉得自己是做餐饮的，只要口味好就可以，图片一类都是唬人的。这种想法在线下实体餐饮店可能没问题，但是在线上外卖店上就大有问题了。实体店中，能吸引用户注意的可以是香味、门头、客流、服务员的吆喝，但这些在线上外卖店中都没有。当用户"路过"（也就是手指划过）你的店铺时，能直接吸引他们注意力的，就是这个小小的图片。

因此，头图需要亮眼，有设计感、质感，这样才能用它吸引用户的视线，从而点击进店。商家可以观察周围店铺头图的颜色，然后选择一个和它们不一样的颜色作为主色调。

比如，在一堆红色头图中，如果选择白色作为头图的主色调就比较显眼。

2. 店铺名称

店铺名称最好为"品牌名＋品类名"，为什么店铺名称要按照这种形式命名呢？这是因为这种命名方式除了能提升搜索量外，还利于用户快速了解店铺，进而提高访问转化率。

如果你的店名叫"阿良蒸饺"，那么用户能迅速明白你主卖的是蒸饺，"阿良"是你的品牌名。但有的人会把店铺取为"阿良家""阿良的童年味道"之类的名字，虽然很好听，但是用户会一头雾水。就算你的头图中有蒸饺,店铺的主营品类选择的也是"饺子"，可用户也很难会注意。

需要注意的是，虽然外婆家、真功夫、麦当劳这些店，光看名字也不知道具体卖的是什么，但是这些品牌在餐饮界已经"拼杀"多年，早已在用户心中塑造出品牌形象。一家普通的外卖店不应该在取名方面借鉴他们。所以，写明店铺的品类，让用户做直线思考，这样才能提升店铺的访问转化率。

> **特别提示**
>
> 　　用户在浏览商家列表时，首先注意到的就是店铺LOGO和名称。规范的店铺LOGO和名称既有利于塑造品牌形象，也有利于提升店铺被用户搜索到的概率。

3. 店铺评分和月销量

当你的店铺引起用户的兴趣后，用户还会注意评分、月销量，来推断这家店好不好吃，服务怎么样。如果评分、月销量较低，会给用户留下"不好吃"或"有问题"的印象，从而影响用户进店访问。

4. 起送价、配送费

价格一定是用户关注的重点。因此，用户会通过查看起送价、配送费来综合判断这家店的消费是否符合预期。所以商家需要判断自己的起送价、配送费是否设置合理。

> **特别提示**
>
> 　　想要吸引用户进店，自配送商家可以适当降低自己的配送费；非自配送商家可以参加营销活动，设置"减配送费"。

5. 优惠活动

想要吸引不同类型的新老用户，商家可设置多种类型、多个挡位的活动，这样对用户的吸引力更大。除了最常见的"满减"活动，还有折扣菜、代金券、新用户立减××元等活动。

> **特别提示**
>
> 　　商家不宜开设过多优惠活动，因为过多的活动，文字介绍也会过多，用户根本不会仔细去看，只会让他们觉得眼花缭乱，不明所以。

6. 用户评论

通常外卖平台会选取一两句能代表店铺优势的好评作为标亮的用户评论，内容会侧重菜品、服务、包装等，所以这就对商家在各个环节的质量上提出了相应的要求。

7. 配送时间和配送距离

大多情况下，用户都希望能尽快收到外卖。因此也会关注配送距离、配送时长和配送方式，来综合判断自己是否能在预期的时间内收到。

对此，商家应选择适当的配送方式，设置合理的配送范围来保证配送的时效。

问题106：如何提升下单转化率?

下单转化率是指下单顾客数占进店顾客数的比值。在外卖平台上，流量变成订单要经过两步转化。

第一步是由曝光到访问的转化，衡量此类转化水平的，就是"访问转化率"。对应到线下，相当于顾客在逛街，然后走进了店铺，查看菜单（商品）。

第二步是由访问到下单的转化，衡量此类转化水平的，就是"下单转化率"。对应到线下，相当于顾客决定要在哪家店吃饭（购物），并选好要吃（买）什么。

访问转化率和下单转化率共同构成了成交转化率。

如果店铺的下单转化率低，说明店铺的"装修"、菜单栏设计、评论管理等方面很可能存在问题。到底该如何吸引更多的顾客下单？可参考图 6-28 所示的技巧。

图 6-28　提升下单转化率的技巧

1. 菜单设置与美化

外卖餐品讲究"快"，除了指送餐速度的"快"，还泛指信息寻找速度的"快"。让用户进店后三页内就找到他想吃的，这是外卖铁律之一。

一份完整的外卖菜单，由菜单分类和名称、菜单排序、菜品名称和图片、菜品描述、菜品规格等几个方面组成。好的菜单应该达到图 6-29 所示的效果。

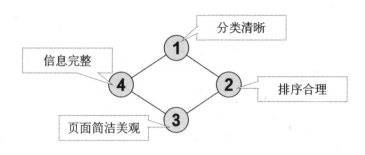

图 6-29　好的菜单应该达到的效果

因此，商家可以将店铺的菜单栏按以下要求来设置。

（1）控制菜单长度。菜单栏绝对不能过长，最好控制在 8 个类目，50 个菜品左右。太长的菜单会让用户难以选择，最终放弃点餐。

（2）规划菜单栏目。除了常规的"热销""折扣"，剩下的菜单栏可以按照招牌菜、主食、套餐、小菜、酒水饮料等大类来划分。

> **特别提示**
>
> 　　商家要像管理军队一样规划好店中的菜品，将它们放入最合适的类目中，并把最重要的菜品放到最前面。这样的菜单栏清晰明了，才能方便用户查找。

（3）菜单栏名称不要太长。菜单栏名称最好为 4 个字。很多热门外卖店的菜品栏总是一排整齐的四字名称，这不是因为大家都喜欢四字词语，而是因为一旦超过 4 个字，多的字会出现在第二行，显得很不整齐。

商家可以按照"两字形容词＋两字品类名"的形式给菜单栏取名，比如精致凉菜、精品杭菜、经典川菜，这种写法规范感很强，又不会显得过于干巴巴。

2. 重视店铺评分

"点餐"栏旁边通常是"评价"栏。很多新用户在选择一个商家时都会去看看评价，在这里用户可以了解到店铺的评价总数和商家评分、配送满意度等各项数值，如果评分太低、差评太多势必会影响顾客下单。

商家一定要重视店铺评分，它代表的是群众口碑，在缺乏透明度的任务通道里，高评分相当于用户的下单加速器。

> **特别提示**
>
> 商家可以通过小票留言、电话联系等方式加强与用户的沟通，这些动作本质上是在跟用户建立联系，这样用户会更放心，下单时也会减少顾虑。

 **相关链接**

如何引导用户评价

外卖用户精力有限，很少会评价菜品，通常是对餐品不满意，才想起来评价。商家如何才能调动用户积极性，让他们主动评价？

1. 通过媒介提示顾客评价

在平台介绍或随餐附赠的餐垫纸中，增加引导用户评价的内容，提醒用户做出评价。

如果产品和服务能获得用户的认可，那就有较高的概率获得好评。

2. 用超出用户心理预期的产品和服务，争取用户评价

具有高性价比的产品和贴心的服务会给用户带来惊喜，让用户在感动之余，默默奉上评价。使用好的食材，保证菜品口味和随餐附赠小菜、软饮都是不错的方法。服务方面则更多是对细节的把握，如包装结实、小菜独立包装、提供一次性手套等。

3. 管理好商家信息

"评价"栏的右侧，可以看到更多的商家信息。其中店铺的实景照片以及食品安全档案等内容，有助于使用户放心下单。尤其是在用户首次进店时，完善的商家信息能更快获得用户的信任。

问题107：如何提升客单价？

客单价是指每一个用户平均消费的金额，客单价即平均交易金额。店铺的销售额是由客单价和用户数（客流量）所决定的，客单价和店铺销售额的关系如下：

$$店铺流量 \times 下单转化率 = 订单量$$
$$订单量 \times 客单价 = 店铺销售额$$

因此，要提升店铺的销售额，除了尽可能多地吸引进店客流，增加用户交易次数以外，提高客单价也是非常重要的。具体方法如图6-30所示。

图中文字：

单品搭配变套餐

01

05　超值换购小助攻

巧设优惠券门槛　02

04　凑单产品别小看

满减挡位有秘诀　03

图 6-30　提升客单价的方式

1. 单品搭配变套餐

毋庸置疑，套餐是被最广泛认可的提升客单价手段。很多店铺都有套餐，但是搭配套餐的目的是什么，套餐的价格怎么设置，产品怎么搭配，应结合店铺的运营方向，来制定相应的套餐策略。

不同于引流作用的套餐，如果是为了提高客单价，那么套餐价格的设计一定不是赔本赚吆喝，而是在保证利润的前提下，以高性价比来吸引用户。

一般套餐是以店内热销产品为基准，配以小吃、汤品的单人餐，或者是以两人份热销菜品组成的双人餐。

比如，原本用户只想点一个20元的主食，商家帮他搭配一个原价10元的汤和一个原价6元的小菜，这样组合成一个套餐，售价28元。

从用户的角度来看，搭配的东西只花了8元，相当于是5折（10元 + 6元 = 16元，5折后卖8元），而且饭菜也丰盛了，面对看起来性价比更高的套餐，用户大概率会选择套餐。

对于店铺而言，直接就多收了8元钱，相当于一个用户增加了40%的营收，况且汤和小菜往往又是毛利比较高的产品，所以单品变套餐是一个店铺增加营收最常见的做法之一。

2. 巧设优惠券门槛

优惠券有很多种类，提高客单价就要巧妙地设置优惠券的门槛。如果店铺的客单价是30元，赠送优惠券的可用门槛设置为25元，这种设置只能说有利于提升店铺复购率，对客单价的提高并没有帮助。如果把优惠券的可用门槛拉高到40元，肯定会有用户为了使用优惠券去凑单，客单价自然就上来了。

因此，想利用优惠券提升客单价，那么优惠券门槛应适当高于客单价。

3. 满减挡位有秘诀

满减档位的合理设置是促使店内下单率有效增长的方式，也是增加客单价的有效方式。在外卖平台上，经常看到有些商家这样设置一些满减活动。

比如，满30元减13元／满58元减17元／满88元减20元／满118元减28元，顾客消费金额增加，优惠额也随之增加。这活动背后的动机就在于，用更大的优惠力度刺激顾客消费更多，从而提升客单价。

4. 凑单产品别小看

该手段一般是与第三点相互配合使用，通常凑单产品以小吃、饮品等低客单价但高毛利的产品为主，在原来满减挡位提高的情况下，引导用户下单购买以凑单。

商家可以根据季节变化、顾客消费习惯，推出小吃、饮品等高毛利产品，让用户"顺便"带走，这是提高客单价很好的方法。

比如，如果店铺经营的是烧烤，那么可以在夏日售卖期间增加一些消暑降火气的饮品；如果店铺经营的是面向白领的工作餐，搭配一些价格便宜、小分量的凉菜、沙拉或水果切片供选购，应该会得到用户更多的好感。

千万不要小看了小吃和饮料，用户购买这些产品凑单不仅使得用户在不知不觉中增加了消费，满足了用户需要，而且增加了商家的盈利点，让客单价悄悄地增长。

5. 超值换购小助攻

超值换购其实是一项很好的平台营销活动，在用户的结算页面会有超值换购的选项提示，一般为2～8元的商品，以比成本价略高一点的价格对外销售，这个活动不是要带来多少利润，更多的是为了消耗库存，增加销量及销售额。

对于一些低客单价的商家来说，主营产品中的低价产品过多，中高价格产品几乎没有，是客单价难以提升的原因之一。此时，商家如果想在客单价上有突破，可以结合自己的产品优势，推出有竞争力、高毛利的中高价产品，用来带动店铺整体客单价的提升。

需要注意的是，推出中高价产品的前提，是店铺流量已经稳定，并拥有一定数量的老用户作为转化基础。

> **特别提示**
>
> 提升客单价并不代表简单拉高产品价格，一定要多分析店铺定位和用户群体，通过优化店铺和营销技巧，多思考如何让用户更愿意消费，且通过多消费获得更优的用户体验，这样才能逐步改进，找到最适合自己的经营策略。

相关链接

餐品组合出售的原则

1. 套餐价格不低于单品总价格的 80%

套餐价格一定要比单品总价低，这是最为基本的，但是却不能低太多，一是因为利润会过低，二是因为太低的价格会让只买单品的人感觉不愉悦。

根据统计，某知名快餐大部分套餐的价格都是单品总价格的 84.4%，因此，建议套餐的价格不低于单品总价格的 80%。

2. 搭配单品不宜过多

作为套餐，其主要作用除了提升客单价外，就是让用户能拥有更好的餐饮体验，所以套餐内的单品不宜过多，过多的单品会让用户感觉没有必要，因此不想去点。

商家一定要给用户带来"这个套餐是为了我好"这种印象和感觉。一般的单人套餐内的单品在 3 ～ 4 种为最佳。

3. 搭配单品不冲突

我们去汉堡店里可以发现，没有一份单人套餐是带有两个汉堡或两杯饮品的；同理在面馆内，也不可能出现一份单人套餐有两碗面。

套餐内的单品之间不能冲突，要能互补，否则用户就失去了点套餐的意义，除非真的有人想自己吃两碗面。

4. 不要把最火热的单品组合在一起

有些商家会把最火的几种单品组合在一起出售，殊不知这样会少赚很多钱。因为这些单品非常好吃，不管做不做成套餐，用户都会去点。

所以，最好的做法应该是：把最火的某个单品和普通单品进行组合出售，这样，用户很可能在点完这个套餐后，还会点其他火热的单品。

问题108：如何提升复购率？

复购率是"重复购买率"的简称，是根据消费者对某一产品或服务的重复购买次数计算出来的比率。重复购买率越高，则反映用户对品牌的忠诚度就越高，反之越低。对于外卖商家来说，拉新并不是什么难事，只要做一些活动，就可以获得不少的用户。难就难在如何留住这些新用户，引导他们的第二次消费，甚至是第三次、第四次，因此，提高复购率才是商家运营的难点。具体来说，用户复购率提升办法如图 6-31 所示。

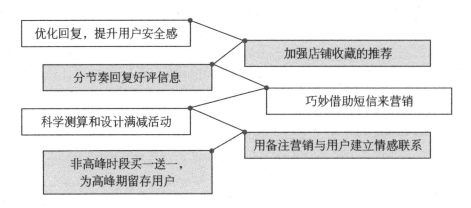

图6-31 用户复购率提升办法

1. 优化回复，提升用户安全感

很多店铺并不关注对用户评价的回复，认为购买过了就不需要好好回复，只设置机械的回复话术，让用户始终感觉在和机器人自动回复对话，感觉商家不够用心。好的回复话术应该至少向图6-32所示的三个目标努力。

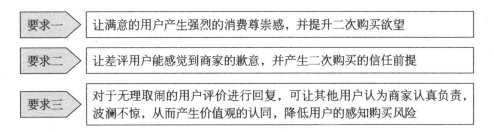

图6-32 好的回复话术要求

2. 加强店铺收藏的推荐

线上外卖平台是一个逐利的战场，新店、品牌推荐等曝光手法层出不穷，要想用户轻易地找到我们，要有高的店铺收藏率。那么在回复内容中、活动推介中都可以大力度加强店铺收藏的推荐环节。

> **特别提示**
>
> 从线下店的角度来说，网络平台的店铺收藏甚至可以媲美店面会员卡的作用，其对于提升复购率的重要性不言而喻。

3. 按节奏回复好评信息

这是一个隐藏技巧。很多平台具有新评论和新回复优先显示的规则，因此，对于好评，特别是详细好评信息，应按节奏回复，并适当提醒用户收藏店铺，这是用户二次消费的有效保障。

4. 科学测算和设计满减活动

几乎每一个外卖平台、每一个商家都会有满减活动，这是一种优惠营销。但满减的设计，实际上是非常有学问的，不是拍脑门看竞品怎么做自己就怎么做，商家一定要根据自身产品的价格结构做测算和设计。

比如，某麻辣香锅店铺新店开业时，同品类商家的满减各种各样都有，如满10元减5元，满25元减10元，满30元减18元，满40元减20元等。但这家外卖店的满减设计最低就是30元这个挡，因为设计在什么挡位，用户往往就会在这个挡位消费。

如果设在25元这个挡，第一利润空间会变小，第二现金流会变小，最重要的是，一份麻辣香锅，用户在25元这个挡可能会吃不饱，那么下次他可能就不会点了。30元这个挡再加上满减，用户其实不会多花几元钱，却可以吃得很好。

外卖满减虽然看起来是很简单的优惠营销，但每一个设计，对用户行为会有什么影响，自己的毛利空间是多少，商家都要根据自己的情况去测算。盲目模仿竞品的后果就是赔本还不赚吆喝。

5. 用备注营销与用户建立情感联系

用户点外卖大多是通过手机下单，由外卖员把餐送到用户手中，可以说用户跟商家之间没有任何直接的沟通，冷冰冰的。如果用户不能跟你的店铺建立情感联系，你在他的记忆里没有留存，怎么会复购你的产品呢？那么，外卖商家应该怎么与用户建立情感联系呢？

某外卖店的做法是，给员工放权，让员工可以有权力给用户赠送多少元之下的东西，有了这个权力之后，员工就可以非常大胆地在外卖单的备注栏写字。

比如，某店铺有一次接到一个订单，顾客点了100多元钱的菜，但是只点了一份米饭，员工直接备注了"看您点了这么多菜，怕您不够吃，再多送您一盒米饭"。当顾客看到这些文字，看到店铺多送的一盒米饭，会感到很温暖，下次再点这家的可能性就大大增加。

6. 非高峰时段买一送一，为高峰期留存用户

一般外卖订单都会集中在午饭和晚饭时间，那么怎么利用下午2点到4点这段订单量比较少的时间呢？

比如，某店铺在这个时间段对部分菜品做买一送一的活动，用户进入店铺首页就能看见这个活动。用户在这个时间看到买一送一可能会关注或者下单，虽然一开始是为了优惠下单，但了解到口味之后，如果觉得还不错，就有可能在以后的中午或晚上就餐时间下单了。